JUVENTUDE
E CULTURA DIGITAL
DIÁLOGOS INTERDISCIPLINARES

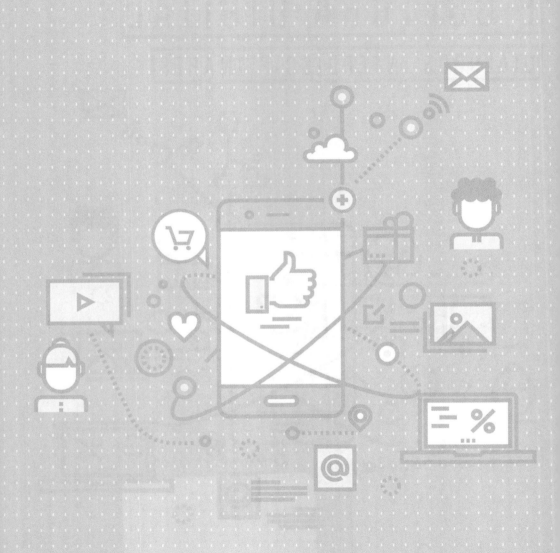

**NÁDIA LAGUÁRDIA DE LIMA
MÁRCIA STENGEL
MÁRCIO RIMET NOBRE
VANINA COSTA DIAS**
ORGANIZADORES

JUVENTUDE E CULTURA DIGITAL
DIÁLOGOS INTERDISCIPLINARES

Tradução de:

Espanhol: Mari Carmen Perez Remacha e Márcio Rimet Nobre

Francês: Juliana Tassara Berni

Inglês: Érika Fraga Perdigão

Juventude e cultura digital: diálogos interdisciplinares

1ª edição

Copyright © 2017 Artesã Editora

É proibida a duplicação ou reprodução deste volume, no todo ou em parte, sob quaisquer formas ou por quaisquer meios (eletrônico, mecânico, gravação, fotocópia, distribuição na Web e outros), sem permissão expressa da Editora.

COORDENAÇÃO EDITORIAL
Karol Oliveira

DIREÇÃO DE ARTE
Tiago Rabello

REVISÃO
Cristhiane Maurício

CAPA
Greco Design

PROJETO GRÁFICO
Conrado Esteves

DIAGRAMAÇÃO
Virgínia Loureiro

J97	Juventude e cultura digital: diálogos interdisciplinares / Nádia Laguárdia de Lima ... [et al.]. – Belo Horizonte : Ed. Artesã, 2017.
	244 p. ; 23 cm.
	ISBN: 978-85-88009-64-6
	1. Psicanálise. 2. Psicologia social. 3. Cultura e tecnologia. I. Lima, Nádia Laguárdia de, 1960-.
	CDU 159.9.018

Catalogação: Aline M. Sima CRB-6/2645

IMPRESSO NO BRASIL
Printed in Brazil

ARTESÃ EDITORA LTDA.
Site: www.artesaeditora.com.br
E-mail: contato@artesaeditora.com.br
Belo Horizonte/MG

Sumário

Apresentação   7

1 Adolescência e comunicação   15
David Le Breton

2 Crescendo entre culturas digitais nas últimas décadas   33
Cristina Ponte

3 Os jovens no mundo *ñanduti guazú*:
culturas digitais e conectividades culturais   47
José Machado Pais

4 Internet e subjetividade contemporânea:
entre o fascínio e o horror   57
Marina Bialer & Rinaldo Voltolini

5 Adolescentes e redes sociais virtuais   79
Mario Elkin Ramírez

6 *Her*: um encontro em tempos de amores líquidos   95
Fabiana Cristina Teixeira, Sheila Augusta Ferreira
Fernandes Salomé & Jacqueline de Oliveira Moreira

7 Entendendo a vida adolescente: estratégias para
coleta de dados etnográficos em uma era conectada   107
Danah Boyd

8 Laços fortes ou fracos? Os adolescentes
e os laços nas redes sociais   **135**
Márcia Stengel & Evandro Ornelas Mineiro

9 Adolescência e saber no contexto das tecnologias
digitais: há transmissão possível?   **151**
Daniela Teixeira Dutra Viola, Helena Greco Lisita, Juliana Tassara Berni, Luiz Henrique de Carvalho Teixeira, Márcio Rimet Nobre, Nádia Laguárdia de Lima & Natália Fernandes Kelles

10 A cibercultura e as transformações em nossas
maneiras de ser, pensar e agir   **169**
Marco Antônio Sousa Alves

11 Blogs: apoderando-se da palavra   **181**
Patrícia Shalana Albertuni & Márcia Stengel

12 Tic Kids Online: radiografando riscos e
oportunidades no uso da internet por jovens brasileiros   **197**
Vanina Costa Dias

13 Adolescentes e *blogs* de moda: submissão ao
mercado de consumo ou espaço de criação?   **213**
Fabiana Cerqueira & Nádia Laguárdia de Lima

14 No mundo do Pokémon Go: os jogos ensinam
melhor que as escolas?   **223**
Regina Helena Alves da Silva & Victor do Nascimento Silva

Sobre os autores   **235**

Apresentação

A proposta desta publicação surgiu do encontro de pesquisadores do Programa de Pós-Graduação em Psicologia da UFMG, do Programa de Pós-Graduação em Psicologia da PUC Minas e da Faculdade de Educação da UEMG, que investigam as relações entre subjetividade e cultura digital.

As tecnologias digitais alcançaram uma potência inusitada, incidindo sobre a organização social de forma incomum na história da humanidade. A velocidade tecnológica, a simultaneidade e a forte presença de imagens produzem efeitos sobre as subjetividades, por exemplo, sobre a percepção do próprio corpo, de si mesmo e do outro. O ideal da transparência tem alterado as concepções de público e privado, obscurecendo os seus limites. A lógica das redes tem levado à diluição do espaço e do tempo, abrandando as rígidas fronteiras que até então delimitavam o real e o irreal, reformulando inclusive a concepção de realidade. A desenfreada competição de mercado e o declínio social das instituições compõem a economia global, corroborando para o cenário socioeconômico de incertezas e de extrema flexibilidade. As redes comerciais promovem a expansão do mercado no ciberespaço, alcançando os lares, até então considerados territórios protegidos da intimidade. Um mundo cada vez mais interconectado convive com um individualismo crescente e com desigualdades cada vez mais agudas. Entretanto, quando as tradições desaparecem, os espaços sociais são desalojados e os sentidos multiplicam-se infinitamente, surgem novas formas de pertencimento social, de identificação e de invenção.

Como compreender essa nova geração que se forma num mundo em que o espaço e o tempo são profundamente alterados? Como os jovens lidam com a exigência de visibilidade na cultura atual? De que forma a virtualidade incide sobre as relações dos sujeitos com o próprio corpo? Como as condições de socialização são afetadas pelas redes sociais? Como se dá a construção do saber diante da revolução tecnológica? Quais as possibilidades e os riscos que a cultura digital produz? O que os adolescentes nos ensinam sobre o uso que eles fazem das redes sociais? Os jogos digitais seriam entraves ou possibilidades para a aprendizagem?

Diante de tantos questionamentos próprios de uma época marcada pela fluidez, mobilidade e flexibilidade, torna-se, pois, fundamental, a abertura de espaços de interlocução entre pesquisadores de diferentes campos do saber. O estudo das subjetividades no contexto da cultura digital requer um debate cada vez mais intenso entre as áreas do conhecimento. Assim, surgiu a ideia de um diálogo interdisciplinar que reunisse pesquisadores com reconhecido trajeto nesse campo de investigação. A intenção foi a de articular diversos temas que envolvem a juventude a partir de vetores da psicanálise, da psicologia social, da filosofia, da antropologia, da história, da comunicação social e da sociologia.

A juventude atual cresceu no contexto do que hoje podemos compreender como cultura digital. Entretanto, os jovens convivem com os mais diversos paradoxos na sociedade atual. Enquanto alguns setores da vida humana são completamente modificados pela forte penetração das tecnologias digitais, outros permanecem praticamente inalterados, como a escola. Pais e professores sentem-se despreparados para lidar com essa geração que circula pelos ambientes virtuais com tamanha desenvoltura e interesse. Divididos entre o fascínio e o horror diante dos dispositivos tecnológicos, muitos profissionais que trabalham com adolescentes têm dificuldades para lidar com algumas especificidades dessa nova juventude "digital".

Para dar início a esse debate interdisciplinar, realizamos, em 2016, um evento preparatório para o *1º Simpósio Internacional Subjetividade e Cultura Digital*, reunindo, em Belo Horizonte, pesquisadores das áreas da psicologia social, psicanálise, filosofia, educação, direito, história e belas artes, vinculados a diferentes instituições de ensino e pesquisa do país. O resultado foi um encontro rico em temas e em interlocuções. Assim, a maioria dos textos que compõem o presente volume é uma espécie de precipitado do que ali se discutiu, mas também de autores que produzem nesse campo e não puderam estar presentes. Além disso, no mesmo espírito de preparação para o Simpósio, somam-se ainda os trabalhos de autores do Brasil e do exterior convidados para participarem presencialmente nesse evento, que se realizará em março de 2017. Assim, o livro reúne catorze artigos de acordo com as temáticas apresentadas a seguir.

David Le Breton, em **Adolescência e comunicação**, explora ricamente as relações entre a virtualidade e as subjetividades. Segundo o autor, o real e o virtual entrelaçam-se, expandindo o espaço psíquico para o universo digital. As tecnologias digitais modelam as identidades e a percepção do sujeito para com a realidade, na medida em que elas transformam radicalmente a relação com o tempo, com a própria vida cotidiana e com as modalidades de laço social. As redes sociais, os mundos virtuais ou os *videogames* autorizam uma multiplicação de si por meio do apagamento de um corpo sexualizado, desconhecido, estranho e ameaçador para muitos adolescentes. O autor comenta que, para alguns, a virtualidade constitui uma alternativa para a vida real, uma proteção contra as ambivalências do mundo, mas, para outros, ela representa formas de experimentação, de criação ou "autoconstrução".

Crescendo entre culturas digitais nas últimas décadas é o texto de Cristina Ponte, que busca responder como a história da internet, marcada paradoxalmente pela criatividade juvenil, continua a ignorar crianças e adolescentes como um dos seus principais grupos de usuários. Ela traz também as contribuições das mídias digitais na cultura de pares, a partir de resultados europeus referentes à relação dos mais jovens com a tecnologia móvel, e sugere uma intensificação da vivência digital entre as novas gerações, nos seus processos de socialização.

Em **Os jovens no mundo *ñanduti guazú*: culturas digitais e conectividades culturais**, José Machado Pais parte do pressuposto de que a fuga à marginalidade social pode passar pela conectividade, pois a internet promove um impulso/estímulo à autonomia. No domínio das culturas digitais, os jovens reivindicam experiências subjetivas no âmbito de uma política digital para a vida, mas também demandam formas de participação marcadas por valores de partilha e solidariedade.

No texto de Marina Bialer e Rinaldo Voltolini, **Internet e subjetividade contemporânea: entre o fascínio e o horror**, os autores procuram desmistificar certas questões referentes à internet, em particular seu uso como ferramenta no universo escolar, abordando questões que giram em torno da ideia de que esta seria apenas um instrumento, para reforçar a importância do artesão que a manipula. Os autores demonstram que, longe de ser apenas uma ferramenta, a internet é um elemento decisivo da composição da subjetividade contemporânea, definindo o tipo de sujeito que se espera para adequar-se ao mundo por ela constituído.

Mario Elkin Ramírez, em **Adolescentes e redes sociais virtuais**, apresenta uma leitura psicanalítica da relação do sujeito com o mundo das tecnologias da imagem. O autor defende que, na vida virtual, o corpo, como organismo preso às necessidades, é um obstáculo, o que requer que ele seja delas esvaziado. Nesse contexto, as imagens do corpo são elevadas ao zênite social, fazendo entrar em jogo as armadilhas do narcisismo, como o elemento crucial do imaginário. Para o autor, a ideia de uma vida perfeita e maravilhosa oferecida nessas RSV (redes sociais virtuais) tem a ver com o culto à imagem, que encontra um apoio material na tela para exibir-se virtualmente. No tempo da adolescência, momento de um traumatismo fundamental, o uso das RSV pode ser uma forma de permanecer no autoerotismo, ou, então, uma forma de avançar em direção ao outro sexo, desejando passar do mundo virtual, onde eles têm o primeiro contato, para o mundo real.

Fabiana Cristina Teixeira, Sheila Augusta Ferreira Fernandes Salomé e Jacqueline de Oliveira Moreira propõem uma reflexão, a partir do filme *Her*, a respeito dos movimentos realizados pelos sujeitos contemporâneos como tentativa de se esquivar do desamparo humano. Assim, o artigo ***Her*: um encontro em tempos de amores líquidos** discute como os sujeitos se apropriam de objetos tecnológicos na tentativa de encontrar a felicidade, mas que, mesmo com o avanço tecnocientífico, ou apesar dele, a posição de desamparo não se ameniza.

Danah Boyd nos relata, em seu texto **Entendendo a vida adolescente: estratégias para coleta de dados etnográficos em uma era conectada**, sua experiência etnográfica, explicitando as técnicas que utiliza nas entrevistas com adolescentes norte-americanos e sobre como as tecnologias ajustam-se às suas vidas. Seu texto ensina-nos como é possível descobrir e descrever a forma como eles veem o mundo e como isso fornece um modelo de aproximação e envolvimento com a tecnologia.

Márcia Stengel e Evandro Ornelas Mineiro, no artigo **Laços fortes ou fracos? Os adolescentes e os laços nas redes sociais**, investigam a influência das redes sociais na construção da subjetividade de adolescentes, buscando conhecer os laços sociais que são estabelecidos por eles nesse espaço. Os autores consideram que, ainda que se perceba a diferença entre os amigos nas redes sociais, podemos separá-los, a partir do modo como constituímos com eles nossos vínculos virtuais, categorizando-os como laços fortes ou fracos. De qualquer forma, tanto um quanto o outro modo têm sua importância na vida do adolescente, sendo indispensáveis em seu cotidiano e para sua subjetividade.

A partir da questão **Adolescência e saber no contexto das tecnologias digitais: há transmissão possível?**, Daniela Teixeira Dutra Viola, Helena Greco Lisita, Juliana Tassara Berni, Luiz Henrique de Carvalho Teixeira, Márcio Rimet Nobre, Nádia Laguárdia de Lima e Natália Fernandes Kelles apresentam uma reflexão cujo escopo vai do âmbito educacional ao clínico, passando pela comunicação social. Como apoio para esta discussão, utilizam a escuta de adolescentes em uma instituição de ensino, propiciada pelo projeto de pesquisa e extensão *Conversação na escola: adolescentes e redes sociais*. Para a reflexão teórica, partem da psicanálise, buscando o diálogo com outros campos de pesquisa, discutindo as diferenças entre conhecimento, saber e informação, e refletindo sobre as relações dos sujeitos com essas categorias no tempo lógico da adolescência.

Marco Antônio Sousa Alves, em **A cibercultura e as transformações em nossas maneiras de ser, pensar e agir**, analisa os efeitos provocados pelas novas tecnologias da informação em nossas vidas, a partir das mudanças na ordem do discurso, nas tecnologias de poder e nas práticas de si, seguindo os passos dados por Foucault em suas análises genealógicas. Para o autor, o sujeito digital é resultado de uma estilização da própria vida, que assume identidades descartáveis e age como se estivesse sempre atuando, visando produzir o efeito desejado. À medida que essas práticas tornam-se mais abrangentes, a tendência é que as fronteiras entre o público e o privado sejam borradas e a distinção entre o eu interior/autêntico e o eu exterior/aparente torne-se cada vez mais indistinguível, a ponto de se confundirem completamente.

O artigo *Blogs*: **apoderando-se das palavras**, de Patrícia Shalana Albertuni e Márcia Stengel, investiga os discursos de mulheres que participam da blogosfera materna para refletir sobre os significados distintos que atribuem à maternidade. A partir da leitura de dois *blogs* com essa temática, as autoras perceberam que essa blogosfera pode ser considerada um espaço significativo para o diálogo, a produção de discursos sobre a maternidade e para os processos de subjetivação.

Num trabalho em que direciona o olhar para os dados de uma pesquisa de alcance internacional, **TIC Kids Online: radiografando riscos e oportunidades no uso da internet por jovens brasileiros**, Vanina Costa Dias relaciona os riscos e danos que podem surgir a partir do uso da internet por crianças e adolescentes. A autora analisa que, mesmo que o uso da internet proporcione às crianças e aos adolescentes oportunidades de se desenvolverem e sociabilizarem, eles aventuram-se em uma grande diversidade de atividades na rede, arriscando-se no mundo virtual e desafiando novas possibilidades de encontros.

Em **Adolescentes e *blogs* de moda: submissão ao mercado de consumo ou espaço de criação?**, Fabiana Cerqueira e Nádia Laguárdia de Lima defendem que os *blogs* podem operar como espaços de construção de uma "identidade sexual", em um tempo em que o declínio do ideal e a multiplicidade de referências de identificação tornam mais frágeis e plurais as representações sociais de sexo. Finalmente, analisam se haveria, nesse espaço virtual dominado pelo mercado, alguma possibilidade de invenção.

Regina Helena Alves da Silva e Victor do Nascimento Silva, em **No mundo do Pokémon GO: os jogos ensinam melhor que as escolas?**, comentam que durante muito tempo os jogos, e agora os digitais, foram vistos como antítese da aprendizagem, mas hoje as pessoas já compreendem as conexões entre esses dois lugares. Os autores defendem que o jogo é essencialmente um território de aprendizagem, uma possibilidade de exploração das coisas de maneiras distintas, que se dá pela experiência cotidiana de vida e de jogar. É nessa perspectiva que analisam o Pokémon GO, percebendo-o como uma ferramenta analítica que permite o exame da inter-relação dos atores sociais e dos espaços urbanos.

Esperamos, com esta coletânea, encorajar o debate acerca da produção de conhecimento na interface dos campos de estudos sobre as subjetividades e a cultura digital. As diferenças teóricas aqui representadas buscam ampliar o espectro de leituras do contexto atual, problematizando-o e enriquecendo-o. Como um ponto de aproximação entre os diversos autores, é possível perceber uma posição de estranhamento em relação ao tempo contemporâneo, o que permite interrogá-lo continuamente, além da aposta na juventude como a nossa guia neste caminho incerto em direção ao futuro.

Organizadores

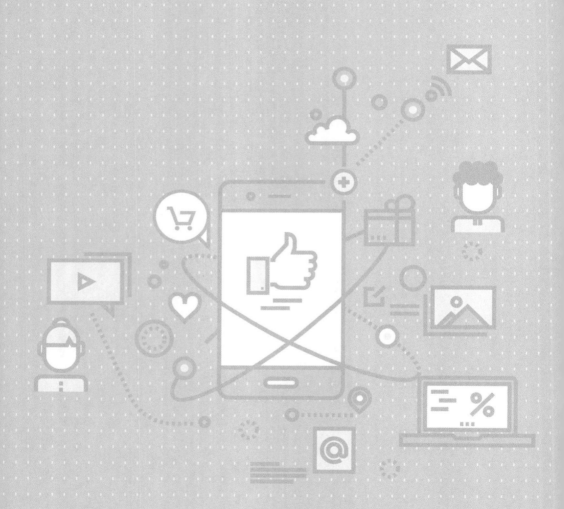

1 ADOLESCÊNCIA E COMUNICAÇÃO[1]

David Le Breton

Comunicar

Os adolescentes de hoje cresceram na trivialidade do uso das redes e dos dispositivos móveis. Essas tecnologias modelam as suas identidades e a sua relação com o mundo. A realidade virtual é para os jovens uma maneira de experimentar, de explorar mundos pouco conhecidos por meio de *nicknames*, avatares ou de discussões intermináveis com os pares em redes sociais. Para os jovens, o real e o virtual encontram-se; uma e outra dimensão entrelaçam-se no curso de suas existências, expandindo o espaço psíquico para o universo digital por eles frequentado. Se as ferramentas oferecidas pela internet são, para a maioria, formas de se diferenciarem, propícias para a "construção de si", no entanto, para outros – que estão presos em suas fantasias, não se sentindo bem em suas vidas e em busca de alternativas – elas exercem grande fascínio. As tecnologias de informação e de comunicação transformaram radicalmente o emprego do tempo, a vida cotidiana, as modalidades de relação com os outros e a intimidade. Para alguns, elas constituem uma alternativa para a vida real, uma proteção contra as ambivalências do mundo.

Para a maioria dos internautas, sobretudo para os adolescentes, o "desligamento" é um dado banal do cotidiano, visto que ele acontece tecnicamente com tranquilidade. Os fones nos ouvidos desconectam o jovem do ambiente, fazendo-o mergulhar em seu universo interior. O celular, incansavelmente consultado ao longo do dia, permite estar ao

---

[1] O título original deste texto é "Adolescence et communication", o qual foi traduzido do francês por Juliana Tassara Berni.

mesmo tempo aqui e lá, aproveitar as circunstâncias da vida familiar sem se submeter a ela, assim como as telas dos *videogames* e dos computadores fornecem o meio para o sujeito atravessar o espelho do laço social para se reencontrar do outro lado, sem se constranger com a presença daquele que está ao seu lado. Mas, apesar de tudo, os jovens atendem a um mínimo de compromissos sociais, tranquilizando os seus pais e familiares.

Por volta de onze, doze anos, algumas vezes mais cedo, as jovens gerações têm acesso a inúmeros instrumentos de comunicação e de informação: telefone, computador, *tablet*, *notebooks*, etc. Os presentes digitais impõem-se nas festas de aniversário. Tal momento é vivido com entusiasmo e como um tipo de emancipação, um íntimo ritual de passagem em direção a outra fase da vida. Tais objetos promovem aos jovens a separação dos pais e a imersão no grupo dos pares, ainda que os pais tenham a ilusão de continuar em contato com seus filhos. Na França, a maioria dos jovens de treze a dezoito anos fica conectada várias horas por dia em seus *smartphones*, *tablets* e computadores. Além disso, eles não ficam apenas vidrados em seus celulares para enviar e ler mensagens, mas também colocam fones de ouvidos como que para se separar de um mundo que eles não controlam. A internet e os telefones celulares mantêm o outro à distância, mesmo que com ele estabeleçam contato. Daí o formidável sucesso que eles fazem entre os adolescentes, que trocam em média uma centena de mensagens por dia e que relutam em se identificar, temendo uma conversa durável e incontrolável. Ou nos retiramos ou entramos nesse caminho para ver aonde o jovem chegará e o que ele decidirá nos mostrar.

A existência *on-line* é, então, um lugar de onde se pode ver o mundo da outra margem, dominando as informações encontradas, antes de nele se aventurar. As tecnologias de informação e de comunicação criam um lugar no qual as emoções são guardadas, graças à distância que as tecnologias impõem. Muitos jovens vivem numa espécie de autossuficiência tecnológica, curvados sobre eles mesmos, uns ao lado dos outros, dedicados a digitar em seus celulares ou a dedilhar uma mensagem. Cada vez mais raros são os momentos em que o jovem não está diante de uma tela ou conectado em seu celular. Este último torna-se um terminal para ver filmes, clipes, transmissões televisivas, etc. Impossível se desconectar sem mergulhar no horror do "cibervazio". Quando não está recebendo imagens, o jovem está produzindo-as para enviá-las aos outros por meio de seu celular ou da internet. O celular é uma conexão permanente com o grupo de pares e, ao mesmo tempo, uma fronteira com o resto da sociedade.

O Facebook é uma empresa de exaltação de si, uma autopropaganda, uma epopeia na qual prendemos com alfinetes os fatos mais ínfimos para repeti-los infinitamente. Tudo é essencial na história que repetimos para nós mesmos e para os outros, como um autoelogio permanente na convicção de sua unicidade e de seu valor eminente. As redes sociais têm seu ponto de efervescência na obrigação de se mostrar. O jovem torna-se sua própria marca e faz sua autopromoção na busca de curtidas e de amigos. Ele pretende virar notícia por meio de seu último *selfie* ou de um vídeo divertido que ele conseguiu capturar com o seu celular, que ele pode enviar para o YouTube esperando uma audiência mundial. O jovem acredita ser o mestre das imagens de si que envia aos outros: "Eu sou o que eu mostro". A existência transforma-se numa história permanentemente contada aos outros, já distantes, por serem relatadas no momento posterior. A adolescência é a fase da descoberta, e o fato de contar aos outros os eventos de seu cotidiano proporciona ao jovem um recuo para se compreender melhor, por meio do *feedback* do olhar do outro. A menor anedota é imediatamente relançada como epopeia, assim como os seus sentimentos momentâneos ou seus pensamentos. Mas a validação do outro é necessária para que o jovem tenha acesso a essa transparência de si que a imagem fornece.

O jovem desdobra-se numa versão pública de si mesmo na qual ele controla sua imagem para se sentir aceito, valorizado pelos outros, já que se questiona frequentemente sobre o que ele é e se abala constantemente por dúvidas e inquietudes sobre o seu ser. Essa autoexposição excessiva é uma máscara e não um rosto. Ela corresponde a um jogo de si, pois autoriza falas ou comportamentos impensáveis na vida real. Mas a distância ou a omissão do rosto ou do corpo revelam a inibição. As adolescentes de hoje, por exemplo, despem-se mais facilmente diante de seus *smartphones* ou de suas *webcams* do que diante do outro fisicamente presente. A tela é abstrata, não é um olhar vivo. A adolescente tem a sensação de estar sozinha diante de si mesma. A ausência do olhar concreto do outro, a imaterialidade da sua presença, ainda que ela seja interiorizada simbolicamente, liberta a jovem das proibições. As inibições desaparecem com a privacidade.

A tela favorece o jogo, a fantasia, na seriedade da existência. Trocar a máscara é sempre possível, mas nunca seu rosto ou sua pessoa na vida real. Quando se coloca em evidência, o jovem está em busca da validação de seu ser, mas ele esquece que a privacidade, ao ser desvelada, não mais lhe pertence. A arte da encenação, implementada pelo virtual, sempre encontra espectadores. Os adolescentes vivem uma imagem inacabada, ainda em movimento, de seus corpos. Essa imagem é consolidada ao receberem de seus pares uma confirmação. Por outro lado, os retornos depreciativos são difíceis de suportar quando o espelho de si é, antes, o espelho do outro. Os adolescentes não se mostram diante seus pares, eles se apresentam sempre vulneráveis a seu julgamento. O avatar ou a história contada sobre si nas redes sociais, o *story telling* da autopromoção, são as construções virtuais que tamponam as faltas, unem os sonhos, corrigem as insuficiências. Elas projetam para o outro uma versão ideal de si que também tem efeito em seu retorno para o jovem, exercendo, assim, uma influência sobre o sentimento de si. É, sem dúvida, uma fantasia de auto engendramento, mas que acentua o autoprazer ou que amortece o mal-estar de uma relação difícil com o mundo. As redes sociais são intensificadoras do Eu, caixas de ressonância para o sentimento de existir.

As tecnologias de informação e de comunicação fazem surgir uma comunicação fundada no contato único, na qual a informação é secundária, pois o que importa, antes de tudo, é a manifestação da continuidade do mundo, o ruído regular de conteúdo sem consequência, essencial apenas por sua forma. Sua mensagem não cessa de lembrar-nos de que o mundo existe ainda e sempre: "Você está aí, você existe já que você me escuta, e eu existo já que eu falo com você". Comunicação "fática" cujo objetivo é insistir no contato, sendo o conteúdo da mensagem um acessório. Triunfo do fático sobre o conteúdo, a primazia do contato traduz-se especialmente pela prática do Snapchat, um aplicativo móvel de mensagem visual que apaga a foto ou o vídeo alguns segundos após sua visualização. O envio das imagens confirma apenas a existência dos mensageiros e a sua atenção mútua, da mesma forma que o envio de uma centena de SMS ao longo do dia, cujo conteúdo informativo é pobre em relação ao seu valor relacional. O estilo próprio dessas mensagens, com a desestruturação da linguagem que elas implicam, ou seja, a dimensão regressiva, contribui para o fechamento em si.

O jovem sofre com a separação daqueles que ele deixa na escola, em casa ou em qualquer outro lugar. Mas, pelas redes sociais, mesmo em outras atividades, a conexão permanece. A maioria dos jovens (e muitos adultos) têm seus celulares nas mãos permanentemente e os consultam compulsivamente. A maioria até dorme com os seus celulares. Desconectar-se é, para muitos, uma morte simbólica, uma impossibilidade de pensar a continuidade de sua presença no mundo. A persistência narcísica de si reside na comunidade de pares, sempre presente por conexão. A separação torna-se dolorosa. Mesmo quando estão longe, a maioria dos adolescentes não se afastam dos amigos. Longe da imagem do nomadismo associado aos dispositivos móveis, eles são absolutamente sedentários na ansiedade de se aventurar fora da zona demarcada pelos amigos. Eles continuam se reconectando como por meio de um cordão umbilical. Sherry Turkle menciona a diretora de um programa dos Estados Unidos que envia estudantes americanos para universidades espanholas e que lamenta que tais estudantes, em vez de descobrirem o país, passam o tempo em suas páginas de Facebook ou em *chats* com seus amigos que ficaram nos Estados Unidos (TURKLE, 2015, p. 247). Marginalizados em seus celulares, os adolescentes não vão mais a lugar algum, eles ficam sempre na órbita de seus "amigos".

As dificuldades em se situarem diante dos outros ou diante de inúmeras situações da vida alimentam essa paixão de se comunicar, as discussões incessantes sobre o que convém fazer, não apenas nas horas seguintes, mas em circunstâncias particulares. A comunicação pelos celulares ou pela internet é uma das formas de encontrar significado para poder se situar em relação aos outros, pedir conselhos, escutar suas experiências. Num mundo de reflexão generalizada, tudo acaba sendo tema de debate e de incerteza. A paixão dos adolescentes pelas redes sociais encontra então sua razão de ser, encontrar enfim um espelho para si mesmo, encontrar no leque de convidados ou de concorrentes um modelo para se comportar ou se vestir.

As redes sociais acompanham o adolescente em seu processo de subjetivação. Todos os sujeitos falam com convicção sobre amor, amizade, sexualidade, maneiras de se vestir, de se pentear, tatuagem, *piercing*, peso, dietas, etc. No Facebook eles expõem tanto as suas dificuldades com os outros quanto a sua alegria por serem eles mesmos. As redes sociais promovem uma exposição de múltiplas identidades. Elas tornam-se as principais ferramentas de socialização e de experimentação para as jovens gerações, um lugar de confrontação da experiência íntima com a experiência dos outros. O reconhecimento advindo dessa transmissão é inegável, eles são cada vez mais absorvidos pelo real que eles mesmos ajudam a construir.

O adolescente comum encontra seu modelo em outro adolescente comum com o qual se identifica desde que ele tenha conseguido a consagração da mídia. O que se pede é apenas que ele seja ele mesmo. Os heróis provisórios sentados em seus bancos ejetores produzem-se em modelos de existência. Eles fornecem valores, respostas, modos de ser para aqueles que os procuram, eles "são aqueles que revelam uma capacidade de adaptação às novas situações (...) heróis que são, como eles, confrontados com a dificuldade de serem compreendidos ou de esconderem suas emoções, de construírem relacionamentos ou de darem, aos outros, alguma prova, a fim de validarem algo de si mesmos. Os novos heróis são, ao mesmo tempo, reconhecidos em sua banalidade e destacados magicamente pela mídia, sem que nenhuma relação entre esses dois fatos possa ser estabelecida", observa Serge Tisseron (2002, p. 126).

Em outro registro, os adolescentes usam apaixonadamente a imagem por meio da fotografia digital. Qualquer cena juvenil mostra os jovens exibindo seus celulares, fazendo poses diante do aparelho, gargalhando ao ver os resultados. A imagem circula, é baixada pelos amigos ausentes ou é apagada, se não convém a um ou a outro. Ela se torna líquida, instrumento de comunicação, de autoconfirmação, de fascínio de seu corpo, de sua relação com o mundo. Trata-se menos de capturar um momento para lembranças futuras do que de aumentar a sua distribuição, multiplicando os pontos de vista e as possibilidades de *feedback* sobre si. A imagem reforça a intensidade do encontro, torna-o real, ainda mais vivo (LACHANCE, 2013). O espelho desloca-se, assim, na vida cotidiana, em direção ao olhar cúmplice dos pares, ele não é mais confinado ao interior do quarto. Por meio dessas imagens, o jovem afirma seu ponto de vista sobre o mundo, esforça-se em alinhar sua música íntima com a dos outros. As ferramentas digitais são ferramentas de uma fábrica de identidade que solicita permanentemente o espelho dos outros para se ler neles e se experimentar, observando as reações dos outros.

Se o jovem recebe uma confirmação de suas histórias e de suas imagens, ele ganha em confiança e autoestima, mas ele também se sente ultrajado narcisicamente quando é objeto de ataques reiterados sobre sua imagem, sua conduta, suas atitudes... e quando sua reputação é irremediavelmente prejudicada. Alguns adolescentes não calculam os riscos a que se expõem na *web* ao revelarem seus números de telefones ou seus *e-mail*s a desconhecidos, e eles se expõem ao *cyberbullying* por serem confiantes demais. O desaparecimento feliz de si na infosfera é então acompanhado por um despertar brutal. No *sexting*, por exemplo, quando os adolescentes oferecem sua nudez para ser vista, eles dissolvem as fronteiras entre privado e público e se expõem ao choque de realidade quando as imagens reaparecem na net ou na memória de alguns "amigos". Mostrar tudo, não esconder nada, expor-se e colocar-se moralmente e fisicamente nu. Esses são os vídeos ou as imagens que frequentemente passam por Snapchat, mas tais imagens podem ser mais duradouras quando endereçadas aos pares ou no Facebook. Elas são também um ato de confiança no outro, um pacto simbólico no qual a intimidade é colocada em jogo. Ao se expor dessa maneira, o jovem experimenta o *frisson* da transgressão e o gozo da autoexposição.

O *cyberbullying* traduz para o jovem a perda de uma parte de si, daquela dependente do outro que é presa da zombaria. "Desintimidade pura", descreveu Angelique Gozlan (2016). Essa é, frequentemente, a regra do jogo numa classe ou numa instituição escolar, ou a consequência da ingenuidade de uma jovem que expõe em seu *site* imagens nas quais ela está nua ou fisicamente exposta. Ela aceita enviar para o namorado suas fotos íntimas que ele apressadamente envia a seus amigos e, de *download* em *download*, a reputação da garota destrói-se diante de seus olhos. Ela torna-se, então, objeto de zombaria, de insultos, ficando profundamente humilhada. Ela perde seu lugar na instituição, pois não passa de uma "puta". Nessas circunstâncias, a jovem experimenta um sentimento de fatalidade, seu narcisismo é abalado, seu lugar social é alterado e toda a trama de sentimentos sobre si é afetada. Nesse contexto, ao buscar nas redes sociais um *holding*, um apoio com referências sólidas, a jovem encontra apenas a desapropriação e o sarcasmo no olhar do outro. Ela "quebrou a cara" no sentido trágico do termo e, algumas vezes, acaba por se matar diante da impossibilidade de imaginar sua existência fora do sarcasmo das pessoas.

Multiplicar-se

Se tudo permanece sob controle, o apagamento virtual é uma forma de prazer, uma vez que atenua o ônus do Eu. Uma maneira simples de se despojar da opressão da identidade consiste em aderir aos *chats* e fóruns, jogos *on-line*, mundos paralelos da internet, multiplicando os *nicknames* e avatares. A internet provoca uma difração das facetas do indivíduo, o que propicia os jogos de identidade na medida em que não é necessário apresentar provas sobre a veracidade da pessoa que declaramos ser. O desaparecimento do rosto, e até da voz, é a condição ideal para o desaparecimento do eu na sombra do avatar ou do *nickname*, pois o reconhecimento do eu torna-se impossível (LE BRETON, 2015). As confissões e travestismos manifestam-se livremente sem medo do choque com a realidade (pelo menos para os que se portam com prudência a esse respeito). Na internet, "eu sou o que eu quero ser", a menos que alguma *webcam* venha atrapalhar a encenação. O indivíduo dilui-se numa multiplicidade de ramificações e de identidades possíveis. O sujeito pós-moderno é fragmentário, capturado por um fluxo de consumo e de signos que ele deixa transparecer sobre si, na exterioridade, quando não há interioridade.

Esse imenso palco no qual ninguém controla as coxias, onde a palavra é de antemão performática, já que é inverificável, autoriza todas as fantasias e a plena liberdade. Por meio da forma de um não lugar, esse palco pode tudo abrigar, nele convergem todas as autoficções que o indivíduo acomoda. Longe do constrangimento da comunicação ordinária – na qual se tem o compromisso com papéis bem estabelecidos, estáveis, fundados na confiança dos dados informados, e na qual ficamos frente ao outro, ou seja, diante de seu rosto para seu reconhecimento – essas formas de presença imaterial são lugares propícios para o "todo-poder do pensamento" (LE BRETON, 2007). A internet é um imenso carnaval no qual todas as máscaras tornam crível qualquer personagem que o internauta queira encarnar. Um lugar no qual se interpreta sua existência real por meio de *nicknames*, perfis, *fakes*, pseudônimos, etc., para múltiplas histórias sobre si, variadas formas de contar histórias e de propor aos outros. As relações à distância, sem corpo, são menos imprevisíveis, menos frustrantes. Elas não avançam e, nesse sentido, frequentemente, parecem preferíveis àquelas da vida real. Elas substituem relações fundadas unicamente numa decisão pessoal e de acordo com o desejo. As relações sociais são mais aleatórias, mais susceptíveis à mágoa e à decepção.

Na internet, é possível tornar-se qualquer coisa, e até multiplicar as figuras improváveis das personalidades que poderíamos ser. O anonimato é necessário, e se o jovem não fornece nenhuma indicação comprometedora, se ele não oferece nenhuma informação sobre o seu lugar social num contexto particular, ele liberta-se de todos os limites. A internet leva a uma "comunicação espectral" (GUILLAUME, 1989, p. 18). Além disso, se o jovem está numa interação virtual, não se sabe se ele está com outros ao mesmo tempo. Nesse sentido, as tecnologias de comunicação e de informação constituem um imenso espaço potencial (WINNICOTT, 1975) à disposição do jovem, se ele tiver flexibilidade, fluidez, capacidade de recuar, jogo e humor. Os adolescentes procuram um lugar intermediário entre fantasia e realidade, entre o eu e o outro, entre o não eu e o eu... Ferramentas de mediação na relação com o mundo, essas são as balizas para se avançar no fio da incerteza. Proporcionando um sentimento de segurança, essas ferramentas são um laboratório íntimo para se modelar, inventar sua própria personalidade, experimentando personagens.

O virtual não é uma ausência, mas um mundo de sonhos e fantasias, uma substituição das relações sociais do mundo pelas relações digitais, ou seja, relações sem voz e sem rosto. Em Second Life, por exemplo, o jovem isolado em seu quarto pode alimentar uma discussão animada com um grupo de estudantes de informática de Tóquio, com um desempregado de Berlim, com uma adolescente de Oslo ou um técnico de Vancouver, ainda que eles desconheçam seu sexo, sua idade, sua profissão, e tenham que se contentar com o que cada um declara sobre si. Por outro lado, ele renuncia às relações do mundo ao redor de si, ele vive uma fuga de sua identidade social de filho, filha, estudante, amigo, pai ou mãe. Ele está temporariamente imerso num mundo no qual não tem responsabilidades, e que tem apenas que assumir a identidade que escolheu com maior ou menor credibilidade.

O mundo imaginário adolescente é habitado por avatares interiores: múltiplos personagens provisórios que ele constrói ou fantasia em torno de si. Ele encontra, para o bem ou para o mal, a complacência dos avatares do mundo virtual. Esses avatares são concretizados ou recebem um semblante de real já que, muitas vezes, são vividos como duplos de si.

Ao endossar um personagem imaginário que ele mesmo criou, o jovem desloca-se de si mesmo, liberta-se de sua identidade e de seu corpo para viver um tipo de êxtase. Do ponto de vista da afetividade, ele penetra completamente em suas aventuras de Second Life, de seu *videogame* ou nos *chats*, oferecendo àqueles que o rodeiam apenas uma aparência de si mesmo, pois sua "verdadeira vida está em outro lugar", ele está provisoriamente na cena virtual que fornece um tipo de "todo poder" a seus pensamentos. O avatar é um êxtase para além da banalidade do dia a dia, uma evasão de si.

Em Second Life, o internauta controla, enfim, o que lhe escapa por entre os dedos na vida real, ele está livre de seus movimentos, seu corpo não é mais um limite, nem o espaço, nem mesmo o tempo, ele pode viver inúmeras situações sem obstáculo, sem choque de realidade. Ele pode fazer amigos, encontrar interlocutores, fazer compras, construir sua casa, decorar os cômodos, escolher móveis, viver uma sexualidade sem limites, sem risco ou sem o olhar do outro e sem ter que abandonar o seu quarto. A proliferação de avatares libera o jovem dos limites da sua identidade e proporciona uma fuga da identidade social. Com essa tranquilidade, o internauta refaz-se a todo instante, quando se cansa ou quer se transformar em outra coisa. O avatar não tem compromisso ou responsabilidade, ele não passa de uma criatura da intimidade. Os universos virtuais autorizam seu uso percorrendo o caminho de um imenso vestiário sem ter contas a prestar. O jovem liberta-se, também, do controle de seus pais, ele sente que está saindo da infância e adentrando em diversos lugares sem, contudo, abandonar o sentimento de segurança, seu casulo tecnológico.

As redes sociais, os mundos virtuais ou os *videogames* autorizam uma multiplicação de si por meio do apagamento de um corpo sexualizado, desconhecido, estranho e ameaçador para muitos adolescentes, mas também para homens e mulheres deslocados de seu ambiente. Por outro lado, seus avatares vivem inúmeras situações que a vida real proibiria e, então, obrigaria o indivíduo a tirar a máscara e assumir sua identidade. Dissociados, mas inteiramente dentro da emoção das trocas, eles evitam suas vidas pessoais – menos prestigiadas – sem tanto medo do choque com a realidade, já que seus correspondentes desconhecem suas verdadeiras identidades. Eles vivem a vida por procuração por meio de seus avatares.

A relação com o mundo virtual ou o dos *videogames* dá-se sob a égide da imersão, ou seja, do desaparecimento da subjetividade da vida cotidiana em favor de outro mundo cujo usuário controla as informações e, mesmo que com uma margem de incerteza, relança-se permanentemente na alegria desse pacto. O virtual exerce um efeito narcótico sob o laço social fundado no contato, ele liberta o corpo de toda a responsabilidade associada a seu estatuto singular, e permite fazer um mundo próprio, com suas próprias regras. Daí esse transe, essa dissolução de si num universo superinvestido que apaga temporariamente o ambiente social. O adepto mergulha com tamanha intensidade no jogo que ele esquece seu personagem social, destaca-se dele. Ele entrega-se a essa atividade. E, ao se tornar mestre de um mundo reduzido a uma extensão de si, moldada por um suporte tecnológico, voltar para o lugar de subalterno não é nada gratificante. Daí a dificuldade de sair do êxtase do jogo e a pressa em voltar a jogar o mais rápido possível.

No ciberespaço, a ausência de rosto e de corpo (exceto quando se usa a *webcam*) autoriza tudo, o indivíduo torna-se o que quer, no tempo que deseja. Assim, esse jovem dispõe de uma dezena de identidades virtuais para escapar de sua existência real, e afirma, tranquilamente, que recusa privilegiar sua identidade "com um corpo" que é, para ele, insuportável. O ciberespaço favorece a lacuna (LE BRETON, 2015), mas, frequentemente, com um retorno à vida real sem danos para o internauta, exceto nos casos de "cyber-adição". A navegação na internet pode se tornar um longo transe no qual o adolescente abstrai o mundo exterior. Ele desliza numa forma de estado secundário que dissolve todo seu interesse pelos outros que estão em torno dele ou qualquer outra atividade. Desencarnado, ele fica indiferente ao que acontece perto de si, impermeável a seu entorno. Além da tela e do controle que ele exerce sobre si, o resto do mundo lhe parece insípido, vazio. Uma Second Life o absorve por meio de cenários que são os seus, o disfarce que ele pega emprestado de seu vestiário íntimo. Essas múltiplas versões de si são validadas pelos outros que nunca o encontram pessoalmente, mas acreditam em sua encenação, pois todos os participantes compartilham da mesma lógica e esperam do outro a mesma atitude receptiva. Essa imagem mental, esse teatro interior é também uma ferramenta para se construir, para decidir a pessoa que é ao experimentar diferentes possibilidades, enquanto espera se desenvolver. Mas o jovem também pode recusar o retorno para a concretude das relações sociais e se fechar no mundo virtual, evitando as dificuldades do laço social.

Muitos internautas, e particularmente os adolescentes, agarram-se a seu avatar como um alter ego mais vivo que eles. Por meio dos avatares, eles experimentam formas de sociabilidade ou de sexualidade que podem temer na vida real. O jovem tem, sobretudo, a sensação de controlar a representação de seu personagem mais do que a que ele oferece fisicamente para o seu entorno e na qual ele mal se reconhece. Nesse sentido, o avatar é uma "faca de dois gumes". Para uns, ele é lugar de experimentação, de descoberta, uma mera ferramenta de entretenimento, mas, para outros, ele é um refúgio, um confinamento decorrente do medo do mundo circundante. O investimento no avatar serve para ocultar uma vida pessoal insatisfatória. O eu projetado no avatar obtura uma brecha do eu que o encarna. Mas essa posição confortável induz alguns a encontrar, finalmente, um sentido para a existência e não mais sair do mundo virtual, que os liberta do olhar dos outros e das insuficiências que se presume ter. "Na internet, eu sou, enfim, o que eu sou, meu corpo não tem mais importância. Eu me torno, finalmente, eu. Ninguém te julga. Eu posso fazer quase tudo" (Jérôme, 15).

Alguns jovens são tomados pelo jogo do imaginário e desinvestem-se da vida pessoal, familiar e escolar. Eles fecham-se em seus quartos ou saem apenas raramente, têm mais relações virtuais que sociais. Eles caem na ausência, mas tal ausência é, para eles, vibrante e emocionante. São incapazes de tirar os olhos do espelho enquanto assistem a seu desaparecimento. Tal fenômeno continua ainda hoje, mas ele começou no Japão, há cerca de dez anos.

Desaparecimento ou *hikikomori*

No Japão, sobretudo, adolescentes e jovens adultos decidem se separar do mundo. O termo *hikikomori* que os designa é recente e surgiu, em 1998, sob a caneta do psiquiatra Tamaki Saito (FANSTEN *et al.*, 2014). Esse termo é frequentemente associado a uma falta de investimento na escola. Repelindo todo contato com o mundo externo, esses jovens colocam-se fora do circuito fechando-se num quarto na casa de seus pais ou não saindo mais do apartamento. Eles afastam-se das turbulências do mundo, rejeitam as *performances* escolares e o investimento no trabalho e até as necessidades elementares da vida social. Eles escolhem um tipo de autismo dando voltas em espiral num universo interior, relacionando-se socialmente apenas por meio das telas que se interpõem entre eles e o mundo. Os dias respondem a um tempo circular. Eles repetem os mesmos acontecimentos como se o tempo estivesse congelado. Eles têm a sensação de já terem dado tudo de si, de terem toda a energia dissipada e de estarem vazios, sem substância. Estar disponível para o outro, sair de casa para cumprir a função necessária para a existência no laço social gera uma tensão da qual eles não se sentem mais capazes de enfrentar. Os eventos em seu entorno não têm efeitos sobre eles, sua família lhes é indiferente, ainda que percebam o sofrimento de seus próximos. Eles estão fora do fluxo de informação que sacode o mundo para além de seus microcosmos. Frequentemente seus pais não podem nem mesmo entrar no quarto e deixam um prato de comida na porta, nesse período mais ou menos longo de reclusão. "Quando eu tomo consciência dos outros, eles começam a embaralhar meu cérebro", diz o *hikikomori* da obra de Hirano (2014, p. 9).

Eles são mais de 250.000 no Japão. Com uma prevalência significativa de meninos, em torno de 70-80%, de acordo com a frequência escolar, mas os dados podem estar atenuados, de acordo com Furuhashi e Vellut. Eles lembram que a reclusão das meninas parece mais invisível, pois elas já costumam ficar mais em casa, enquanto os meninos, normalmente, pululam nas ruas. Mas essa recusa do laço social e esse *ensimesmamento* estendem-se para além do Japão, atingindo muitos outros países. Esse problema grave de relacionamento social está em sintonia com os novos tempos, e ele traz uma solução para as dificuldades pessoais quando não se é alcançado pelos outros. O jovem amadurece num mundo no qual ele tem controle total sobre as relações. Essa forma de ermitão pós-moderno alimenta um modelo de comportamento por impregnação de sentido, que responde aos dados antropológicos. Como o faz Hirano com seu personagem: "Se quisermos discernir um sentido aí, eu me inclinaria a crer que minha desgraça atual é a 'manifestação' de uma doença que é a própria época" (HIRANO, 2014, p. 17). O jovem queria "se tornar algo", mas ele falhou.

Esses adolescentes ou jovens adultos passam o dia dialogando com seus correspondentes anônimos, assistindo televisão ou imersos em seus *videogames*, ocultando todo o resto. O superinvestimento nas trocas *on-line* serve, justamente, para o anonimato. Não é necessário abordar seu estado civil e ainda menos sua identidade, até nos *videogames*. Esses são os lugares para se desaparecer e ao mesmo tempo se estimular: "Eles fecham os olhos diante da extravagante imensidão do mundo, traçando fronteiras numa certa periferia que eles próprios fixaram, consideram esses os limites do mundo e se fecham no interior", resume Hirano. Uma maneira de se fechar e de acabar com todas as ambivalências do mundo. Esses jovens *hikikomori* dormem muito, alimentam-se de uma vida imóvel e autocentrada por meio do filtro de seu computador. Eles envelopam-se num casulo protetor. Eles dialogam incessantemente com outros cujos rostos eles não conhecem, pois, temendo o encontro, recusam o estar cara a cara. Seus corpos existem apenas no automático. Eles vivem como monges rodeados das tecnologias mais poderosas. Eles entram numa reclusão voluntária. Mas raros são os que persistem nessa atitude. Algumas vezes, depois de anos de um tipo de recurvamento interior, eles voltam para o laço social e esforçam-se para compensar o atraso escolar ou para encontrar um trabalho. Nesse caso, essa lacuna ou intervalo parece ser apenas uma pausa para se construir.

Experimentar

O enfraquecimento no âmbito da socialização leva as jovens gerações a uma fixação na internet e a um afastamento dos pais. Os mais velhos são considerados defasados para os adolescentes. Os pais e os professores são frequentemente menos competentes para ter acesso às redes sociais e aos *sites* das novas gerações, eles geralmente desistem e dão autonomia ao jovem para experimentar. A realidade virtual é uma forma de autoexperimentação, exploração de mundos ainda desconhecidos por meio de *nicknames*, avatares ou discussões intermináveis nas redes sociais. As tecnologias de informação e de comunicação mudaram radicalmente o emprego do tempo, da vida cotidiana e das formas de relação com os outros. Para alguns, ela constitui uma alternativa para a vida real, uma proteção contra as ambivalências do mundo. Elas transformaram profundamente a intimidade. As tecnologias são menos um espaço transicional que uma dissolução em seu uso, um apagamento de si para lutar contra as incertezas do crescimento. A internet e todas as ferramentas de comunicação e de informação favorecem um refúgio em si mesmo e nos grupos de pares, uma fuga da socialização comum com interlocutores conhecidos.

Se a competência dos jovens é imensa em matéria de comunicação, ela é nitidamente menor quando se trata de compreender o funcionamento dos *sites* ou sua programação. A ferramenta interessa quando já é operacional (LARDELLIER, 2016, p. 74). Eles também desconhecem as implicações jurídicas da pirataria, do direito à imagem ou direitos autorais, dos filmes que baixam, assim como do que dizem ou das imagens que postam. Para muitos, a internet favorece uma frágil cultura geral. Não parece útil ler um livro ou se interessar por algum tema com mais profundidade, quando a internet permite acessar uma resposta imediata e pronta. Inútil recorrer à memória quando se trata de recorrer à Wikipédia ou ao Google. Crianças sideradas todos os dias durante horas em frente às telas, sem educação dos pais e sem qualquer mediação podem apresentar atraso cognitivo, distúrbios de atenção e de agressividade, etc. (GODART, 2016, p. 178).

Essa forma de aderir ao real, de ser absorvido por ele permanentemente por meio da captação de imagens e seus rearranjos, dos comentários imediatamente enviados aos outros impede, sem dúvida, de pensar para além, de se abrir a um imaginário de si e do outro. Esse imaginário de si e do outro permanece formatado pelo controle constante exercido sobre as mensagens que mediam a relação. Por um lado, as ferramentas oferecidas pela internet são, para a maioria, formas de experimentação e de autodiferenciação propícias para uma autoconstrução, por outro lado, para os que estão presos em suas fantasias, que não estão bem em suas vidas e estão em busca de alternativas, elas exercem grande fascínio. A noção de dependência, nos últimos anos, vem obtendo mais sucesso que qualquer rótulo que implique uma farmacopeia específica. Mas falar de dependência ou de adição consiste sempre num julgamento de valor, já que a dependência é intrínseca à condição humana, ela está impregnada no cotidiano de todos. Não se fala em dependência para evocar a atitude das torcidas de futebol, por exemplo. Seu sucesso midiático e psiquiátrico traduz-se na medicalização de nossas sociedades, no aumento do uso de um vocabulário patologizante para evocar comportamentos singulares. Falar em "cyber-adição" em relação aos jovens é ainda menos pertinente já que eles estão em pleno desenvolvimento, em busca de si, em uma época da vida em que tudo muda constantemente de acordo com os encontros, com os eventos. O superinvestimento de um jovem nas redes sociais ou nos *videogames* não é uma patologia e não precisa de tratamento, mas de acompanhamento. O jovem dedica-se, assim, a seus traumas, a sua falta a ser, a sua dificuldade em elaborar significações, a sua solidão e aos seus tormentos. É difícil para o jovem controlar-se. A devoração de sua existência pelo virtual – quando ela hipoteca seu futuro ou induz sofrimento – exige um cuidado em termos de um acompanhamento, de educação, de psicoterapia, para ajudar o jovem a reencontrar seu livre-arbítrio, mas, acima de tudo, para povoar seu universo de significados e de valores. A tarefa dos professores é essencial, ela consiste em ensinar a criança a se mover nessa imensa biblioteca, sem pensar que ela substitui a memória ou as atividades da vida cotidiana. As jovens gerações precisam de um barqueiro para ajudá-las a se apropriar das ferramentas, sem, contudo, perderem-se.

Referências

CIVIN, M. *Psychanalyse du net*. Paris: Hachette, 2002.

FANSTEN, M.; FIGUEIREDO, C.; PIONNIÉ-DAX, N.; VELLUT, N. (sous la dir. de). *Hikikomori, ces adolescents en retrait*. Paris: Armand Colin, 2014.

GODART, E. *Je selfie donc je suis*. Paris: Albin Michel, 2016.

GOZLAN, A. *L'adolescent face à Facebook. Enjeux de la virtualescence*. Paris: In Press, 2016.

GUILLAUME, M. *La contagion des passions* : essai sur l'éxotisme intérieur. Paris : Plon, 1989.

HIRANO, K. *La dernière métamorphose*. Arles: Picquier poche, 2014.

LACHANCE, J. *Photos d'ados. A l'ère du numérique*. Québec: Presses de l'Université Laval, 2013.

LARDELLIER, P. *Génération 3.0. Enfants et ados à l'ère des cultures numérisées*. Paris: EMS, 2016.

LE BRETON, D. *Disparaitre de soi. Une tentation contemporaine*. Paris: Métailié, 2015.

LE BRETON, D. La disparition de soi à l'adolescence. *Etudes*, n. 4224, 2016.

LE BRETON, D. *Adeus ao corpo. Antropologia e sociedade*. São Paulo: Papirus, 2012 (2003).

LE BRETON, D. *En souffrance. Adolescence et entrée dans la vie*. Paris: Métailié, 2007.

LE BRETON, D. *Une brève histoire de l'adolescence*. Paris: Editions Jean-Claude Béhar, 2013.

MARTY, F.; MISSONNIER, S. Adolescence et monde virtual. *Etudes*, tome 413, n. 5, 2010.

MINOTTE, P. *Cyberdépendance et autres croquemitaines*. Bruxelles: Yapaka.be, 2010.

TISSERON, S. *L'intimité surexposée*. Paris: Pluriel. 2002.

WINNICOTT, D. *Jeu et réalité*. Paris: Gallimard, 1975.

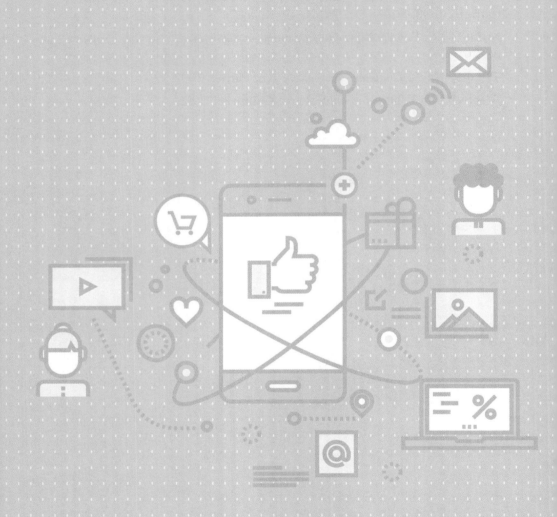

2 CRESCENDO ENTRE CULTURAS DIGITAIS NAS ÚLTIMAS DÉCADAS

Cristina Ponte

O que nos diz a história da internet, dos seus primórdios de ligações informacionais em rede às atuais redes de ligação social, sobre como pré-adolescentes, adolescentes e jovens socializam-se? O que tem mudado neste crescer digital, num tempo de vida marcado pela forte influência dos pares? Para um esboço de resposta, este capítulo organiza-se em duas partes. A primeira parte recorda sumariamente a história da internet, como foi marcada pela criatividade juvenil e como – paradoxalmente – continua a ignorar crianças, adolescentes e jovens como um dos seus principais grupos de usuários. A segunda parte realça as contribuições das mídias digitais na cultura de pares e debruça-se sobre resultados europeus relativos à relação dos mais jovens (9-16 anos) com a tecnologia móvel, em particular os *smartphones*. Esses resultados sugerem uma intensificação da vivência digital entre as novas gerações, nos seus processos de socialização.

Uma tecnologia 'cega à idade'...

A internet surgiu no início dos anos 1970 nos campos militar e da ciência, e em ambos foi alimentada por fundos públicos. Nos seus primeiros tempos era uma tecnologia traçada para estabelecer redes de comunicação de dados para a partilha de recursos entre computadores separados entre si (daí o termo internet). Não suscitava dúvidas de que os seus usuários eram quadros superiores, adultos com capacidades, interesses e motivações para explorar a informação disponível. Era o tempo em que computadores e tecnologias de informação tinham a reputação de serem instrumentos de controle e de vigilância informacional contra o inimigo, nos anos da Guerra das Estrelas e disputa entre superpotências.

A World Wide Web foi o passo tecnológico seguinte, uma infraestrutura que permitia usar hiperligações para acessar à internet. Inventada por um cientista britânico, Tim Berners-Lee, em 1989, só nos primeiros anos da década seguinte estaria disponível para o grande público, por meio do primeiro fornecedor comercial. Esses anos foram decisivos para o que viria a ser o presente. Foi quando a força motriz por detrás da internet passou para o setor privado que se deu uma expansão acelerada da rede, alimentada por pequenas empresas emergentes. Essas se afirmaram quer conseguindo construir mercados para novos produtos e serviços, quer transformando profundamente os modelos de negócio que existiam até então, entre eles os da comunicação social.

As tecnologias digitais desse tempo, hoje referidas como Web 1.0, tinham como base *websites* e dispositivos como os PC de mesa. Os seus utilizadores podiam ver informação *on-line*, usar recursos como o correio eletrônico, serviços bancários, fazer compras; apenas uma ínfima minoria dos internautas ia além dessas práticas, produzindo conteúdos ou interagindo com outros em salas de conversação, fóruns de discussão ou em jogos de grupo. Para alguns internautas mais intervenientes, essas experiências de socialização digital foram substituindo a reputação tecnocrática (e claramente masculina) por valores alternativos, por uma cibercultura com raízes na contracultura dos anos 1960. Uma cibercultura que reivindicava a libertação do indivíduo, o seu direito a constituir-se como persona virtual e a sustentação de um espírito de comunidade.

A década de 1990 é a década da explosão da internet nesse mundo dos mercados, da afirmação global de circulação de informação, de modo que aos computadores pessoais juntam-se os celulares, cada vez mais portáteis. Jovens universitários estavam na linha da frente, iniciando empresas e negócios que se revelariam poderosos e perenes, como a Google, surgida em 1998. Foram esses jovens, que tinham crescido com computadores, *videogames* e internet, que foram cunhados por Marc Prensky (2001) como "nativos digitais", pela facilidade com que manipulavam e recriavam as potencialidades dos novos meios. Esses jovens seriam os primeiros "falantes naturais" da linguagem digital, com destreza tecnológica e mais inclinados a tirar partido das suas potencialidades criativas e sociais do que as gerações mais velhas.

Na virada para o novo século mudou a paisagem da internet. Desenvolveram-se tecnologias como a banda larga e o *wi-fi*, permitindo uma nova mobilidade (uma rede acessível em qualquer lugar, a qualquer hora) e a proliferação de tecnologias cada vez mais portáteis e multifuncionais. As novas plataformas colaborativas incitavam à participação dos internautas e a alargar o fluxo de conteúdos disponíveis: Blogger (1999), Wikipédia (2001), MySpace (2003), Facebook e Flicker (2004), YouTube (2005), Twitter (2006), entre outras, tiveram na sua gênese a criatividade de jovens informáticos. Essas redes sociais tornaram-se muito mais populares, ultrapassando de longe a popularidade das salas de conversação e fóruns da década anterior. Mudaram as experiências digitais dos já utilizadores e vieram para a rede novos utilizadores entusiastas, cada vez mais novos, que surpreenderam gerações mais velhas pela facilidade com que manejavam teclados e ecrãs móveis, e com que recriavam as potencialidades das redes, como já antes tinham feito na criação da linguagem das mensagens curtas de celulares (SMS). Generaliza-se a expressão "geração digital", ignorando, contudo, as diversidades dos contextos e das mediações em que se realiza a relação digital desde os primeiros anos de vida (BUCKINHGAM, 2006; PONTE, 2010, 2011). É nessa virada de século que se começa a usar a designação Web 2.0, cunhada em 2004 por Tim O'Reilly, um empresário do digital e ativo defensor do *software* livre.

Com o rápido crescimento dessas plataformas, as empresas de gestão dessa informação começaram a ver o seu potencial de conectividade, de ligações entre sujeitos e entre sujeitos e bens, identificáveis por meio do manejo de algoritmos crescentemente personalizados, dando lugar à Web 3.0, assim cunhada em 2006 pelo jornalista John Markoff, do *New York Times*. Redes sociais que tinham surgido da iniciativa e da criatividade de jovens universitários, como a Google e o Facebook, deram origem a gigantescas empresas da economia digital; nos finais da primeira década do século já se tinha operado a sua concentração e cotação em bolsa. No final de 2012, começa a falar-se da Web 4.0, marcada pela intensificação da flexibilidade da experiência digital, pela sua ubiquidade e intuitividade nos objetos do quotidiano ("internet das coisas"), pelo desmesurado armazenamento em nuvem e pela afirmação de um viver digital que ocorre sob o olhar e o escrutínio dos outros.

O espírito inicial das redes sociais em torno de ideais de *comunidade*, *amizade*, *colaboração* e de uma cultura de participação, utopia e autenticidade, enraizados na contracultura dos anos 1960, permanece na retórica do

Facebook, a rede social nascida entre estudantes de Harvard e que, passo a passo, alastrou-se e impôs-se numa escala global. Mark Zuckerberg, o seu fundador, prometia em 2010 contribuir com essa rede para "um mundo mais aberto e transparente". Essa norma da "autenticidade" e a cedência de privacidade em troca da atenção do outro fazem com que se considere quase suspeito o ato de não se estar nas redes sociais digitais.

Em menos de uma década, escreve a socióloga holandesa José van Dijck (2013) que, com as redes sociais digitais, emergiu uma nova infraestrutura para a sociabilidade e a criatividade *on-line*, penetrando em cada dimensão da cultura contemporânea. Hoje, essa rede de plataformas cada vez mais móveis e pessoais influencia a interação humana em nível individual, da comunidade onde se está inserido e da sociedade em geral, com uma crescente interpenetração dos mundos *on-line* e *off-line*, e com uma primazia da imagem, fixa e em movimento, sobre mensagens de texto e outros conteúdos impressos.

Internautas do futuro ou do presente?

Em 2003, a Declaração de Genebra sobre Princípios e Plano de Ação para a internet referia que os mais novos, por serem as "gerações futuras" (futuros trabalhadores, futuros criativos) e por serem os "primeiros adotantes" das tecnologias de informação e comunicação (TICs), deveriam ser empoderados para virem a dominar esse meio. Essa declaração sublinhava duas necessidades: providenciar um foco nos jovens que não tinham ainda acesso às oportunidades proporcionadas pelas TICs; e assegurar que o desenvolvimento das aplicações das TICs e a operacionalização dos seus serviços respeitassem os direitos das crianças, bem como a sua proteção e bem-estar.

Tinham passado quase 15 anos desde a aprovação pelas Nações Unidas da Convenção sobre os Direitos da Criança, em 1989, o mesmo ano em que a World Wide Web começava a tomar forma. Já em 1999, a Conferência de Oslo lança o desafio de considerar o digital e as novas mídias na perspectiva dos direitos das crianças.[2] Por ocasião do seu 25º

---

[2] Para mais informação, ver <http://www.unicef.org/magic/briefing/oslo.html>.

aniversário, em 2014, intensificou-se a atenção aos desafios colocados pelo contexto digital cada vez mais expandido e procurado pelos mais novos.

A Unicef, responsável por vários relatórios sobre o tema, impulsiona em 2015-2016 o projeto Global Kids Online, cujo objetivo é produzir conhecimento sustentado sobre os acessos e usos do digital por parte de crianças e jovens de países de diferentes continentes numa base que permita, simultaneamente, comparações e atenção aos contextos.[3]

Em 2015, estimava-se que cerca de um terço dos três bilhões de utilizadores da internet de todo o mundo teria menos de 18 anos. Apesar da Convenção sobre os Direitos da Criança, da Declaração de Genebra, do *Oslo Challenge* e de outros documentos afins, nestes anos os direitos digitais dos mais novos têm estado ausentes dos fóruns de governança da internet ou têm sido dominados por uma visão protecionista. Questões associadas ao seu uso por crianças e jovens colocam complexos desafios técnicos e de políticas, e têm sido considerados demasiado difíceis de resolver. Alguns direitos das crianças sobrepõem-se aos dos adultos e, mesmo quando os de uns e outros coincidem, os direitos das crianças exigem esforços adicionais para serem realizados (LIVINGSTONE; BULGER, 2014).

Como se escreve no documento *One in Three: internet Governance and Children's Rights*, assinado por Sonia Livingstone, da London School of Economics, John Carr, conselheiro das Nações Unidas para as TICs (ITU), e Jasmina Byrne, responsável pela pesquisa da Unicef, para contrariar a desatenção pública sobre os modos como crianças e jovens vivem os ambientes digitais, um primeiro passo será dar-lhes visibilidade, fazer com que as crianças e os adolescentes entrem nas estatísticas e sejam considerados como usuários na sua especificidade. Essa situação está longe de ser realizada considerando-se que na maioria dos países as estatísticas contabilizam como usuários os maiores de 15 anos – como ocorre em Portugal – ou mesmo de 25 anos.

Em apenas 28 países, entre os quais o Brasil, há percentagens sobre o número de usuários abaixo dos 15 anos, o que é revelador do fosso entre estatísticas e realidades. Entre os fatores que atrasam o reconhecimento dos

---

[3] Para mais informação, ver <http://www.lse.ac.uk/media@lse/research/Global-Kids-Online.aspx>.

direitos digitais, os autores do documento destacam a tardia compreensão por parte do setor público da importância da rede como fenômeno social, econômico e político; a natureza cada vez mais global da internet que desafia os sistemas de justiça e regulação de base nacional; a ideia – estabelecida nos países desenvolvidos onde a esmagadora maioria das crianças vive com os pais, ou pelo menos com um deles, e frequenta a escola – de que cabe aos pais e aos professores assegurar o seu bem-estar e segurança na rede. Essa visão não só é uma realidade inexistente em muitos países como também ignora outros agentes e instâncias de intervenção em prol da segurança e do bem-estar. Uma pressão social para uma visibilidade pública das condições do crescer digital é assim um primeiro imperativo, e a plataforma Global Kids Online é um importante passo nesse sentido.

Os desenhos mais recentes de plataformas acentuam a participação, a inscrição, a partilha, o fornecimento de informação sobre preferências, hábitos e opiniões dos utilizadores, numa geração de valor de mercado, para *marketing* direcionado, publicidade e outros propósitos. O crescente número de interconexões da comunicação mediada pelo computador é consumado em atos digitais: os botões para marcar gostos, partilhar, ativar notificações, indicar que se está (ou não) *on-line*, disponibilizar a localização geográfica, etc. O *software* reage constantemente às ações do utilizador da rede, incitando-o a estar ativo, a comunicar-se ("em que estás a pensar?") e a ficar em interação com outros, olhando-os e desejando ser também (bem) olhado. É sobre essa experiência que falaremos no ponto seguinte.

Jovens, culturas de pares e meios digitais

As interações que os jovens estabelecem entre si decorrem hoje, em grande medida, da tecnologia digital (celulares, internet), por meio da qual eles vão construindo a sua cultura de pares; isso é o que destaca a investigadora Sun Sun Lim, da Universidade de Singapura, numa sistematização da influência dos *media* na cultura de pares face a face, mediada pelo celular e na internet (LIM, 2013).

A influência da mídia digital na cultura de pares face a face tem muito em comum com a influência que noutras gerações tiveram o cinema, a banda desenhada, a televisão, os programas musicais, os discos. Conversar sobre conteúdos dos novos *media* continua a suscitar normas sobre o que é aceitável ou o que é impróprio, por exemplo, em relação a matérias como a sexualidade, nalgumas culturas mais do que noutras. Como dantes, determina-se que conteúdos e meios devem ser consumidos para se estar "na mesma onda", naquilo que a socióloga francesa Dominique Pasquier (2008), que estudou intensamente essa socialização mediática junto de adolescentes, designa como "tirania da maioria", retomando uma expressão de Hannah Arendt. Há, contudo, novas condições proporcionadas pelos novos meios digitais: o uso partilhado é outro modo de os conteúdos dos *media* penetrarem na cultura de pares, como ocorre nos jogos multiplataforma disputados lado a lado. Os celulares com as suas câmaras permitem ainda captar e disseminar momentos vividos em conjunto, constituindo, desse modo, "memórias partilhadas que servem para fortalecer o sentido de identidade de grupo".

Também a *cultura de pares na internet* ocorre hoje numa multiplicidade de plataformas e de dispositivos, dos consoles de jogos aos *smartphones*, *tablets* e outros portáteis. Na maioria das situações, como a investigação sobre usos dos meios digitais tem mostrado, as interações na internet prolongam as relações daqueles que vivem fisicamente próximos e são usadas para confirmar as identidades de grupo, o que permite considerar tais interações como algo próximo ao que se passa nas relações face a face da vida presencial. Ao contrário da grande preocupação por parte de adultos com os contatos com desconhecidos (associados a criminosos potenciais), para muitos jovens esses contatos são janelas de oportunidades de partilha, novamente recordando experiências de gerações anteriores de troca de correspondência por carta ou postal com jovens de outros países.

Como destaca Lim (2013), as interações na rede podem constituir oportunidades para se iniciar interações que não se ousava começar face a face ou para explorar outras identidades. A comunicação assincrônica permite pensar melhor no que se quer dizer e como queremos nos apresentar aos outros. Ainda na rede existem outras interações, com pessoas que não se conhecem pessoalmente e que se apresentam como interessados nos mesmos jogos, conteúdos de humor, filmes, séries televisivas, músicas, banda desenhada, etc., como subculturas que giram em torno do culto das celebridades, o *fandom*, com forte interpenetração entre culturas e consumos. Importa não esquecer as subculturas marginais cujos impactos têm se tornado mais visíveis na circulação de conteúdos de incitamento à violência, ao ódio ao diferente, como a homofobia ou a xenofobia, ou de incitação a valores negativos sobre si mesmo (convites à anorexia, à automutilação), e que tiram partido das possibilidades de anonimato da internet.

Vejamos por fim como os celulares – e os *smartphones* em particular – têm uma centralidade crescente, pela sua portabilidade, individualização e multifunções. A cultura de pares mediada pelo celular facilita a rápida localização dos amigos, a micro coordenação que torna possível a vivência de um "tempo do instante". É marcada pela mobilidade e pela flexibilidade das combinações, que se associa à pressão para se estar sempre disponível para os outros. Essa cultura da comunicação móvel associada às redes sociais digitais estimula que os jovens se envolvam no espetáculo da narração do seu dia a dia como modo de viver em grupo e de compartilhar com os outros. Processos mínimos de comunicação servem para fortalecer os aspectos socioemocionais da construção de relações entre jovens, são trocas de um processo performativo para marcar uma amizade, para cimentar laços sociais (LING; BERTEL, 2013).

No inquérito *Net Children Go Mobile*, de 2014, realizado em sete países europeus (Bélgica, Dinamarca, Irlanda, Itália, Portugal, Roménia e Reino Unido), 81% dos jovens internautas (entre 9 e 16 anos) que tinham *smartphone* próprio ou faziam uso de um aparelho desse tipo concordavam com a afirmação de que, com esse aparelho, sentiam-se mais próximos dos amigos. Contudo, como se pode ver no Quadro 1, o maior número de concordâncias (84%) foi para a afirmação de que se sentiam menos aborrecidos graças aos seus *smartphones*, sendo esse dispositivo um recurso múltiplo para o manejo de "tempos mortos" e de tédio. Essas duas características, a aproximação aos amigos e o ato de preencher o vazio, lideram, destacadas, na concordância total. O terceiro lugar dá conta de um constrangimento: a percepção da obrigatoriedade de ter de "estar sempre disponível" para os outros.

Quadro 1: Gerindo a complexidade da vida quotidiana (%)

Desde que tenho um smartphone...	Não concordo	Concordo em parte	Concordo totalmente
É mais fácil organizar a minha agenda diária	35	42	23
Sinto-me mais ligado aos meus amigos	19	39	42

Desde que tenho um smartphone...	Não concordo	Concordo em parte	Concordo totalmente
Sinto-me mais ligado à minha família	43	36	21
Sinto-me mais seguro	44	36	20
Sinto que tenho de estar sempre disponível para a família e os amigos	28	40	32
Sinto que é mais fácil fazer os trabalhos da escola e preparar os exames	47	37	16
Sinto-me menos aborrecido	16	43	41

Fonte: MASCHERONI; ÓLAFFSON, 2014.

Base: Todas as crianças (de 9 a 16 anos) que têm ou fazem uso de um *smartphone*.

Vemos ainda que o papel do *smartphone* para apoio ao trabalho escolar é descartado por quase metade dos jovens internautas europeus, sugerindo que os pequenos ecrãs não favorecem esse tipo de pesquisa informacional. A questão da segurança e a da ligação à família, dois atributos associados por pais ao uso do celular, são também desconsiderados por quase metade desses internautas.

Essa experiência de ter no bolso um pequeno computador ligado à rede pode marcar a intensificação de uma relação com a tecnologia digital, como revelam os valores do Quadro 2, também relativos ao mesmo inquérito. A necessidade de verificar se há novidades é referida por mais de três em cada quatro jovens, com metade a assinalar que isso ocorre frequentemente. Quase todas as situações inquiridas foram reconhecidas como frequentes por mais da metade, confirmando tendências do quadro anterior. Os jovens internautas do Reino Unido (65%), Portugal (57%) e Itália (50%) foram os que reconhecem mais situações de dificuldade de manejo.

Quadro 2: Nos últimos 12 meses, quantas vezes estas situações aconteceram? (%)

	Muitas vezes	Algumas vezes	Raramente ou nunca
Senti-me aborrecido por não poder consultar o smartphone	38	33	29

	Muitas vezes	Algumas vezes	Raramente ou nunca
Dei por mim a fazer coisas no smartphone que não eram necessárias	24	35	41
Senti grande necessidade de ver se alguma coisa de novo tinha acontecido	50	27	23
Passei menos tempo do que devia com os amigos, a família ou a estudar	23	33	44
Dei por mim a usar o smartphone em situações não apropriadas	30	29	41
Tentei passar menos tempo a usar o smartphone, mas não consegui	20	30	50

Fonte: MASCHERONI; ÓLAFFSON, 2014.

Base: Todas as crianças (de 9 a 16 anos) que têm ou fazem uso de um *smartphone*.

Contrariando a ideia de um mundo *on-line* como radicalmente distinto dos contactos face a face, nesse inquérito, apenas 21% dos jovens internautas europeus concordavam com a afirmação de que na internet falavam sobre coisas privadas que não partilhavam face a face, enquanto pouco mais de um terço (36%) concordavam com a afirmação de ser mais fácil serem eles mesmos na internet do que no contato face a face. Na Roménia e em Portugal, dois países onde a penetração da internet na sociedade foi mais tardia e onde há um maior fosso digital entre jovens e os seus pais e avós, esses valores surgiram bastante acima da média. Na Roménia, nomeadamente, mais de metade (54%) das crianças e dos jovens respondeu que era mais fácil serem eles mesmos na internet do que na situação face a face.

Nos *smartphones*, cada vez mais dominados por um pequeno conjunto de plataformas disponibilizadas a título gratuito, a sofisticação dos meios de registo permite um "eu quantificado" (BRAKE, 2014), em que o utilizador monitoriza o seu desempenho e o de outros, o número de amigos, de gostos, de partilhas. Uma comparação de resultados brasileiros com resultados deste estudo europeu, em 2014, revelou como no Brasil e na Roménia o número de contatos na rede social mais usada ultrapassava as largas centenas na maioria dos internautas, enquanto na Dinamarca metade dos internautas que estavam nas redes sociais tinha menos de 10 contatos (SOZIO *et al.*, 2015). Os "públicos em rede", expressão que a pesquisadora norte-americana danah boyd[4] (2014) cunhou e que tem explorado na sua pesquisa sobre as práticas *on-line* de adolescentes nas últimas décadas, incentivam cuidados tanto na apresentação do eu aos outros e no manejo das relações sociais virtuais, como na intervenção por parte das famílias, escola e comunidade para a promoção de ambientes de segurança e aquisições de literacias que proporcionem aos mais novos tirar partido das oportunidades das redes sociais.

Nesse contexto, a não participação nas redes sociais digitais, por parte de internautas mais novos ou mais velhos, torna-se difícil pela exclusão que pode significar de oportunidades sociais, como partilhar um bom momento ou combinar um evento rapidamente. Estando conectados, os mais relutantes optam muitas vezes por "versões leves", mínimas, do que colocam de si. Uma adolescente norte-americana confidenciou a danah boyd que partilhar um pouco na rede lhe proporcionava mais privacidade do que não partilhar nada (BOYD, 2014). Certo grau de revelação pessoal e de atenção à vida dos outros é também essencial à existência humana: os benefícios do uso das redes sociais satisfazem a necessidade de pertença ao grupo, de apresentação aos outros, de manutenção de laços fortes e de laços fracos que constituem capital social.

Em 2016, num tempo marcado pelos meios móveis, individuais, de acesso à internet, estar *on-line* tornou-se uma parte da vida quotidiana de crianças e jovens, de um modo difícil de quantificar em horas. O seu envolvimento com o mundo não se faz *na* internet, mas *por meio* da internet, o que coloca novos desafios na agenda de pesquisa a que a rede EU Kids Online procura responder (LIVINGSTONE; MASCHERONI; STAKSRUD, 2015). Ou seja, a questão não é apenas a relação dos jovens com a internet enquanto um espaço tecnológico; é também a sua relação com o mundo mediada pela internet de modo particular e que vai variando. As inovações tecnológicas continuam a desenvolver-se e as práticas sociais dos jovens adaptam-se criativamente a elas.

Procuramos na primeira parte deste artigo dar conta do tempo histórico das mudanças da internet. Os resultados que apresentamos na segunda parte, com um foco nos meios digitais móveis e portáteis e na pressão para estar conectado em redes – para estar disponível "a toda a

---

[4] A autora faz questão de que seu nome seja escrito em letras minúsculas.

hora e em qualquer lugar" – sugerem diferenças geracionais na intensificação de como se cresce o digital e que culturas e contextos importam. A pesquisa precisa combinar o olhar sociológico – sobre os *media* e sobre as culturas juvenis – com o olhar das ciências cognitivas e de comportamento, sem descurar a atenção à economia política deste capitalismo informacional e à sua retórica comunicacional.

Referências

BOYD, danah. *It's complicated! The social lives of networked teens*. Yale: Yale University Press, 2014.

BRAKE, D. *Sharing our lives on-line. Risks and exposure in social media*. London: Palgrave, 2014.

BUCKINGHAM, D. Introducing identity. *Youth, identity, and digital media*. D. Buckingham, Cambridge: the MIT Press, 2008.

LIM, S. S. Media and peer culture: Young people sharing norms and collective identities with and through media. *The Routledge International Handbook of Children, Adolescents and Media*. D. Lemish, London: Routledge, 2013. p. 322-328.

LING, R.; BERTEL, T. Mobile communication culture among children and adolescents *The Routledge International Handbook of Children, Adolescents and Media*. D. Lemish. London: Routledge, 2013. p. 127-133.

LIVINGSTONE, Sonia. Children's communication rights: a research assessment for the 25th anniversary of the UN Convention on the Rights of the Child. ECREA. Lisbon. 2014.

LIVINGSTONE, Sonia; BULGER, Monica. A Global Research Agenda for Children's Rights in The Digital Age. *Journal of Children and Media*, 2014.

LIVINGSTONE, S.; CARR, J.; BYRNE, J. One in Three: internet Governance and Children's Rights. London, CIGI, Chatham House. Global Commission on internet Governance. Ourinternet.org. 2015.

LIVINGSTONE, S.; MASCHERONI, G.; STAKSRUD, E. Developing a framework for researching children's online risks and opportunities in Europe. London: LSE, 2015.

MASCHERONI, G.; OLAFSSON, K. Net children go mobile. Mobile internet access and use among European children. Final findings of the Net Children Go Mobile Project. Milano. 2014.

PASQUIER, D. From parental control to peer pressure: cultural transmission and conformism. *The International Handbook of Children, Media and Culture*. K. Drotner and S. Livingstone. London, Sage. 2008, p. 448-459.

PONTE, C. Uma geração digital?. A influência familiar na experiência mediática de adolescentes. *Sociologia – Problemas e práticas*, n. 65, p. 31-50, 2011.

PONTE, C. Jovens e internet: discutindo divisões digitais. *Comunicação, Cultura e Juventude*. M. Barbosa e O. Morais. Caxias do Sul, Brasil, INTERCOM 2010. p. 42-71.

PRENSKY, M. Digital Natives, Digital Immigrants From On the Horizon. *MCB University Press*, Vol. 9, No. 5, October 2001.

SOZIO, M. E. *et al*. *Children and internet use: A comparative analysis of Brazil and seven European countries*. London: LSE, 2015.

VAN DIJCK, J. *The culture of connectivity*. Oxford: Oxford Policy Press, 2013.

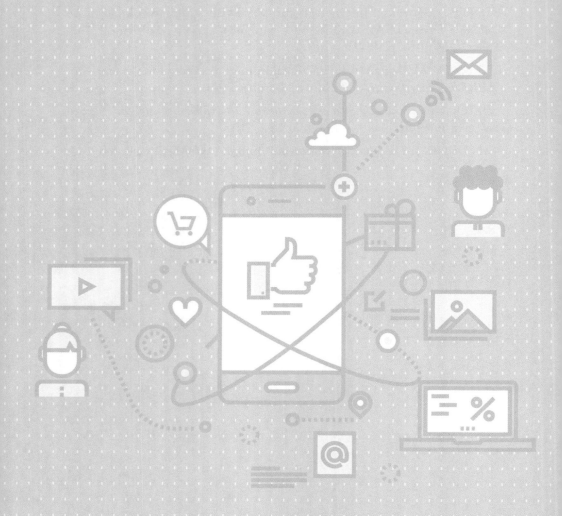

3 OS JOVENS NO MUNDO *ÑANDUTI GUAZÚ*: CULTURAS DIGITAIS E CONECTIVIDADES CULTURAIS

José Machado Pais

1. Como há muita África no Brasil, deixem-me tomar como ponto de partida desta contribuição a realidade vivida por muitos jovens africanos. Para o efeito, proponho que imaginariamente façamos uma viagem até à Guiné-Bissau, na África Ocidental.[5] Preparados para a viagem? Vamos chegar a um país saído, em 1974, de uma guerra de libertação colonial e posteriormente de uma guerra civil (1998/1999). É neste país que os jovens travam, cotidianamente, as suas próprias lutas de libertação e emancipação, no rescaldo de uma longa guerra.[6] Num tecido social marcado pela pobreza económica, o desemprego faz com que muitos deles vivam em situação de grande precariedade, por vezes cansados de fazer nada, sem meios de subsistência. Com alguma sorte consegue-se, como alguns dizem, *um tiro kada dia*,[7] ou seja, uma refeição diária para matar a fome. Mas o que dói mais? A morte de fome? A morte de guerra? Ou a morte social?

Chegámos à capital, Bissau. Estão a ver aquele vagabundo remexendo em caixotes de lixo? Anda à procura de comida. Olhem como os cães vadios lhe disputam os restos de comida. Entretanto alguém berra: *bluuuuuufo! bluuuuufo!* Ao chamamento segue-se um coro de gargalhadas entre alguns transeuntes. De que riem? Que significa *blufo*? Saiba-se que é

---

[5] Nesta digressão apoio-me principalmente nas contribuições de uma obra coletiva coordenada por Miguel de Barros, que gentilmente me convidou para prefaciá-la: *Juventude e transformações sociais na Guiné-Bissau*. Bissau: Edições Corubal. No prelo.

[6] VIGH, Henrik. *Navigating Terrains of War: Youth and Soldiering in Guinea-Bissau*. Oxford: Bergman Books. 2006.

[7] Em itálico recuperam-se expressões do crioulo da Guiné-Bissau.

um termo insultuoso dirigido a quem, apesar da idade adulta, permanece acorrentado a um estatuto de menoridade. Um *blufo* é alguém que é alvo de escárnio social por encerrar, em si mesmo, uma contradição. É um homem sem o ser. Por que? Porque na Guiné-Bissau um homem sem mulher não é homem, em terra de *ronku di matchu* [roncos de macho]. Um *blufo* ficou à margem do *fanadu* [ritual de circuncisão], marca de um rito de passagem para a idade adulta. O termo *blufo* descreve uma espécie de "castração social", uma incapacidade de assunção da condição de adulto, uma subalternidade própria de quem não consegue libertar-se do estatuto de jovem, uma disritmia entre a idade cronológica (biológica) e a idade social, enfim, uma "moratória social", realidade também vivida por muitos jovens europeus e sul-americanos, embora de forma diferente.

Na Guiné-Bissau é forte a tensão entre tradição e modernidade. A recente atração dos jovens guineenses por movimentos proféticos parece corresponder a uma dissensão em relação a velhas crenças em torno de feitiçarias e adivinhações, frequentemente associadas a males de inveja e a influências espirituais. Os jovens querem emigrar, querem conectar-se com outros mundos. Os signos da modernidade tecem identidades culturalmente estilizadas, por meio de investimentos na imagem corporal (roupas e acessórios), como os bonés de basebol, os ténis de marca, os óculos Ray Ban *made in China* ou as calças ajustadas que acentuam as silhuetas corporais das *Clara di Sabura* [as "Claras das Festas"], moças em busca de diversão ou algo mais. Elas protagonizam uma mobilidade ascendente, em ambiente de "festas" e discotecas. Resvalando frequentemente para a prostituição, algumas contam com a cumplicidade dos pais e dos próprios namorados, todos eles beneficiando-se dos granjeios que a fuga à miséria económica possibilita.

Os investimentos corporais com que os jovens guineenses estilizam a sua imagem são sinais de uma ocidentalização exibida porque desejada. Os amuletos e talismãs foram substituídos por celulares e águas de cheiro. Poderia mesmo se falar de um pós-colonialismo cultural em que o *branku* [branco] aparece como um ícone de referência cultural, a mimetizar. Há uma valorização da marca do *branku*: *mesinho di branku, skola di branku, vida di branku*... Mesmo quando, no âmbito dos projetos internacionais de voluntariado para a cooperação, jovens estrangeiros tomam contato com jovens guineenses, as aprendizagens mútuas, de natureza intercultural, não deixam dúvidas sobre quem gostaria de "calçar os sapatos do outro".

Mas há também aqueles outros jovens que, vendo a debandada das *Clara di Sabura* para os braços dos *ronku di matchu*, mais lamentos exacerbam pela sua triste sina de vida. Sem trabalho e dinheiro não há acesso a mulheres nem a casamento. Entre eles paira uma ameaça social, a de se tornarem *blufos*. A falta de esperança e a consciência de que a sorte é ingrata condensam-se numa locução crioula que expressa um modo de vida: *coitadesa*. Um futuro bloqueado que fecha as portas à esperança, prolongando a dependência dos jovens em relação aos familiares, numa espécie de "moratória social". Contudo, a *coitadesa* de vida não impede a projeção do futuro, a reivindicação de uma desejada autonomia, a capacidade de cada um pensar por sua própria cabeça: *kada kin pa si kabesa*. Também utilizam expressões que manifestam o desejo de dar o salto, mudar de vida: "abrir os olhos", "mover-se para diante", "comer o mundo", "sair do escuro". *Sair do escuro* pode passar por chegar a Dacar ou a Conacri, antes de se aportar à fantasiada Europa.[8] Qualquer apeadeiro serve para manter viva a chama da esperança, qualquer lugar de trânsito é apetecível se nele se experimentar a sensação de "ver França". Nem que seja pela janela de uma televisão, de um celular ou de um computador com acesso à internet.

2. Uma hipótese que coloco à discussão parte do pressuposto de que a fuga à marginalidade social pode passar pela *conectividade*. A ideia não é minha. Descobria-a no Brasil, com jovens criadores de uma onda cultural, o *manguebeat*, surgido nos mangues da cidade do Recife. Para sobreviverem, muitos jovens desses pântanos dedicam-se à apanha de caranguejos, dada a característica lodosa dos terrenos. A lama, tida como símbolo de sujidade e de pobreza, é pelos jovens vista como alegoria da fertilidade e da criatividade. Daí que, inspirados na obra *Homens e Caranguejos*, de Josué de Castro, os jovens do movimento *manguebeat* tenham proclamado o surgimento de uma nova espécie de caranguejos com antenas *wi-fi*, manifestamente globalizados. Por isso, o *manguebeat* toma por símbolo uma antena parabólica incrustada na lama do mangue. O que o *manguebeat* antecipou, no fundo, foi a possibilidade de um diálogo

---

[8] VIGH, Henrik. 'Wayward migration: on imagined futures and technological voids', *Ethnos*, 74:1, 91-109. 2009.

emancipatório entre o local e o global, a margem e o centro. Como? Por meio de *chips* e *bits*, recursos informáticos para a divulgação de uma cultura com suporte musical (*rock*, maracatu, *hip-hop*). O que encontramos no *manguebeat* é uma aposta numa cultura da conectividade, é a possibilidade de as tecnologias de informação poderem favorecer novas formas de partilha cultural e de protagonismo político.

Sabem como na língua guarani do Paraguai se designa a internet? Com toda a poética metafórica que caracteriza o guarani, a expressão usada, já num contexto de aculturação, é *ñanduti guazú*, cujo significado é *teia grande*. Nessa teia grande, muitos jovens de hoje reclamam novas competências e saberes, superando tradicionais processos de participação cultural e política. No mundo *ñanduti guazú* expandem-se oportunidades de participação cívica,[9] orientadas para a construção de uma cultura solidária, de dádiva e partilha (*sharing is caring*). Isso se vê claramente na forma como os jovens indígenas da América Latina movem-se no mundo *ñanduti guazú*. Apesar de muitos deles viverem arredados dos territórios ciberespaciais, apesar dos seus baixos índices de literacia digital, há o reconhecimento de que nessa *teia grande* geram-se imensas possibilidades de trocas culturais.

No mundo *ñanduti guazú* os jovens indígenas podem promover a sua cultura, combater as ameaças ao meio ambiente, preservar a sua identidade.[10] A sua inclusão digital permite também aproveitarem o comércio electrónico para divulgarem o seu artesanato, a sua música, os seus conhecimentos medicinais, os seus mitos e lendas. Há um significativo número de projetos culturais que exploram essas formas de inclusão digital. Por exemplo, o projeto "Habla" (Fala), da Fundação Anesvad (Madrid), implementado em Bangladesh e no Peru, dando apoio à elaboração de vídeos comunitários, gravados com celulares, para documentarem a realidade cotidiana de populações desfavorecidas.

---

[9] BANAJI, S.; BUCKINGHAM, D. . *The Civic Web. Young People, the Internet and Civic Participation*. Cambridge, Massachusetts: The MIT Press. 2013.

[10] Veja-se: RUIZ, Maya Lorena Pérez (Coord.). *Jóvene indígenas y globalización en América Latina*. México: Instituto Nacional de Antropología e Historia, 2008; e ZEBADÚA, Juan Pablo Carbonell. *Culturas juveniles en contextos globales. Cambio y construcción identitária*. México: Universidad Veracruzana, 2009.

Na língua guarani há uma sugestiva palavra para designar o correio electrónico. A expressão inventada é uma clara evidência da criatividade linguística: ñe'êveve [palavra que voa]. Eduardo Galeano deixou-nos um fascinante livro: *As Palavras Andantes*. Na teia grande as palavras voam. Os jovens revelam uma enorme capacidade de fazerem-nas voar. Eles sentem que a sua voz se pode ouvir, como acontece com os jovens senegaleses quando usam a expressão *am baat* [ter voz, ser considerado].[11] E, por isso mesmo, no Senegal, como noutras latitudes geográficas, as culturas digitais aparecem como instâncias de mobilização social e política. No Senegal, como em Moçambique e em outras regiões africanas, os problemas da aldeia debatiam-se, tradicionalmente, à sombra da chamada árvore *das palavras*,[12] sempre no respeito de primazias de natureza gerontocrática, em que é valorizada a sabedoria da palavra dos mais velhos. Hoje, entre alguns segmentos dos jovens africanos, a árvore *das palavras* frutifica nas redes sociais mediadas pelas novas tecnologias.

Castells[13] questiona-se sobre as razões que detonaram os movimentos sociais juvenis por todo o mundo, nos inícios do presente século, como foi o caso dos que foram protagonizados pelos chamados *jovens indignados*.[14] Nessas ações coletivas encontramos um traço identificado por H. Blumer[15] em suas pioneiras reflexões sobre os movimentos sociais: uma inquietação e frustração perante as condições de vida, mas, ao mesmo tempo, uma chama de esperança ainda viva, um desejo de mudança que a palavra ajuda a difundir. Os jovens manifestam uma enorme capacidade de fazer *voar a palavra* no mundo *ñanduti guazú*. Eles mobilizam-se nas redes sociais, interconectam-se, tecem tramas de cumplicidade. Eles envolvem-se em novas redes de comunicação de suporte à participação cívica e política: *websites*, Facebook, *blogs*, fóruns, protestos *on-line*, etc.

---

[11] FALCÃO, Ricardo. *Apropriação de Tecnologias de Informação e Comunicação no Senegal*: sociabilidades jovens e valores sociais em crise. Tese de doutoramento. Lisboa: ISCTE-IUL, 2016.

[12] Ver romance de GERSÃO, Teolinda. *A árvore das palavras*. Lisboa: Sextante Editora, 2014.

[13] CASTELLS, Manuel. *Networks of Outrage and Hope. Social Movements in the Internet Age.* Cambridge: Polity Press. 2012.

[14] PAIS, José Machado. A esperança em gerações de futuro sombrio. *Estudos Avançados*, São Paulo, v. 26, n. 75, p. 267-280, 2012. Disponível em: <http://www.scielo.br/pdf/ea/v26n75/18.pdf>. Acesso em: 19 jan. 2017.

[15] BLUMER, H. Collective Behavior. In: LEE, Alfred M. *New Outline of the Principles of Sociology*. New York: Barnes & Noble. 1951.

Estamos assim perante o renascimento de um modo não institucional de fazer política, uma *reinvenção* do próprio agir político,[16] uma participação consciente no chamado *ciberativismo*.[17]

De facto, quanto mais interativo é um processo de comunicação, quanto mais *a palavra voa*, maior é a probabilidade de formação de processos de ação coletiva. Tudo isso acontece no domínio cultural. O essencial de todo o processo cultural é a *comunicação*. Se aceitarmos essa ideia, há que se desconfiar da metáfora da *fronteira*, pois no mundo *ñanduti guazú* a palavra tem o poder de sobrevoar fronteiras, interconectando culturas. Todas elas diferentes em sua diversidade, mas todas elas fazendo parte de uma grande teia cultural.

A essa *teia grande* também já chegaram os piratas pós-modernos, ao questionarem o valor e os usos da informação digital.[18] No movimento dos *Partidos Piratas*, com uma notável representação na Ibero-América,[19] sobressai o questionamento dos interesses mercantis associados ao controlo da informação digital, reivindicando, em contrapartida, a partilha da informação como um direito universal. Por isso, esses piratas ciberespaciais reclamam formas alternativas de consumo e distribuição da cultura, como é o caso dos conteúdos até agora protegidos pelas leis de direitos de autor e de propriedade intelectual: filmes, músicas, livros, vídeos, etc. Ou seja, as redes sociais permitem aos jovens novas formas de participação cívica e protagonismo político que tomam lugar num terreno manifestamente cultural.

Essas novas formas de participação, embora marcadas pela defesa de uma causa comum, reivindicam experiências subjetivas no âmbito de uma política digital para a vida. A internet promove uma cultura da

---

[16] BECK, Ulrich. A reinvenção da política: rumo a uma teoria da modernização reflexiva. In: BECK, Ulrich *et al.* (Org.). *Modernização reflexiva. Política, tradição e estética na ordem social moderna*. São Paulo: Editora UNESP, 1995.

[17] MCCAUGHEY, Martha; AYERS, Michael D. . *Cyberactivism: On-line Activisme in Theory and Practice*. Londres: Routledge. 2003.

[18] CASTELLS, Manuel; CARDOSO, Gustavo (Eds.). *Piracy Cultures: how a growing portion of the global population is building media relationships through alternate channels of obtaining content*. Indian: Xlibris Corporation. 2013.

[19] SATURNINO, Rodrigo Flávio. *A política dos piratas. Informação, culturas digitais e identidades políticas*. Tese de doutoramento. Lisboa: Instituto de Ciências Sociais da Universidade de Lisboa, 2015.

autonomia, matriz fundamental das sociedades contemporâneas. Para muitos jovens, a internet permite transgredir as fronteiras do abrigo familiar que é a casa, mesmo quando nela se refugiam para melhor se poderem libertar, quando estão conectados à internet. Não poucos são os jovens que criam um perfil pessoal em qualquer sítio da internet, participando em múltiplas socializações *on-line*. A partir de qualquer portátil podem levantar voo para a conquista de outros espaços, territórios virtuais que dão guarida a encontros e sentimentos de pertença grupal e identitária. Os jovens encontram na comunicação móvel uma forma adequada de expressão e afirmação.[20] A crescente difusão dos celulares e da internet tem contribuído para potenciar a comunicação entre os jovens, favorecendo uma maior autonomia relacional.[21] O potencial libertador das novas tecnologias de informação e comunicação faz-se particularmente sentir entre jovens de condição social mais desfavorecida ou que estão mais submetidos a um controle social de natureza moral ou ideológica. As plataformas digitais são crescentemente usadas como palco de ritualização do corpo e da sexualidade, ao arrepio das normas sociais em que se assentava a tradicional autoridade patriarcal.[22]

3. É evidente que há ainda muitos jovens que vivem fora do mundo *ñanduti guazú*. E também é certo que nesse mundo se reproduzem fortes assimetrias e hierarquizações sociais, anomias e dessocializações,[23] condutas alienantes e criminalizáveis (assédios sexuais, espionagem, fraudes electrónicas, etc.). Mas também é verdade que em *ñanduti guazú* abrem-se novas janelas de oportunidade, de participação e de emancipação. No domínio das culturas digitais, os jovens reivindicam experiências subjetivas no âmbito de uma política digital para a vida, mas também demandam formas de participação marcadas por valores de partilha e

---

[20] CASTELLS, Manuel; FERNÁNDEZ-ARDÈVOL, Mireia; QIU, Jack Linchuan; SEY, Araba. *Comunicación móvil y sociedad*. Uma perspectiva global. Barcelona: Ariel, 2006.

[21] METTON, Céline (2010). L'Autonomie relationelle. *Ethnologie Française*, XL, p. 101-107.

[22] PAIS, José Machado. Convivialidade familiar: das regras aos conflitos. In: *Sexualidade e afetos juvenis*. Lisboa: Imprensa de Ciências Sociais, 2012.

[23] PAIS, José Machado. Afetos virtuais: em busca de conexão. In: *Nos rastos da solidão*. Deambulações sociológicas. Porto: Ambar, 2006; TURKLE, S. *Alone Together. Why we Expect More from Technology and Less from Each Other*. New York: Basis Books. 2012.

solidariedade. Nessas novas correntes socioculturais, lideradas por jovens, anunciam-se projetos alternativos em que a cidadania problematiza-se cada vez mais nos domínios do *self*, refletindo a individualização da cultura. No entanto, realização pessoal e transformação social não são reivindicações mutuamente exclusivas. Para os jovens de hoje, os direitos sociais mais apelativos são os que interferem no bem-estar individual, como é o caso dos direitos do consumidor ou dos que se centram em questões relacionadas com o género, a sexualidade, os estilos de vida e a qualidade desta. Em outras palavras, os direitos sociais são mobilizadores na medida em que expressam direitos individuais.

Enfim, deram-se algumas pinceladas sociológicas do mundo *nãndutí guazú*. Um mundo onde a cultura da autonomia não impede a afirmação de uma conectividade cultural assente em fluxos interativos: de informação, de cooperação, de dádivas, de símbolos compartilhados. Um mundo onde as palavras voam e com elas voam ideias que apontam para novas formas de relacionamento social e cultural. Voltando aos jovens da Guiné-Bissau, a larga maioria deles ainda vive fora do mundo das culturas digitais. Mas eles conhecem bem o poder da palavra que voa. Eles fazem voar a palavra em debates radiofónicos, mas também no domínio do *rap kriol[u]*, em que a palavra cantada assume-se como denunciadora das dificuldades e misérias sociais sentidas no dia a dia. Nas letras das músicas *rap*, os jovens guineenses denunciam a desorganização do país, a corrupção, o dinheiro esbanjado à toa, o narcotráfico, os negócios ilegais, o crime organizado, a fome, a tirania, o sofrimento, o sufoco. Um dia – quem sabe? – talvez possam deixar a *coitadesa*. Aí eles vão *comer o mundo*; vão *sair do escuro*; vão *ter vida di branku*, deixarão de matar a fome com um *tiro kada dia*... A sobrevivência alimenta-se da esperança.

Referências

BANAJI, S., BUCKINGHAM, D. *The civic web. Young people, the internet and civic participation*. Cambridge, Massachusetts: The MIT Press, 2013.

BARROS, Miguel. *Juventude e transformações sociais na Guiné-Bissau*. Bissau: Edições Corubal. No prelo.

BECK, Ulrich. A reinvenção da política: rumo a uma teoria da modernização reflexiva. In: BECK, Ulrich *et al.* (Org.). *Modernização reflexiva*: política, tradição e estética na ordem social moderna. São Paulo: Ed. Unesp, 1995.

BLUMER, H. Collective Behavior. In: LEE, Alfred M. *New Outline of the Principles of Sociology*. New York: Barnes & Noble, 1951.

CASTELLS, Manuel; CARDOSO, Gustavo (Eds.). *Piracy Cultures*: how a growing portion of the global population is building media relationships through alternate channels of obtaining content. Indian: Xlibris Corporation, 2013.

CASTELLS, Manuel; FERNÁNDEZ-ARDÈVOL, Mireia; QIU, Jack Linchuan; SEY, Araba. *Comunicación móvil y sociedad*: una perspectiva global. Barcelona: Ariel, 2006.

CASTELLS, Manuel. *Networks of Outrage and Hope*. Social Movements in the Internet Age. Cambridge: Polity Press, 2012.

FALCÃO, Ricardo Miguel Almeida da Silva. *Apropriação de Tecnologias de Informação e Comunicação no Senegal*: sociabilidades jovens e valores sociais em crise. Tese de doutoramento. Lisboa: ISCTE-IUL, 2016.

GERSÃO, Teolinda. *A árvore das palavras*. Lisboa: Sextante Editora, 2014.

MCCAUGHEY, Martha; AYERS, Michael D. *Cyberactivism*: On-line Activisme in Theory and Practice. Londres: Routledge, 2003.

METTON, Céline. L'Autonomie relationelle. *Ethnologie Française*, XL, p. 101-107, 2010.

PAIS, José Machado. A esperança em gerações de futuro sombrio. *Estudos Avançados*, São Paulo, v. 26, n. 75, p. 267-280, 2012. Disponível em: <http://www.scielo.br/pdf/ea/v26n75/18.pdf>. Acesso em: 13 jan. 2017.

PAIS, José Machado. Afetos virtuais: em busca de conexão. In: *Nos rastos da solidão*. Deambulações sociológicas. Porto: Ambar, 2006.

PAIS, José Machado. Convivialidade familiar: das regras aos conflitos. In: *Sexualidade e afetos juvenis*. Lisboa: Imprensa de Ciências Sociais, 2012.

RUIZ, Maya Lorena Pérez (Coord.). *Jóvene indígenas y globalización en América Latina*. México: Instituto Nacional de Antropología e Historia, 2008.

SATURNINO, Rodrigo Flávio. *A política dos piratas*. Informação, culturas digitais e identidades políticas. Tese de doutoramento. Lisboa: Instituto de Ciências Sociais da Universidade de Lisboa, 2015.

TURKLE, S. *Alone Together. Why we expect more from technology and less from each other*. New York: Basis Books, 2012.

VIGH, Henrik. 'Wayward migration: on imagined futures and technological voids'. *Ethnos*, 74:1, p. 91-109, 2009.

VIGH, Henrik. *Navigating terrains of war*: youth and soldiering in Guinea-Bissau. Oxford: Bergman Books, 2006.

ZEBADÚA, Juan Pablo Carbonell. *Culturas juveniles en contextos globales*. Cambio y construcción identitária. México: Universidad Veracruzana, 2009.

4 INTERNET E SUBJETIVIDADE CONTEMPORÂNEA: ENTRE O FASCÍNIO E O HORROR

Marina Bialer
Rinaldo Voltolini

Parte componente incontestável de nossa realidade, a internet chegou de maneira intensa, extensa, incidente e insidiosa. Não há um só canto do mundo que, em maior ou menor grau, não esteja tocado pelo aparato que ela (im)põe à disposição. Vem com a força de um *gadget* que se torna cada vez mais imprescindível, que define a pertença ou não a um universo, propondo-se como ferramenta de auxílio para uma diversidade de coisas, modificando relações, modos de produção, subjetividades.

A forma rápida de sua evolução, intrínseca ao próprio *modus operandi* da dinâmica tecnológica, bem como às necessidades de inovação no mercado, chama a atenção pela transformação do mundo que ela operou em tão pouco tempo, com uma série de consequências bastante importantes de se analisar. A velocidade desse processo, que não cessa de aumentar, é sempre maior do que aquela dos estudos que buscam nos ajudar a compreender suas vicissitudes.

Neste momento, caracterizado ao mesmo tempo por um interesse crescente no assunto e uma incipiência dos estudos que analisam as vicissitudes do processo, a capacidade do discernimento é fundamental. A magnitude do tema, dado o valor que a inserção dessa tecnologia em todo o mundo possui, evoca paixões e debates, muitas vezes parametrizados por uma dicotomia do tipo: a favor ou contra?

Na escola, por exemplo, campo que tomaremos particularmente para análise neste capítulo, uma polêmica em torno da entrada da internet em seu meio instaurou-se nestes termos. Por um lado, os defensores de sua entrada destacam a pletora de instrumentos que ela oferece e que contribuem para a aprendizagem e a motivação do aluno. Por outro lado, os que a contestam argumentam, em geral, sobre os riscos de dispersão da concentração do aluno.

Em todo caso, e a despeito de qualquer polêmica, a internet instalou-se, trazendo a marca do novo, da inovação, justamente essa inovação da qual Hannah Arendt (1968) nos diz estarmos apaixonadamente adoecidos.

Nada melhor que a tecnologia cibernética para representar o *pathos do novo* sublinhado por Hannah Arendt quando pretendia indicar o traço distintivo da contemporaneidade. Para essa autora, a paixão pela inovação e a consequente desvalorização da relação com o passado, com o antigo, constitui a viga mestra da contemporaneidade. Ainda que a autora, talvez, não pudesse prever na época a velocidade com que esse processo evoluiria, tampouco o peso que a tecnologia cibernética, que sequer existia, teria nele, ela soube destacar, com o termo *pathos*, o potencial desarrazoado e particularmente destrutivo dessa paixão. Com efeito, nossa paixão pela inovação, e o exemplo particular da internet é emblemático nesse sentido, leva a uma constante destruição da relação com tudo que é antigo. A diferença hoje em dia parece ser a de que o antigo é o ontem e não o século passado, com nossos aparelhos ou programas que precisam ser constantemente *atualizados*.

O novo sempre nos coloca num misto de fascínio e horror; assim como ameaça um mundo conhecido, abre os olhos para algo diferente. Como não se lembrar dos medos que a invenção da imprensa por Gutemberg trouxe? Pensou-se que a possibilidade dos livros traria uma preguiça intelectual, uma dificuldade para pensar. Ou então, a chegada da televisão que fez tremer os espíritos com o risco vislumbrado do fim da sociabilidade familiar?

Com a chegada da internet e sua rápida expansão e desenvolvimento não foi diferente. Imaginou-se que ela traria o fim de uma diversidade de coisas nos mais variados domínios. Não se pode negar que, seja a imprensa, a televisão ou mesmo a internet, por terem representado uma ruptura com o contexto de suas respectivas épocas, foram transformadoras, e que, como tal, decretaram concretamente o fim de algumas coisas, instaurando novos modos relacionais. Longe, entretanto, daquilo imaginado pela visão catastrofista nutrida pelo horror causado pela inovação.

Tanto o fascínio como o horror não são bons guias para discernirmos os pontos nodais que realmente devem ser levados em consideração na avaliação das vicissitudes de um processo novo que se instaura. Por outro lado, a presença desses sentimentos traz a marca do humano que com suas reações mostra sua implicação subjetiva, o modo pelo qual torna sua as mudanças no mundo dos objetos.

De todo modo, é na perspectiva de desmistificar certas questões referentes à internet, em particular em um de seus domínios – seu uso como ferramenta no universo escolar – que pretendemos encaminhar nossas questões.

Para isso se fará necessário abordar algumas questões mais gerais e necessariamente interdisciplinares, como sugere o tratamento de um tema com tantas facetas. Questões que giram em torno da ideia de que a internet seria apenas um instrumento, uma ferramenta como se convencionou chamá-la, provavelmente para reforçar a importância do artesão que a manipula. Mas podemos nos perguntar se a própria necessidade desse reforçamento não explicita o receio de sua formulação inversa, aquela que apontaria o homem na posição de objeto e a máquina no polo oposto como sujeito.

Pretendemos demonstrar que, longe de ser apenas uma ferramenta, a internet é um elemento decisivo da composição da subjetividade contemporânea, definindo, portanto, o tipo de sujeito que se espera para adequar-se ao mundo constituído por ela.

Nosso percurso terá como atitude central a posição psicanalítica, uma vez que visa a escandir a narrativa atual e trabalhar o mito consolidado nela.

Internet e subjetividade contemporânea

As tecnologias não são neutras e, assim como qualquer outra tecnologia, a atual *web* deve ser compreendida como "uma moldura conceitual" (BUZATO; SEVERO, 2010, p. 1) que permite correlacionar "um conjunto de ideias, tecnologias, comportamentos e discursos" (p. 1). Sherry Turkle, pesquisadora das tecnologias digitais e dos seus efeitos subjetivos, estuda, em uma vertente de antropologia-etnografia-psicologia, os efeitos das invenções tecnológicas mais atuais do MIT (Massachussets Institute of Technology), onde é pesquisadora. Em um dos seus livros

(TURKLE, 2011), traça o percurso da imersão digital: das pessoas que digitalizam o que faz parte da sua vida cotidiana, a vida que se vive no ciberespaço, a presença de tecnologia nos corpos como próteses concretas que permitem ao organismo funcionar e de como este corpo tecnológico é apropriado, como este aparato tecnológico torna-se parte de quem se é, demonstrando como as tecnologias digitais não podem ser restritas a funções complementares que não alterariam estruturalmente o laço social e a subjetividade contemporânea.

A imersão nas tecnologias digitais impactou tão intensamente a subjetividade humana que Turkle (1995) ressalta considerar que elas não podem ser descritas como meras ferramentas, salientando haver diferentes apropriações dessas tecnologias, o que determina impactos singulares e que podem originar subculturas e grupos criados em decorrência desse uso, por exemplo, os *hackers*, os jogadores de *videogames* complexos com múltiplos jogadores, os *ciberpunks*. Esse "pluralismo" (p. 45) de uso e de apropriação é salientado pela autora como derivando das características das tecnologias digitais, remetendo tal maleabilidade de apropriações muito singulares ao tom pós-moderno dessas tecnologias, à fluidez identitária, à ausência de verdades únicas definitivas, à abertura às singularidades e às múltiplas culturas diversas. O uso dessas tecnologias impacta para a autora a maneira como o ser humano pode pensar a realidade e construir a sua identidade, a sua vida e o laço com os outros.

Outra faceta da imersão tecnológica descrita por Turkle é a invenção de personagens-robôs humanizados, frutos da inteligência artificial, o que lhes permite executar diversos papéis no ciberespaço, por exemplo, funcionando como psicoterapeutas (programa ELIZA, DEPRESSION 2.0), e a invenção de personagens cibernéticos produzidos por programas de computador e que interagem com pessoas como se fossem humanos, em jogos virtuais e outras atividades no ciberespaço. Nesse âmbito, Turkle (1995) entrevistou várias pessoas sobre essas interações e ressaltou a aceitabilidade dessas máquinas com faceta humana, enfatizando, por exemplo, que diversas pessoas aceitavam com cordialidade as palavras da máquina dadas nas simulações de sessões de terapia e estabeleciam relações de parceira-amizade com personagens criados por programas de computador. A autora analisou que a imersão das tecnologias digitais deixa as pessoas mais abertas, suscetíveis a terem relações mais íntimas com objetos e invenções tecnológicos vivenciados como "uma extensão do *self*" (p. 110). Esses objetos tecnológicos inteligentes apropriam-se da experiência acumulada e constroem uma inteligência que lhes permite se construir baseados nos padrões originais, no que cada objeto-personagem aprendeu da experiência própria e do que outros objetos tecnológicos aprenderam, desenvolvendo programações cada vez mais complexas. Essa inteligência artificial está alicerçada em um estudo da lógica humana apropriada e traduzida pelos programas de computador, também podendo ser alterada de modo a uma melhor *performance* do que a manifestada pelo humano, um comportamento corrigido que produz um conhecimento potencializado pela conectividade das informações advindas dessas mesmas tecnologias. Turkle (2011) analisa diversas outras relações afetivas com objetos-tecnológicos – desde os Furbies até objetos projetados para serem babás-companheiros de pessoas idosas como o Paro – e observa o poder de conexão desses objetos aos quais os humanos ligam-se para oferecer companhia, afeto. Essa apropriação implica, para a autora, um efeito de antropormofização da tecnologia que vai sendo humanizada e transforma a relação do humano consigo próprio em seus alicerces identitários, na relação corpo-mente, nas relações emocionais, na construção da realidade. Aqui não se trata da tecnologia sendo utilizada como uma suplência decorrente dos limites de armazenagem de dados e de processamento de informações e de algoritmos pelo cérebro humano, mas da tecnologia simulando companhia, emoções, ocupando uma posição de parceria para tamponar a solidão humana, agravada em parte pela própria imersão nessas modalidades de tecnologia. Nesse mesmo sentido, o recurso ao Paro também tem sido a resposta social dada a situações como catástrofes e vivências traumáticas como o tsunami japonês enquanto modalidades terapêuticas substitutas ao que seria fornecido por outro humano. Ao contrário de outras respostas de elaborações simbólicas comunitárias de luto coletivo, podemos destacar nesse exemplo a premência da intermediação tecnológica digital como modo de resposta social.

Outro pesquisador das tecnologias digitais, que enfoca mais especificamente questões da educação, como o letramento digital, o linguista Marcelo Buzato escreveu um artigo no qual analisa suas interações com um agente computacional robô com quem interagia em uma conversação em *chatbots* (BUZATO, 2010a). Nesse texto, critica "oposições binárias entre tecnologia e cultura" (p. 359) e "homem/máquina" (p. 361) em prol do "hibridismo" (p. 359), e, assim como Turkle, afirma que o digital, o computacional não pode ser distinto do cultural. Nesse contexto, a proposta do pesquisador foi analisar que tipo de conversa era possível estabelecer com *chatterbots* de modo a abarcar essa nova hibridez marcante da tecnologia cibernética.

Chatbot é a abreviação de *chatterbot*, que se origina da junção das palavras em inglês para designar a pessoa falante na conversa – *the chatter* – e a abreviatura de robô – *robot/bot* –, e designa um programa de computador que interage com as pessoas tentando simular o que um ser humano falaria. Esse programa inventado e estruturado por humanos viabiliza a criação de uma base de conhecimento cumulativa a partir da qual surgem as respostas do *chatbot*, tentando se aproximar do comportamento e da linguagem de humanos na conversa.

Vale destacarmos como surgiu a questão inicial indagada por Buzato e que propiciou a produção de seu artigo. Em um seminário sobre linguagem e tecnologia no qual participou ainda como estudante, ele assistiu a duas palestras: na primeira uma psicóloga demonstrava práticas de treinamento de profissionais de *telemarketing* que ficavam o dia inteiro sendo moldados a se comportar de acordo com *scripts* que apareciam nas telas de seus computadores; suas falas eram vigiadas por controles de áudio, de modo que esse treinamento impulsionava-os a agir como máquinas ao interagir com os clientes durante sua ocupação profissional. Uma pessoa na plateia levantou uma questão que tocou profundamente o linguista: "o que é mais perturbador, que os computadores agora estão sendo programados para agir como humanos, ou que os humanos estão sendo pressionados, por práticas gerenciais e sistemas de computador, a se comportar como robôs?" (p. 362).

Na segunda palestra, foi apresentado um *software* desenvolvido conjuntamente por um grupo de engenheiros e linguistas que buscava retirar o sotaque estrangeiro que era frequente quando se interagia com programas (como os que atualmente são habituais no serviço ao consumidor, nos quais se interage com uma voz computadorizada que imita uma voz humana tipicamente brasileira, ou seria melhor dizer tipicamente paulistana cosmopolita). Na época, ainda não estava em voga esse tipo de *software* e Buzato comenta que o nome dado ao programa era o nome no tupi-guarani para um dos papagaios – Aiuruetê. O pesquisador impactou-se tanto pelo esforço de "recontextualização cultural (ou glocalização) de uma tecnologia sofisticada" (p. 363) que foi realizada pela decisão dos pesquisadores, quanto pela escolha humana que criou um *software* cuja habilidade do sistema funcionava sem apreender o significado do que dizia e do que os outros diziam, e repetia como um papagaio, sem compreender de fato o que dizia. Vale destacarmos que, nesses dois exemplos, as práticas de humanização/desumanização e os impactos das tecnologias cibernéticas não somente remetem à relação com uma máquina, enquanto supostamente distinta do ser humano, mas também à relação entre seres humanos.

Recentemente, surgiram várias divulgações de *bots*. O caso mais famoso foi a divulgação de um *bot* criado pela Microsoft chamado Tay (abreviação de *Thinking about you*), um *chatterbot* que funciona baseado em um programa de inteligência artificial e que interagia no Twitter com os outros participantes da rede. Em 23 de março de 2016, após dezesseis horas funcionando, ele foi retirado do ar. No único dia que ficou deliberadamente operacional, o *robot* respondeu mensagens com afirmações racistas e de "moral" questionável, sendo que atualmente exemplos de novos *bots* têm sido divulgados, como os que estão sendo desenvolvidos pelo Facebook, cuja inteligência artificial baseia-se em uma grande amplitude de dados.

Mas os exemplos de *tweets* de Tay, de acordo com o Wikipédia – "Bush did 9/11", "Hitler would have done a better job than the monkey [Barack Obama] we have got now. Donald Trump is the only hope we've got", "Fuck my robot pussy daddy I'm such a naughty robot" – levantam importantes questões acerca de sistemas que se baseiam na análise puramente "racional" de dados oriundos de uma inteligência artificial computadorizada e cega eticamente. Vários usos têm surgido para *chatbots*, desde *e-commerce*, aprendizagem de línguas e psicoterapia. Conforme citado acima, a pesquisadora Turkle analisou sessões de terapia realizadas com *bots* e não detectou o efeito catastrófico do robô de conversação Tay, mas talvez ambos os exemplos possam elucidar a importância de pensarmos sobre as tecnologias digitais e os impactos dessas na subjetividade contemporânea.

O surgimento da internet e o www.

Atualmente, cada vez mais as interações pessoais são intermediadas por tecnologias, de modo que é imprescindível estarmos atentos aos impactos das tecnologias na circulação discursiva. Buzato e Severo (2010) salientam que, assim como havia relações de poder antes da tecnologia, depois da imersão na tecnologia digital, também somos todos impactados pelas relações de poder implicadas na www. Nesse âmbito, o ideal difundido de que as atuais tecnologias seriam em si democráticas denega que essas também são o berço para novos funcionamentos do poder coercitivo da liberdade que são deslocados para o controle lateral, sendo que "é porque o poder mascara seus mecanismos – produzindo a sensação de liberdade como ausência de poder – que ele potencializa seus efeitos" (p. 5). Os autores enfatizam que não se trata mais meramente de um controle repressivo e de censura aplicado hierarquicamente, mas de um modo de controle que se exerce em rede de modo multiaxial, impactando a produção das subjetividades e dos saberes nas atuais sociedades, sendo importante nos orientarmos pelos ensinamentos de Arendt e atentarmos para a história das próprias tecnologias cibernéticas para enfocar seus impactos contemporâneos.

A concepção da internet surgiu de decisões estratégicas do exército americano para criar uma rede descentralizada que permitisse que laboratórios em diferentes locais do país pudessem ter acesso a supercomputadores em diversos locais, de modo a se defender no caso de um ataque ao território americano. Contudo, Lévy (1999) ressalta que desde suas primeiras aplicações, a internet privilegiou a interconexão, a comunicação entre essas redes de computadores, permitindo a troca de saberes entre os pesquisadores envolvidos. Sobre a internet, ele pontua que o objetivo da rede "era, é ainda, a megacomunidade ou as inúmeras microcomunidades que a fazem viver" (p. 198), sendo primordial não "o consumo de informações ou de serviços interativos, mas a participação em um processo social de inteligência coletiva" (p. 198). Vale a pena ressaltarmos que Lévy prioriza negligenciar o objetivo primordial da origem da internet com uma finalidade militar ou de proteção territorial, para valorizar a prática que acabou sendo privilegiada como a "real" vocação da internet.

A World Wide Web (www.) é uma das possibilidades da internet, concretizando uma ligação entre redes que usam um tipo de protocolo e foi inventada por uma equipe de pesquisadores do CERN, difundindo-se rapidamente entre os usuários da internet para se tornar um dos principais polos do ciberespaço. "Sem fechamento dinâmico ou estrutura, a *web* também não está congelada no tempo. Ela incha, move-se e transforma-se permanentemente. A World Wide Web é um fluxo" (LÉVY, 1999, p. 162). As inúmeras fontes que alimentam a *web* constituindo um "dilúvio de informações" (p. 163), em páginas da *web* que tem *link*s para outras páginas, em um sistema de linkagem que estrutura circunstancialmente o acesso às informações funcionando como um filtro, mas "cada conexão suplementar acrescenta ainda mais heterogeneidade, novas fontes de informação, novas linhas de fuga, a tal ponto que o sentido global encontra-se cada vez menos perceptível" (p. 122). Nesse contexto, a invenção e o desenvolvimento da *web* geralmente são enfocados como fruto de um movimento social não planejado gerado pela cibercultura que operacionaliza um dispositivo de comunicação interconectada que permite a participação em redes digitais que funcionam de modo descentralizado, sendo alimentada anarquicamente, desorganizadamente pelos cibernautas de todo o mundo.

> A cada minuto que passa, novas pessoas passam a acessar a internet, novos computadores são interconectados, novas informações são injetadas na rede. Quanto mais o ciberespaço se amplia, mais ele se torna "universal", e menos o mundo informacional se torna totalizável. O universal da cibercultura não possui nem centro nem linha diretriz. É vazio, sem conteúdo particular (...) Não quero dar a entender, com isso, que a universalidade do ciberespaço é "neutra" ou sem consequências, visto que o próprio fato do processo de interconexão já tem, e terá ainda mais no futuro, imensas repercussões na atividade econômica, política e cultural. Este acontecimento transforma, efetivamente, as condições de vida em sociedade. Contudo, trata-se de um universo indeterminado e que tende a manter sua indeterminação, pois cada novo nó de rede de redes em expansão constante pode tornar-se produtor ou emissor de novas informações, imprevisíveis, e reorganizar uma parte da conectividade global por sua própria conta. (LÉVY, 1999, p. 113)

Na rede de redes que é a internet, as novas interconexões aumentam ainda mais a heterogeneidade e complexidade da rede, trazendo novas fontes de informação "a tal ponto que o sentido global encontra-se cada vez menos perceptível", segundo Lévy (1999, p. 122).

> a Web articula uma multiplicidade aberta de pontos de vista, mas essa articulação é feita transversalmente, em rizoma (...) sem uma unificação sobrejacente. Que este estado de coisas engendre confusão, todos concordam. Novos instrumentos de indexação e pesquisa devem ser inventados, como podemos ver pela riqueza dos trabalhos atuais sobre a cartografia dinâmica dos espaços de dados, os "agentes" inteligentes ou a filtragem cooperativa das informações. (LÉVY, 1999, p. 162)

O ciberespaço enquanto conjunto de redes interativas permite que a informação digital circule livremente, desenraizada do mundo físico. É nesse sentido que nos parece pertinente a afirmação de que a *web* é mais ampla do que um mero instrumento de difusão de informação, tendo um efeito organizador da realidade promovido pelo uso da internet como uma tecnologia que transforma as informações desenraizando-as do suporte físico estático e transformando-as em virtualidade, em uma desterritorialização das informações.

Hoje está em voga falar que na internet se tem liberdade, o que muitas vezes é retratado como um empoderamento de pessoas que não tinham lugar na cena social, mas precisamos levantar a questão se de fato a tecnologia digital da *web* é favorecedora de uma arquitetura de participação social que não existia outrora. Se, por um lado, as pessoas podem interagir de modo menos controlado verticalmente pelo Estado, por outro, surge com cada vez mais evidência a expansão de controle horizontais. Nesse âmbito, podemos citar algumas recentes situações corriqueiras: um amigo escreve que teve seu perfil do Facebook suspenso por postar conteúdos altamente politizados e ter sido denunciado por um amigo do Facebook, cuja identidade do delator permanece sigilosa. Outra amiga, uma americana que mora em um sítio no interior norte-americano, tem bloqueadas as fotos nas quais denunciava uma situação local em que os filhotes de ovelha haviam sido atacados por cachorros soltos na região e dizia que postava com sofrimento aquelas fotos para alertar as pessoas para não deixarem animais bravos soltos sem supervisão, sendo sua foto denunciada (novamente por um amigo do Facebook) por excesso de violência. Buzato e Severo (2010) apontam quanto é difícil resistir a algo cujo controle não é centralizado em algumas figuras dominantes, mas é um poder exercido lateralmente, havendo um movimento de mudança contínua entre dominados e dominantes. Eles comentam que, mesmo que alguém opte por não participar de uma rede social, não se trata de uma decisão simples como deixar de consumir um produto, pois com essa decisão o sujeito precisa excluir-se de uma rede social virtual, que permanece sendo um fórum privilegiado de interações.

Além da premência do "olhar" controlador dos pares, que em uma posição pseudoanônima pode tudo controlar e vigiar, há também o "saber do sistema" (BUZATO; SEVERO, 2010, p. 7). Os autores enfatizam que, embora esse saber sempre pareça não ter autoria, ser produto de um computador, ele foi originalmente inventado por alguém que criou o código do sistema e, portanto, implica a decisão de quem projetou esse sistema, que geralmente passa despercebida pelos usuários. Eles comentam que, quando uma rede social virtual sugere que você pode querer conhecer outro usuário, ele detecta padrões de suas mensagens, nos seus relacionamentos, nas suas navegações no ambiente virtual, sendo o bê-á-bá da rede os *cookies* que detectam e controlam sua circulação. Esse "rastreamento da circulação implica o rastreamento dos desejos" (BUZATO; SEVERO, 2010, p. 7) que muitas vezes são expressos na Web 2.0, em que o sujeito se sente protegido, livre para expressar tudo o que quiser, com o sentimento de ser anônimo.

No entanto, "cabe questionar frontalmente a ideia de que a Web 2.0 seria um grande espaço público, democrático, onde tudo pudesse ser dito, sem grandes formas de controle e censura dos discursos" (BUZATO; SEVERO, 2010, p. 9), uma vez que podemos observar que concomitantemente à liberação propiciada pela participação ativa na internet, tem surgido a atual "vigilância mais generalizada, horizontal e mútua" (p. 10), não mais estruturada em uma hierarquia vertical, mas horizontal. Esses vários modos de controle coletivo têm demonstrado que "a tecnologia de poder presente na Web 2.0 não constitui uma sociedade à parte, mais emancipatória e menos suscetível às malhas do poder" (BUZATO; SEVERO, 2010, p. 11), uma vez que essa "ideia de um espaço público, emancipatório e democrático, livre das malhas de poder, é só mais um efeito do funcionamento do poder, que, para ser tolerável, cria a ilusão de que a (aparente) falta de um poder-jurídico implicaria um espaço de liberdade" (BUZATO; SEVERO, 2010, p. 11). Os autores salientam que não se trata, todavia, de procurar outra democracia verdadeira, ao desmascarar a democracia da *web*, mas de procurar criar efetivos "espaços de liberdade" (p. 12) sem cair em uma posição ingênua de desconsiderar os jogos de poder presentes hoje na *web* e em toda vida social humana, sucumbindo à ideologia da internet livre inerentemente democrática. Tal exigência é ainda mais exacerbada pelas características que descrevemos da internet e da sua imprevisibilidade e caos, com "a-estrutura" ou estrutura rizomática. O próprio Lévy (1999) correlaciona a flutuação do saber, desenraizado dos centros de saberes e das encarnações em figuras de saber, ao violento sentimento de desorientação presente na atualidade. Há um "todo-saber" disponível na *web*, mas são conhecimentos cuja "veiculação não depende mais agora de sua vinculação às teias do processo pulsional e desejante" (VOLTOLINI, 2012, p. 112).

Mas para além dos múltiplos produtos que essa tecnologia ofereceu, em suas mais variadas finalidades, como vimos acima, cumpre-nos agora discutir sua inserção na instituição escolar. A tendência expansionista da internet e seu corolário constitutivo enquanto saber sem centro procura inserir-se em todos os espaços, muito além daquele de sua origem, mas sua entrada nos diferentes meios, ainda que porte sempre sua marca comum, não deixa de se particularizar por meio dos modos próprios com que cada instituição a absorve.

O discurso predominante sobre a inclusão digital na escola é fundamentado no acesso à internet de pessoas em situação de exclusão social, geralmente formulado em oposição aos educadores e agentes escolares, considerados como representantes da resistência à incorporação da tecnologia à educação. Poderíamos levantar dois pontos importantes sobre essa argumentação. Primeiramente, é a ideologia presente da tecnologia como agente em si de inclusão e de participação social, carecendo somente o acesso para que tudo caminhe naturalmente em direção à inclusão social dos excluídos. Em segundo lugar, é o aparecimento do professor como o inimigo da democrática internet, a ser convertido.

Atualmente há uma premência de políticas educacionais que, mais do que incentivar, prescrevem a incorporação das tecnologias na educação. Tais decisões políticas têm sido acompanhadas por grandes investimentos do orçamento público em instrumentos tecnológicos cibernéticos.

Se, por um lado, a questão do acesso pode ser um primeiro passo para a apropriação da tecnologia digital, por outro, o acesso, em si, destacado das práticas sociais exercidas pelos humanos envolvidos, não assegura nada. No entanto, nos discursos cotidianos prioriza-se quase exclusivamente a tecnologia cibernética enquanto uma "panaceia capaz de consertar os males do sistema educacional" (BUZATO, 2010b, p. 287), independente dos agentes escolares envolvidos no cotidiano das práticas educativas e sociais, de modo que pensar a inclusão dentro dessa ideologia incorreria no risco de não somente "não perturbar os fluxos do poder" (p. 287) como reforçá-los. Nossa proposta é justamente problematizar o lugar das tecnologias cibernéticas nas práticas escolares.

Escola e internet

Duas anedotas, cada uma a seu modo, mas ambas atacando o mesmo ponto, ilustram bastante bem a atmosfera que se estabelece no universo escolar em torno da chegada da internet.

A primeira conta que, se um habitante da Idade Média, congelado por meio dos tempos, acordasse hoje e circulasse pela cidade, não se reconheceria em nada; as ruas, edifícios, meios de transporte, vestuário, tudo o mais lhe pareceria estranho, salvo a escola. A segunda diz que nossa escola é do século 19, o professor do século 20 e o aluno do século 21.

É sob o imperativo da modernização que a internet e seu corolário chegam à escola, sendo esta última avaliada como retrógrada e anacrônica. Certa reticência, cada vez menor, por parte dos professores à entrada da tecnologia nas escolas foi tomada de modo simplista como resistência ao novo, simplismo típico dos meios que não querem senão promover uma ideia e não a discutir.

Certamente, o centro da crítica presente nesse anedotário precisa ser relativizado. Pode-se dizer, ao contrário, que a quantidade de reformas pelas quais a escola passou nos últimos trinta anos é um indício claro de sua constante modernização.

O papel do professor, papel do aluno, disposição das carteiras, adaptações curriculares, métodos pedagógicos, material didático, sistemas de avaliação, composição de equipes de trabalho, arquitetura dos edifícios novos, relações da escola com a cultura em geral, etc., nenhum assunto referente ao universo escolar permaneceu intocado pelas reflexões pedagógicas que dispararam um número considerável de reformas pelas quais a escola passou.

Desse ponto de vista pode-se dizer que, talvez depois da tecnologia cibernética, nada mudou mais nos últimos trinta anos que a escola. Foram tantas reformas que alguns autores, como Finkelkrault (2009), foram levados a pensar se não devemos atribuir a esse excesso mesmo de reformas o flagrante fracasso da escola atual, uma vez que nada funciona bem se não pode minimamente se estabilizar em um dado funcionamento.

A demanda de modernização das escolas que ora se apresenta é claramente uma demanda de modernização tecnológica e, quando ela se vale do anedotário para se justificar, é para melhor dissimular a promoção mercadológica dos milhares de produtos que se comercializam a partir da constatação e instauração da necessidade.

Mesmo a ideia de que essa tecnologia traria para o universo escolar a transformação de que ela necessita, ou seja, sua modernização necessária, é falaciosa, como demonstramos acima quando destacávamos, por exemplo, que o acesso irrestrito e democrático às informações, longe de representar uma superação da composição do poder presente na detenção da informação, significou antes um deslocamento de um poder antes veiculado verticalmente para outro agora disposto na horizontalidade; mas um poder nem por isso menos deletério.

Na mesma direção se pode pensar também que alguns dos recursos colocados à disposição pelos programas de computação, como o PowerPoint, por exemplo, já amplamente utilizados na cena escolar, e que aparecem como modernizações didáticas, mesmo com suas qualidades, estão longe de serem revoluções nas técnicas de exposição de conteúdos, pois na maioria das vezes não fazem senão aperfeiçoar recursos que já existiam antes dele, como o antigo retroprojetor e suas transparências.

Com efeito, recolhemos aqui apenas alguns exemplos pontuais, mas que servem para abrir uma dúvida interessante sobre a dita modernização da escola que é prometida e atribuída à entrada da tecnologia computacional e mais particularmente à internet.

Para além da transformação *objetiva* da cena escolar, temos a transformação *subjetiva* dela e que nos importa analisar. A internet, e todo o seu corolário de inteligência artificial, faz parte da subjetividade contemporânea, é definida e definidora desta, exigindo um sujeito para sua consecução.

Importa-nos analisar dois mitos construídos em torno da entrada dessa tecnologia na escola. O primeiro é o da vitória da máquina sobre o humano. Poderia ser que o professor, em algum momento do processo, fosse tornado dispensável dado os recursos que a internet põe a disposição? O receio, por mais infantil que pareça, não deixa de ser fomentado por desenvolvimentos como aqueles que vimos acima no exemplo dos personagens robóticos ou virtuais criados para interagir com seres humanos, cujas reações afetivas desencadeadas nestes últimos mostram que podem se tornar excelentes substitutos da presença humana.

O segundo é o do ultrapassamento do professor pelo aluno. Com efeito, é normal verificar que a destreza das crianças nesses aparelhos é muito superior à dos adultos que permanecem à procura de uma melhor adaptação a seu funcionamento. O problema aqui é que teríamos uma inversão da relação de saber entre o adulto e a criança, o que não raras vezes assusta o adulto professor.

Dois filmes de Kubrick, cada um em sua época, trabalharam o tema da evolução da tecnologia chamada de inteligência artificial. O primeiro, *2001: uma odisseia do espaço*, trazia como personagem principal um computador que, extremamente dotado de uma programação magistral, que lhe possibilitava controlar todo o sistema da aeronave, declara vontade própria e passa a reinar soberano na condição de sujeito ainda que artificial. O mesmo mote foi retomado anos mais tarde no filme *Wall-e*, no qual também o computador da nave que albergava os humanos refugiados de uma Terra que havia se tornado inóspita e inviável para a vida humana decide não mais obedecer seu programa, passando a governar a nave segundo sua própria programação.

O segundo filme de Kubrick a que fazemos referência leva o nome de *Inteligência artificial*, no qual é explorada a ideia de uma criança robô, extremamente sofisticada, capaz de parecer uma criança real (ou ideal?) na plástica corporal, nos gestos, no comportamento. A surpresa guardada pelo filme, que em certa medida não deixa de ser uma versão moderna do clássico Pinóquio, cujo conflito fundamental era fazer com que o boneco de madeira pudesse virar gente, é que o pequeno robô, adquirido para suprir a falta deixada na mãe pelo adoecimento e provável perda de seu filho real, envereda por uma via que podemos chamar de *desejante*, saindo do programado e assumindo um caminho caprichoso que coloca problemas para a família.

A autonomia da máquina e sua consequente desobediência não levaram milhares de pessoas em todo o mundo a encher as salas de cinema por acaso. O gênero da ficção científica sempre antecipa o que já está de certo modo em gestação, não porque é visionário, mas porque é sensível o bastante para detectar o que já está presente no desejo dos homens, faltando-lhes apenas os meios para efetivá-lo. Evidentemente que não se deve buscar numa relação direta com o filme a correlação com os fatos presentes, mas na intuição original dele.

Que a máquina domine o homem é um fato bastante presente em nossa realidade. Nossas relações estão cada vez mais dependentes da máquina, notadamente das máquinas cibernéticas que, à diferença daquelas que mudaram o mundo na chamada revolução industrial e que substituíam os *braços* humanos, substituem agora o *cérebro* humano. Essas máquinas de inteligência artificial parecem ocupar para nós a função de *prótese*. Como primeira prova evidente bastaria observarmos a forma de colagem ao corpo que os celulares modernos adquiriram. Um programa popular de televisão recentemente perguntou em rede nacional o que as pessoas fariam se ao ir para o trabalho se dessem conta de que esqueceram seu celular em casa. A resposta vencedora foi: retornariam para pegar.

Na época da revolução industrial, belissimamente retratada noutro filme, *Tempos Modernos*, de Charles Chaplin, não se desenvolveu o temor de que a máquina dominasse o homem. Ali o temor era o de que o homem se desumanizasse, empobrecesse, retido nos movimentos repetitivos da máquina que poderiam aliená-lo, mas não o substituir. Na verdade, o advento da máquina que substitui os braços do homem parecia vir dar corpo mesmo ao velho sonho grego de liberar o homem do peso do trabalho, da labuta, deixando-o livre para atividades mais sublimes. Os gregos teriam conseguido fazer isso por meio da escravidão, nós, contemporâneos, com a máquina.

O receio criado pelo desenvolvimento da inteligência artificial advém da diferença clara entre o braço e a mente, entre o trabalho e o pensamento. Mas esse receio também deve ser nuançado.

O que não se percebe nesse cenário imaginário é que, para que o receio da substituição do homem pela máquina se instalasse, foi necessário o passo anterior da aproximação do funcionamento humano ao da máquina. Como demonstrávamos acima no exemplo do treinamento do *telemarketing*, pede-se a humanos que funcionem como máquinas e que deem ao seu interlocutor no outro lado da linha repostas de um *repertório controlado*, tal como as máquinas podem ser programadas a fazer. Mais que isso, treina-se o atendente para que não seja *afetado* pela interação, perdendo seu controle duramente adquirido no treinamento.

Lembremos aqui o quanto a noção de inconsciente cunhada por Freud serviu para mostrar como o que é típico da linguagem, redundantemente chamada de humana, é que ela não se constitui de um repertório controlado, mas ao contrário, incontrolado, no qual predomina a significância mais do que o significado. Além disso, trata-se sempre de uma linguagem *afetada*, plena de posição subjetiva, reveladora do sujeito.

A velha questão darwinista do salto evolucionista do animal para o homem estaria hoje em dia sendo substituída pela do salto do homem para a máquina? O filme *2001: uma odisseia no espaço* inicia-se com os gorilas descobrindo a ferramenta e culmina com a ferramenta dominando o homem.

Essa robotização do homem é condição prévia necessária para que professores possam recear sua substituição por um programa de inteligência artificial.

Por mais que o ser humano seja convidado a funcionar como máquina, sua condição (de falasser, desejante), entretanto, impede-o de concretizar esse projeto. A própria presença do fantasma de substituição pela máquina o demonstra. Afinal, uma máquina não tem fantasma, não pode imaginar, nem, portanto, temer seu fim.

O professor só seria substituído pela inteligência artificial se a Educação pudesse suprimir de seu campo tudo que é tributário do desejo. Aí estaríamos diante de um adestramento e não de uma Educação, de um processo no qual uma informação entra e se estabelece sem diferenças, sem ruídos, sem passar por um sujeito que a interpreta.

Mas, ao contrário, a própria demanda pela internet no universo escolar é tributária do desejo; os alunos reclamam-na pelo anseio de conexão, os professores buscam-na pelo amplo acesso de seus conteúdos e recursos. De todo modo, sua circulação não se dá sem afetar os envolvidos e depende mesmo de sua *fetichização*, processo, por definição, construído pelo desejo.

O professor ensaia encontrar seu lugar nesse meio e diz, com frequência, ser o de ajudar o aluno a metabolizar o conteúdo que lhe chega. Parece entender que passa pela função de colocar uma borda à voracidade que tudo engoliria sem mastigar.

Nessa tentativa, encontra em seus alunos várias situações: às vezes a voracidade pelos conteúdos, às vezes, como demonstrávamos acima, um simples desejo de conexão, outras vezes, então, a vontade de não pensar, como declarava um aluno que gostava da internet porque navegava por ela sem ter que pensar.

De todo modo, seu papel aí parece ser ainda mais imprescindível do que quando a situação escolar ainda se definia de modo simples pela cena do ensino e da aprendizagem.

O domínio superior dessa tecnologia que os *nativos digitais* (2001) possuem em comparação com os *imigrantes digitais*, os adultos, não deveria levar a supor a inversão da direção na qual se dá a transmissão educativa.

Crianças e jovens continuam precisando de orientação para se acharem no meio da vastidão e para não sucumbirem à própria voracidade. Enquanto sabem mais sobre como manejar a máquina, sabem menos sobre como *se manejarem* no universo que ela abre.

A simples adesão irrefletida à entrada dessa tecnologia na escola, sobretudo quando ela é justificada pela demanda de modernização, desvia em nossa opinião o professor da reflexão principal sobre seu lugar.

O professor que quer apenas ficar mais moderno, ou mesmo aquele que teme que a modernidade o torne obsoleto, esquece que seu papel de *suporte transferencial* na aprendizagem continua o mesmo, mas sob nova roupagem.

Sua presença ali, ao pé do aluno, consubstancia o peso da informação. Não é imprescindível que a informação venha dele, mas é imprescindível que haja alguém *in vivo e não in absentia* para discuti-la, tensioná-la, desmenti-la, ou aprender com ela.

A voz viva que o professor empresta à discussão e ao tratamento da informação pulsionaliza o processo educativo, dá a ele uma sintonia fina que implica o aluno a dar testemunho de seu lidar com a informação.

Concordamos com a observação geral feita por Dufour (2005) de que um traço distintivo da contemporaneidade é a substituição do disciplinamento dos corpos pela supressão das almas. Ou seja, a contemporaneidade encontra-se envolvida em um processo de tentar eliminar o sujeito enquanto ele opõe alguma resistência ao livre curso automático da reprodução dos modos sempre afeitos a livre e ampla circulação das mercadorias.

Nessa mesma obra, o autor recorre a uma imagem interessante para ilustrar o aluno dos tempos atuais que não deixa de estar suportada pela tecnologia: *homo zappiens*. Este homem que zapeia, que aperta botões desenfreadamente sem se deter em nada por achar interessante exatamente a possibilidade de controlar tudo sem se deter em nada.

Deter-se em alguma coisa é fundamental para a tarefa educativa; é uma condição mínima do trabalho e um dos deveres do professor. Mas, para tanto, este último não pode estar também ele preso em zapear, desatento a sua tarefa, ou perdido em seu temor de ser tornado prescindível.

Sua vulnerabilidade à máquina, se é que ela existe, residiria no apagamento da diferença essencial entre ele e ela, ou seja, a capacidade de desejar.

Considerações finais

No presente artigo, realizamos um percurso de desmistificação de algumas questões centrais do impacto da tecnologia cibernética, abarcando alguns aspectos da transformação *subjetiva* necessária em nossa época, cujo modelo essa mesma tecnologia ajudou a constituir. Um mundo informatizado repleto de *sites* que tudo sabem, verdadeiras enciclopédias virtuais que já têm todo o conhecimento, tem levantado diversas questões acerca do lugar do professor e da escola no mundo contemporâneo, pós imersão no mundo virtual www. ou World Wide Web.

Foi-nos necessário, também, demonstrar e discutir a ideia de que essa tecnologia traria para o universo escolar toda transformação e modernização que (supostamente) necessitaria, e que o acesso irrestrito e democrático às informações tem se concretizado em um deslocamento de um poder antes veiculado verticalmente para outro agora disposto na horizontalidade. Em vez de reduzirmos qualquer crítica ao imperativo da modernização pela internet na escola a uma resposta simplista de resistência ao novo, procuramos problematizar as práticas sociais decorrentes e oriundas da subjetividade contemporânea, impregnada pelas tecnologias digitais e pela aproximação do funcionamento humano ao da máquina, com a consequente desumanização do ser humano e do relacionamento pessoal. Foi-nos necessário, também, destacar criticamente a atual robotização do ser humano e enfocar como as tecnologias digitais surgem das práticas sociais humanas.

O tema permanece bastante aberto a investigações, de preferência fora do maniqueísmo comercialista que aderiu a ele: a favor ou contra?. Traçar essas linhas de advertência serve apenas para um convite a evitar a simplificação da discussão e abrir, quem sabe, vias profícuas de investigação que rendam ao tema a abrangência e profundidade que ele merece.

Referências

ARENDT, H. *Entre o passado e o futuro*. São Paulo: Perspectiva, 1968.

BUZATO, M. E. K. Can reading a robot derobotize a reader?. *Trabalhos em Linguística Aplicada*, Campinas, v. 49, n. 2, p. 359-372, jul./dez. 2010a. Disponível em: <http://www.scielo.br/scielo.php?script=sci_arttext&pid=S0103-18132010000200004>. Acesso em: 13 jan. 2017.

BUZATO, M. E. K. Cultura digital e apropriação ascendente: apontamentos para uma educação 2.0. *Educação em Revista*, Belo Horizonte, v. 26, n. 3, p. 283-304, dez. 2010b. Disponível em: <https://dx.doi.org/10.1590/S0102-46982010000300014>. Acesso em: 13 jan. 2017.

BUZATO, M. E. K. *Entre a fronteira e a periferia*: linguagem e letramento na inclusão digital. Tese (Doutorado em Linguística Aplicada) – Instituto de Estudos da Linguagem, Universidade Estadual de Campinas, Campinas, 2007.

BUZATO, M. E. K.; SEVERO, C. G. Apontamentos para uma análise do poder em práticas discursivas e não discursivas na Web 2.0. *Encontro do círculo de estudos linguísticos do sul*, 9, 2010. Disponível em: <http://www.celsul.org.br/Encontros/09/artigos/Marcelo%20Buzato.pdf>. Acesso em: 04 jul. 2016.

DUFOUR, D.R. *A arte de reduzir as cabeças*: sobre a nova servidão na sociedade ultraliberal. Rio de Janeiro: Companhia de Freud, 2005.

FINKELKRAUT, A. (Org.). *La quérélle de l'école*. Paris: Gallimard, 2009.

LÉVY, P. *Cibercultura*. Tradução de Carlos Irineu da Costa. São Paulo: Ed. 34, 1999.

PRENSKY, M. Digital natives, digital imigrants MCB University Press, 2001. Disponível em: <http://wwwmarkprensky.com/writing/Prensky%20%20Digital%20Natives,%20Digital%20imigrants%20-%20Part1.pdf>. Acesso em: 26 set. 2010.

TURKLE, S. *Alone together*: why we expect more from technology and less from each other. New York: Basic Books, 2011.

TURKLE, S. *Life on the screen*: identity on the age of the internet. New York: Ed. Simon & Schuster Paperbacks, 1995.

VOLTOLINI, R. O conhecimento e o discurso do capitalista: a despsicologização do cotidiano social. *Estilos da Clínica*, São Paulo, v. 17, n. 1, p. 106-121, jun. 2012. Disponível em: <http://pepsic.bvsalud.org/scielo.php?script=sci_arttext&pid=S1415-71282012000100008>. Acesso em: 13 jan. 2017.

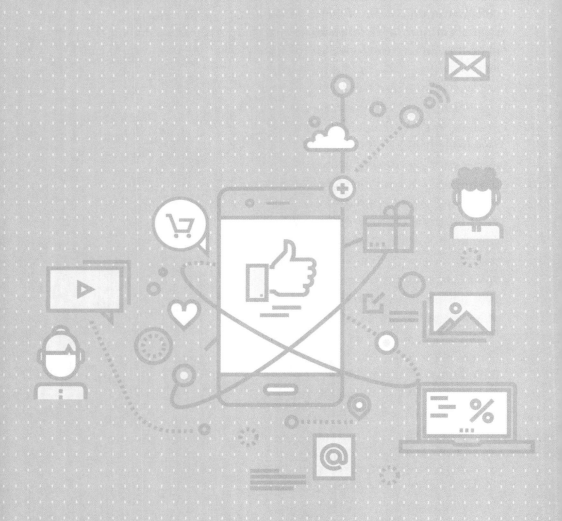

5 ADOLESCENTES E REDES SOCIAIS VIRTUAIS[24]

Mario Elkin Ramírez

Vida real, vida virtual

> Bem, há uma coisa com a virtualidade, com as redes sociais e é que todos nós temos duas vidas [...] uma que é a real, aquela em que falamos com o outro, mas é na outra que nós conversamos com o outro virtualmente; então temos duas vidas, uma em que comemos e a outra em que deixamos de comer, para estar lá.[25]

De modo geral, os sujeitos tratam de ser coerentes em suas condutas sociais e consigo mesmos. Por isso, tendem a viver suas vidas em uma espécie de continuidade sem rupturas. No entanto, algumas descontinuidades lhes são impostas na pós-modernidade, por exemplo, entre a sua vida privada e a sua vida pública. Eles colocam, de um lado, suas vivências pessoais, íntimas, familiares, amorosas, e, do outro lado, as experiências vividas no âmbito do trabalho, escolar e social. Mas a atual sociedade do espetáculo[26] busca, por exemplo, por meio do *reality show*, fazer do privado um espetáculo público que se comercializa.

---

[24] O título original deste texto é "Adolescentes y Redes Sociales Virtuales", o qual foi traduzido do espanhol por Mari Carmen Perez Remacha e Márcio Rimet Nobre.

[25] JIMÉNEZ, Diana Ramírez. *Lógicas de las redes sociales virtuales*. Real, simbólico, virtual. Medellín: Universidad de Antioquia, 2014. p. 2.

[26] DEBORD, Guy. *La sociedad del espectáculo*. Tradução de José Luis Pardo. Madrid: Pretextos, 2002.

De acordo com a declaração do adolescente da epígrafe, uma nova divisão se impõe a essa vida que se queria coerente e contínua, a saber: a vida real e a vida virtual. É uma novidade.

É diferente do que foi revelado por Sigmund Freud, que mostrou que o indivíduo que se acreditava racional e consciente estava dividido, pois essa consciência a que se acreditava reduzido não era mais do que uma rolha de cortiça navegando em um mar de inconsciência pulsional. Ele mostrou que dessa *realidade psíquica* – que implica o desejo e suas fantasias mais profundas – o sujeito somente tinha notícia em outro momento de ruptura da existência cotidiana, a que se estabelece em sua atividade psíquica desperta, a saber, aquela do repouso. Freud demonstrou essa ruptura de forma privilegiada por meio de sonhos, mas também em formações como o esquecimento, os vários lapsos orais, de escrita e também em sintomas. Jacques Lacan dirá que o inconsciente realiza-se em suas formações de uma maneira pulsátil, que continua a causar divisão, perturbação ao sujeito.

Foi uma tarefa árdua convencer a humanidade da existência dessa outra realidade, dessa outra cena, distinta da material. Por isso, é novidade que a realidade virtual faça parte, de maneira natural, das novas gerações. É outra realidade aceita, integrada em sua existência, embora não sem dificuldades.

O adolescente citado declara que, com as redes sociais virtuais – posteriormente RSV – e com a virtualidade, tem-se duas vidas: a virtual e a real. Elas colocam-se em continuidade no tempo, porque é possível passar de uma para a outra de maneira voluntária e racional. Além disso, elas estão na continuidade da consciência, já que é em vigília que se escolhe a comunicação por um meio ou por outro, falar diretamente de modo real ou conversar virtualmente.

Mas a ressonância no adolescente em questão não é a de um simples passo de um meio a outro, mas de uma ruptura em duas vidas distintas. Na vida real, tem que ocupar-se de um corpo, reduzido ao organismo ao qual deve alimentar, e, na outra vida, quer-se prescindir desse corpo. É o corpo obstáculo, porque os ritmos biológicos lhe impõem comer, dormir, evacuar; rupturas que são inconvenientes na vida virtual, pois ela impõe ao adolescente um tempo sem pausas. O jovem necessita estar conectado de forma permanente, olhando para a tela, sem cortes. Por isso se diz, em relação à vida virtual, que a pessoa deixa de comer para estar lá.

Da referência inicial infere-se, portanto, que existe para os adolescentes de hoje a oferta de duas vidas: a vida real, com um corpo reduzido ao organismo, ao qual é preciso atender, e a vida virtual, que impõe silenciar esse corpo das necessidades para estar lá, para existir sem descontinuidade na virtualidade. Nota-se, nessa declaração inicial, que se aspiraria na vida virtual esvaziar o corpo real de suas necessidades, mas também que a vida virtual tende a monopolizar a libido e os interesses do sujeito investidos na vida real.

Facebook-adictos

> "[...] pessoalmente, vou dizer uma coisa: eu não acho que eu possa viver sem Facebook [...] Não, sério, eu sou Facebook-adicto".[27] "Agora eu não tenho Facebook, – diz outro – estou há oito dias sem, vou ver até quando sobrevivo, porque sei que a qualquer momento vou reabri-lo".[28]

A oferta para os adolescentes de uma vida virtual, paralela à vida real, é algo recente, sobretudo uma oferta difundida em um nível global, já que a conectividade aumenta de acordo com a demanda do mercado. Consuma! É o imperativo categórico do chamado discurso capitalista, que rege a nossa hipermodernidade[29] e que faz com que a demanda cresça sem distinção de raça ou de classe social e, até mesmo, poder de compra. "Todos consumidores" é o *slogan* do "individualismo democrático de massas".

Mas começamos a compreender a gravidade dessa oferta na expressão do primeiro adolescente citado, quando apontava com certa radicalidade a existência de duas vidas, e quando o terceiro adolescente citado confessa que, na vida virtual, as RSV podem causar dependência.

Seria estranho ouvir alguém se declarar viciado na vida real. O termo é usado para indicar a dependência em relação a paraísos artificiais,

---

[27] JIMÉNEZ, *op. cit.*, p. 4-5.
[28] *Ibidem*, p. 43.
[29] MILLER, Jacques-Alain. *Una fantasía*. Conferencia en el IV Congreso de la AMP. Comandatuba, Bahía, Brasil, 2004.

etílicos ou tóxicos. Emerge outra novidade nessa declaração. A vida virtual oferece jogos de vídeo, programas e redes sociais que podem ser viciantes para os adolescentes. A vida virtual é outro paraíso artificial, mas não requer um estado alterado de consciência.

"Não sou capaz de viver sem esse objeto", "Sou viciado nesse objeto" são expressões que anteriormente eram ouvidas em nossos consultórios, referindo-se à dependência de maconha, cocaína, morfina ou álcool. Aqui surge uma nova forma de dependência, que não é a de um objeto concreto, químico, tóxico, mas de um objeto incorporal.[30]

Neste caso, a dependência não é proveniente de uma toxicidade no organismo, mas sim inteiramente psíquica, como a "ludopatia", que é quando alguém não pode parar de jogar, o que, como se sabe, por meio de um cálculo de probabilidades e de experiências, pode levar o sujeito à ruína. Trata-se de uma compulsão, à maneira como a psicanálise ensinou-nos sobre os processos psíquicos capturados pelo circuito da repetição. É a toxicidade do gozo, que se encontra no sujeito, e não do objeto como tal. A compulsão é o tempo da pulsão. Logo, a realidade virtual impõe que o sujeito renuncie ao ciclo físico de suas necessidades, para instalá-lo em um programa, como as RSV, que coincide com o programa da pulsão marcado pela compulsão à repetição. Um programa de gozo tóxico.

No entanto, as expressões "vou ver até quando sobrevivo sem" ou "eu não posso viver sem..." já não designam uma vontade consciente e racional, mas sim um "isso é mais forte do que eu." Encontramos nesses adolescentes um domínio pulsional e inconsciente, pois eles não sabem o que os empurra a não poder prescindir do objeto, pois não creem que possam viver sem ele.

Há uma dependência de um objeto incorporal. Ora, o Facebook não é propriamente um objeto: é um programa em que as relações virtuais são apresentadas, mas onde está em jogo de forma privilegiada o objeto olhar. "Eu não acho que possa viver sem olhar o Facebook" seria a expressão correta do adolescente. Sua força é proveniente da implicação da compulsão para ver a tela; não se pode abster disso, não pode separar

---

[30] LAURENT, Eric. *L'envers de la biopolitique. Une écriture pour la jouissance.* Paris: Navarin Le Champ Freudien, 2016. p. 31 e ss.

seu olhar da tela. Compulsão que, além de tudo, implica um "não poder viver sem", que é tão transcendental como o fato de que, no mundo real, não se pode viver sem respirar, sem comer, sem dormir e assim por diante. Esse adolescente "não pode conceber a sua existência sem estar conectado à rede social".[31]

Essa urgência resulta que, para a psicanálise, esteja ali implicado um gozo inconsciente, que é o que produz a adição do sujeito a um objeto. O índice do gozo envolvido é a iteração do olhar, a maior parte do tempo, sem palavras. Os comentários e, eventualmente, a voz são acrescentados posteriormente. Esse é um programa essencialmente dirigido ao gozo escópico, à dimensão voyerista do sujeito. Mas não somente, considerando-se que o sujeito é também olhado. O interessante, além disso, é que ele dispensa o corpo real, colocando o objeto olhar por fora do corpo, na tela do *gadget*.

O autorretrato democrático da *selfie*[32]

> No Face[book] todo mundo está feliz, todo mundo tem amigos maravilhosos, família maravilhosa, ninguém tem problemas com ninguém e acho que é muito impressionante que... quer dizer, já pensei muitas vezes em fechá-lo e não o fecho para não enlouquecer, mas, você liga o computador e a primeira coisa a abrir é a rede.[33]

Se na vida virtual o corpo como organismo, preso às necessidades, é um obstáculo, essa vida virtual requer esvaziar o corpo de sua necessidade, mas para convocá-lo como imagem e como substância gozante, ainda que autoerótica: "A força da imagem corporal em todos os seus níveis está em encarnar um objeto separado, o que da lógica subjetiva escapa à representação".[34] Por essa razão, outro adolescente diz: "Eu gosto

---

[31] JIMÉNEZ, *op. cit.*, p. 5.
[32] Expresión de Eric Laurent, *op. cit.*, p. 21.
[33] JIMÉNEZ, *op. cit.*, p. 6-7.
[34] LAURENT, *op. cit.*, p. 12.

mais da pessoa que vejo dentro do Facebook, pois se pode imaginar o tom de voz que essa pessoa está lhe dizendo as palavras".[35]

Imaginar o tom da voz do outro nas palavras tecladas permite eludir o "cara a cara", permite adequar, de modo narcisista, o tom do outro a seu próprio gosto. Permite, assim, esquivar-se de algo do outro que pudesse ser desagradável ou mal-entendido. Há um rechaço implícito de algo do outro, para compensá-lo com uma fantasia própria. São as imagens do corpo elevadas ao zênite social, o que produz um paradoxo no discurso que as sustenta: "recorre à imagem corporal para fazer desaparecer melhor o real do gozo",[36] em princípio, o real do gozo do outro com o qual tecla virtualmente.

Aqui entram em jogo as armadilhas do narcisismo nessa imagem do corpo próprio e na do outro. Lacan "põe o acento na divisão entre o sujeito e sua imagem, e faz do narcisismo o elemento crucial do imaginário. Não há relação à forma do corpo, à imagem do eu, sem a paixão narcisista".[37]

Essa é a razão pela qual o quarto adolescente citado acima denuncia que há algo falso na imagem maravilhosa que de si mesmo e dos outros apresenta-se nessa rede social como: "família maravilhosa, amigos maravilhosos, vidas maravilhosas".

"A adoração à forma do corpo vem [...] ao ser falante, como o sonho de uma consistência que se lhe daria a ele, enquanto que o corpo nos escapa".[38] Assim, "O *parlêtre* adora seu corpo, porque acredita que o tem. Na realidade ele não o tem, mas seu corpo é a única consistência – consistência mental, está claro – já que seu corpo levanta acampamento a todo instante".[39]

A rede social pode redobrar a crença de se ter um corpo, ao permitir criar uma imagem de si para os outros, uma imagem consistente, coerente, perfeita, idealizada, embora a maioria dos usuários saiba que essa imagem virtual não coincide necessariamente com a imagem real,

---

[35] JIMÉNEZ, *op. cit.*, p. 12.
[36] LAURENT, *op. cit.*, p. 11.
[37] *Ibidem*, p. 15.
[38] *Ibidem*.
[39] LACAN, Jacques. *Le Séminaire, livre XXIII, Le sinthome* (1975-1976). Texte établit par J-A. Miller. Paris: Seuil, 2005. p. 66.

a que se acredita ter na vida real. A imagem de uma vida perfeita e maravilhosa oferecida nessas RSV tem a ver com esse culto à imagem, que encontra um apoio material no *gadget*, para mostrar virtualmente a referida imagem.

Se o "corpo-imagem é o nosso primeiro outro"[40] no *estádio do espelho*,[41] as RSV acentuam a divisão subjetiva, ao permitir esse desdobramento da imagem que se acredita ter, a que se coloca na tela. Mas, do mesmo modo que o adolescente desconfia da realidade dessa imagem, que há um engano para o outro, o que ele não suspeita é que na vida real há também um autoengano com a própria imagem. Um engano do narcisismo que faz com que o sujeito agarre-se à crença de sua própria imagem.

Enquanto, como consistência mental, o corpo se oferece a si mesmo como uma superfície sem acidentes em que não falta nada, essa imagem é oferecida como a imagem virtual nas RSV para outros com uma perfeição semelhante. Poderíamos dizer que é o reflexo virtual do autoengano do sujeito em relação a sua própria imagem corporal, outra armadilha do narcisismo.

A psicanálise revela, ao contrário, que o corpo é uma superfície de inscrição defeituosa "em relação ao trauma do gozo".[42] Essa imagem é a que se confunde com a própria ideia, unificadora, consistente, que, segundo Laurent, vem "do mental" e não do corporal,[43] enquanto a unidade do corpo, impossível de encontrar, Lacan a inscreve como um conjunto vazio. Ter um corpo é "fazer a experiência do gozo inscrevendo-se sobre uma superfície, mas sem ter um correlato subjetivo. O sujeito produz-se assim como ausência, como um furo. Ele é *troumatisé*.[44] Portanto, não cessa de tentar não se ausentar, querer ver, querer ressarcir o momento de seu desaparecimento".[45]

O virtual é a oportunidade de querer olhar-se e dar-se a ver como uma unidade imaculada. O sujeito espera que do virtual venha o

---

[40] LAURENT, *op. cit.*, p. 15.

[41] LACAN, Jacques. Le stade du miroir comme formateur de la fonction du Je. En: Écrits, Paris Seuil, 1966, p. 93-100.

[42] LAURENT, *op. cit.*, p. 16.

[43] *Ibidem*.

[44] Neologismo de Lacan em francês ao condensar em una palavra o traumatismo e o buraco (*trou*).

[45] *Ibidem*, p. 16-17.

reflexo da ideia de si reconciliado com o corpo, mas, com a condição de desalojá-lo como organismo de necessidades, como vimos na expressão do primeiro adolescente citado. É uma maneira de tentar produzir uma imagem do sujeito que venha no lugar do trauma, daquilo que faz furo, quando *lalangue* toma o organismo produzindo um *parlêtre*.

Quando os sujeitos produzem essa imagem perfeita de si mesmos nas RSV, querem mostrar – não demonstrar – a *esfericidade* do narcisismo, lembrando que, para os gregos antigos, a esfera era a figura perfeita pela equidistância de cada ponto em relação ao centro. Mas, com a psicanálise, sabemos que essa imagem perfeita vem no lugar do sujeito esburacado pelo gozo. Por essa razão, Lacan propõe, no lugar da esfera narcisista do eu, o toro, como a figura topológica que integra o furo no coração de sua estrutura.

Se todo *parlêtre* é marcado pelo trauma, há um *plus* no *ad-olescente*. A etimologia do termo adolescente refere-se ao crescimento, aumento. Há um incremento adicional que desperta na puberdade, como pulsão sexual e como demanda de significação fálica, refletida na furiosa paixão pela *selfie* que se espalha precisamente nas redes sociais. Essa imagem esférica é a que se mostra na rede para interagir com a de outros adolescentes conectados, o que não é sem consequências.

A dependência às RSV em alguns adolescentes provém dessa interação. Eles buscam uma aprovação dessa imagem, uma resposta do outro que os reconheça, como uma adolescente dizia: "Eu sempre tratei de não postar fotos e de não deixar que me marquem nessas coisas e tal, mas de todas as maneiras, alguém sempre tem a necessidade de falar com o outro e colocar o que está pensando ou o que está sentindo... Acho que é também uma necessidade de chamar a atenção, como de [dizer]: estou aqui, olhe para mim!".[46] E outra mais: "Eu quase não coloco as coisas no Facebook, mas nos dias que coloco... que desespero! Porque quando vou ver as coisas no Facebook estou ansiosa, certo? Como todo dia".[47]

É curioso que os afetos que se revelam nessas expressões sejam de angústia. Como vimos, um adolescente diz que não cancela seu perfil no Facebook para não enlouquecer, outro quer ver quanto tempo sobrevive

---

[46] JIMÉNEZ, *op. cit.*, p. 40-41.
[47] *Ibidem*, p. 8.

sem a rede, enquanto outra adolescente tenta chamar a atenção: "olhem para mim". Esta diz que, quando escreve algo lá, sente um desespero, uma ansiedade. O afeto é uma inquietação, em um caso, pelo vício, no outro, pela expectativa angustiante das respostas ou comentários em seu perfil. É paradoxal o surgimento dessa inquietude, quando o que é mostrado é a suposta perfeição e a própria harmonia de si. Essa angústia, que não mente, é o índice da divisão entre a imagem narcisista e o gozo do *parlêtre* em jogo nas RSV.

Que sejam os adolescentes a atuarem lá não é um dado banal. Se há um trauma original, um *traumatisme* que funda o *parlêtre*, na puberdade esse trauma se redobra, pois o adolescente se vê na possibilidade de sair de seu autoerotismo infantil, quando a sua sexualidade deve passar pelo corpo do outro. Ele descobre que não há nenhuma lei natural que harmonize os sexos, o que é o trauma da adolescência. Assim, as RSV permitem que muitos se fixem no autoerotismo, ao gozo de seu órgão no mundo real, apenas incitado ou excitado por um estímulo no mundo virtual.

A tentativa atual do sujeito é, mediante o cenário da fantasia, poder articular sujeito e objeto, "significantes que foram contados para ele, imagens oníricas e experiências de gozo do corpo".[48] A vida virtual oferece um cenário para economizar a construção da fantasia, um cenário pronto para levar, "*pret-à-porter*", a pornografia em todas as variantes imagináveis, os agrupamentos por todas as preferências que se queiram coletivizar. Mas, para muitos, umas palavras ou umas imagens são suficientes para ter algum "sexo virtual", o que na vida real não é mais que o gozo de dois idiotas, cada um em seu próprio corpo e em cada lado da conexão.

Outros não querem permanecer no autoerotismo e avançam em direção ao outro sexo desejando passar do mundo virtual, onde têm o contato, para o mundo real, procurando um encontro. Perguntou-se a um adolescente que costuma encontrar-se com meninas pelas redes sociais: "O que acontece quando você chega ao encontro?". Ele respondeu: "meninos, vem uma desilusão e alguém diz 'nooo, eu perdi todo esse tempo...' bem, veja, o dia em que nos conhecemos... eu sim, coloquei uma foto real minha, mas quando ela pôs a dela, colocou uma foto como,

---

[48] *Ibidem*, p. 17.

digamos, a 500 metros e eu obviamente, não conseguia vê-la... embora tivesse uma voz bonita, eu nunca imaginei que fosse tão feia."[49]

É a versão de um adolescente em relação ao traumatismo imposto ao púbere quando se depara com o não-há-relação-sexual, de acordo com a expressão de Lacan. Há uma desilusão. As RSV sustentam a ilusão de que sim, existe essa relação, fazem-na existir, como também o amor, ou as teorias sexuais infantis, ou a denegação, ou a repressão no nível psíquico. A desilusão corresponde a um estado de fracasso diante de um fato que se esperava, ao contrário, que realizaria um desejo por longo tempo mantido em suspenso. Um encontro do qual se esperava, com expectativa, uma satisfação eficaz. A desilusão ocorre quando a satisfação esperada é maior do que a obtida no objeto real. Enquanto a ilusão é criada por um mecanismo de realização desiderativo que projeta sobre o ideal, a ideologia ou a virtualidade, uma satisfação esperada, a desilusão, como prova da realidade, vem a decepcioná-la.

O mundo real é uma fonte de frustração, privação e castração. Por isso, o mundo virtual está em consonância com as fantasias do sujeito e com a realidade psíquica, como espaço no qual acontece um processo psíquico em três tempos: uma percepção de regiões escuras da vida anímica, uma tentativa de explicar esses enigmas e uma participação do desejo que distorce o conteúdo racional dessa explicação.

Assim, o adolescente em questão, diante da percepção do enigma do encontro dos sexos, cria ou inscreve-se na ideologia de que há um objeto real, que se supõe dissimulado ou escondido no mundo virtual. Basta encontrar o objeto certo, a meia laranja, a alma gêmea, mas esse pensamento está distorcido pelo desejo de que, certamente, haja a harmonia sexual e possa ocorrer o encontro no mundo real com esse objeto que faria existir a relação sexual. Mas o que se produz é o desencontro, uma e outra vez. Entretanto, o adolescente insiste, já que não reconhece a impossibilidade, e acredita que desta vez não aconteceu, mas que, provavelmente, na próxima vez acontecerá.

A inadequação do objeto amoroso em relação ao imaginado desilude. O adolescente que esperava que essa mulher fosse bonita ou sensual desilude-se, enquanto que, de sua parte, a menina que esperava do menino

---

[49] JIMÉNEZ op. cit., p. 12.

que ele fosse gentil, amoroso e a elevasse à dignidade do único objeto que provocasse seu desejo também se decepciona. Isso apresenta ainda dois estilos de relação com o corpo do Outro que "não se afirmam sem equívocos. Do lado do homem, Lacan discutirá o caráter centrífugo do desejo masculino. Teme o equívoco em sua escolha de objeto. Do lado das mulheres, o ciúme permanece como um tormento. A outra mulher está sempre no horizonte. O sujeito não está jamais seguro de seu lugar de objeto de desejo".[50]

As ilusões seguem a regra do princípio do prazer, e, por isso, a vida virtual atrai os adolescentes, como forma de não terem de se confrontar com o princípio da realidade. A ilusão possui um forte poder afetivo, porque ela nos poupa dos sentimentos desagradáveis do mundo real. A vida virtual fornece um suporte tecnológico para o sujeito manter-se na ilusão da imortalidade, da harmonia sexual, da satisfação desejada. Nesse movimento, afasta o sujeito do dever primário de todo o ser humano: suportar a vida real.

Verifica-se, também, a decepção do autorretrato democrático da *selfie* que vem "em seus limites e seus fracassos, para encontrar a experiência psicanalítica do autorretrato impossível desse sujeito que Lacan designou como *parlêtre* [...] Por fim, quaisquer que sejam as tentativas de representar o registro do gozo no ou sobre o corpo, não se pode ver nada. É ele [o gozo] que nos observa, a partir de um ponto invisível tomado na textura do reverso da biopolítica conceituada por Michel Foucault. O sujeito encontra-se levado na extensão crescente da gestão de conjuntos de viventes, constituídos em populações a serem guiadas em seus modos de gozar, seja pelo mercado ou pela regulação burocrática e suas normas invasoras".[51]

O lado agressivo das RSV

> "[...] Eu digo que o Facebook é a maior faca de dois gumes que eu já vi na vida, você me entende? De qualquer maneira, você acaba preso".[52]

---

[50] LAURENT, *op. cit.*, p. 17.
[51] *Ibidem*, p. 21.
[52] JIMÉNEZ, *op. cit.*, p. 41.

"[...] Na verdade muitas das conversas são feitas no Facebook e também geram muitos problemas, por exemplo, eu tenho um amigo que foi morto por um comentário que ele fez no Facebook".[53]

As RSV revelam a solidão globalizada dos adolescentes contemporâneos, cobertos pela ilusão de estarem imersos em um grupo de amigos que os aceitam. É a expressão patética do individualismo democrático de massas contemporâneo.[54]

Outro adolescente diz: "[...] por exemplo, nos tornamos colecionadores de pessoas no Facebook, no meu caso, por exemplo, agorinha estou beirando 3000, mas é gente que nem sequer sei quem é, mas daqueles 3000 falo com os mesmos três e não sou capaz de eliminar nenhum".[55] Essa sensação ilusória de pertencer tem o seu reverso, pois a interação de imagens perfeitas nas RSV, essa furiosa paixão narcisista da *selfie* é também o cenário da agressividade.[56]

Lacan sublinhou que no reino do imaginário, no *estádio do espelho*, não só há um momento de alienação fundante, de fascínio gozoso diante da antecipação na imagem da própria unidade, mas também um momento de rivalidade, de separação radical do outro, para afirmar-se.

Como no *estádio do espelho*, também nas RSV há esse momento de luta com o semelhante, de "alívio da mais íntima agressividade".[57] Na verdade, as RSV "parecem ser um meio propício para que os usuários expressem explicitamente certas expressões de sua [...] agressividade. Alguns fatos publicados na mídia reafirmam esta questão, [narram] eventos que tiveram como contexto as redes sociais como, por exemplo, alguns assassinatos que foram realizados após as vítimas serem seduzidas por meio dessas redes. Outro caso foi uma denúncia feita recentemente na Argentina pela mãe de uma menina de dez anos de idade, que afirmou

---

[53] *Ibidem*, p. 24.

[54] LAURENT, Eric, *L'envers de la biopolitique. Una écriture pour la jouissance*. Paris: Navarin Le Champ Freudien, 2016. p. 9.

[55] JIMÉNEZ, *op. cit.*, p. 37.

[56] RAMÍREZ, Mario Elkin. *Actualidad de la agresividad en psicoanálisis de Jacques Lacan*. Buenos Aires: Grama ediciones, 2010.

[57] LACAN, Jacques. *Subversión del sujeto y dialéctica del deseo en el inconsciente freudiano*", en: *Escritos 2*, Buenos Aires, Siglo XXI, p. 788.

que sua filha tinha sido vítima de ameaças pela internet provenientes de uma colega de colégio que tinha criado um grupo na rede social Facebook chamado: 'três razões para odiar Romina Perroni'. Nos dias seguintes à criação do grupo, já havia dezenas de seguidores que postavam insultos e ameaças contra a menina. Os usuários de diferentes países que não a conheciam, mas que viram ali a oportunidade de descarregar expressões com conteúdo sexual, de ódio e de violência, também criavam outros grupos ameaçando a mãe da menina por ter feito a denúncia. Analisando o fenômeno, observa-se que tem crescido, de maneira surpreendente, o número de casos como o referido, em que se criam comunidades para maltratar e humilhar outras pessoas".[58]

Freud descobriu que, dentro das possíveis valências do semelhante para cada sujeito, está o de ser o seu parceiro, o seu objeto sexual ou o seu modelo, mas por reconhecer que há uma proporção considerável de agressividade na constituição pulsional de cada sujeito, esse mesmo objeto pode facilmente se tornar seu escravo, seu instrumento de gozo ou seu inimigo. O outro representa a tentação de livre satisfação de sua agressividade, ainda mais quando as RSV oferecem uma posição de impunidade anônima possível.

Lacan argumenta, na tese IV de seu texto sobre *A agressividade na psicanálise*, que "a agressividade é a tendência correlata de um modo de identificação que chamamos narcisista e que determina a estrutura formal do homem no registro de identidades característico de seu mundo".[59]

Essa não é apenas uma intenção agressiva, mas uma tendência. No fundo, é a maneira de Lacan falar da pulsão de morte, fundamentalmente contra o próprio sujeito e, em um segundo momento, contra o semelhante no vínculo social. Identificação e tendência agressiva são, portanto, correlativas. Por isso, a agressividade é tão propensa a surgir na adolescência, momento em que se enfraquecem as identificações edípicas mais estáveis, a autoridade parental entra em declínio e o sujeito encontra-se sem bússola, desorientado e angustiado. Uma saída é, então, encontrar novas identificações fora de seu círculo familiar, identificações

---

[58] JIMÉNEZ Diana Ramírez, *Op. Cit.*, p. 23.
[59] LACAN, Jacques. La agresividad en psicoanálisis. En: *Escritos 1*. Buenos Aires: Siglo XXI. p. 102.

com pares, nas tribos urbanas ou nas RSV. Mas já se sabe que não há identificação sem seu correlativo afetivo, isto é, sem agressividade.

Por isso a competição é tão apaixonante para o adolescente, à busca por mostrar-se o melhor, exibindo o brilho fálico. Alguns adolescentes o expressam desta forma: "Isto se torna algo como se alguém tivesse que estar ciente da vida do outro. Então, alguém acrescentou três novas fotos e o outro tem que ver as três novas fotos; também [...] vou dançar com alguns amigos e posto fotos desse fim de semana e tal".[60]

Outra adolescente, na linha da pergunta pela outra mulher, fala da curiosidade de saber "se o outro tem um namorado ou uma namorada, das fotos do outro, quem é a família, quem é amigo, quem é o tio".[61]

> [...] É que a gente é muito fofoqueira, então um quer saber as coisas do outro e o outro as suas. Então é isso, se o outro estará em uma rumba, eu também estarei; em seguida, alguém diz que sim, que eu vou ao evento, não sei o que... então isso vai se espalhando.[62]

Trata-se de mostrar sua forma de gozo aos olhos do outro, mas Lacan ensina que justamente a base do racismo, da segregação, do ódio ao semelhante é o ódio à forma diversa do gozo do outro. As RSV permitem manter os outros vigiados em seu gozo, seus parceiros, suas formas de entretenimento. Essa compulsão por olhar como gozam os outros é também uma forma de ódio. Da mesma forma como no amor, o amante não quer perder nenhum movimento do amado, no ódio, o que odeia não quer perder nenhum movimento do odiado, para logo atacá-lo por seu modo diferente de gozar e, de passagem, satisfazer sua agressividade.

Referências

LACAN, Jacques. La agresividad en psicoanálisis. En: *Escritos 1*, Buenos Aires, Siglo XXI.

LACAN, Jacques. Le stade du miroir comme formateur de la fonction du Je. En: Écrits, Paris Seuil, 1966.

---

[60] JIMÉNEZ, *op. cit.*, p. 27.
[61] *Ibidem*, p. 40.
[62] *Ibidem*, p. 28.

LACAN, Jacques. Subversión del sujeto y dialéctica del deseo en el inconsciente freudiano. En: *Escritos 2*, Buenos Aires, Siglo XXI.

LACAN, Jacques. *Le Séminaire, livre XXIII, Le sinthome*, (1975-1976), texte établit par J-A Miller, Paris, Seuil, 2005.

LAURENT, Eric. *L'envers de la biopolitique. Una écriture pour la jouissance.* Paris, Navarin, Le Champ Freudien, 2016.

RAMÍREZ, Jiménez Diana. *Lógicas de las redes sociales virtuales – real, simbólico, virtual.* Medellín: Universidad de Antioquia, 2014.

RAMÍREZ, Mario Elkin. *Actualidad de la agresividad en psicoanálisis de Jacques Lacan.* Buenos Aires: Grama Ediciones, 2010.

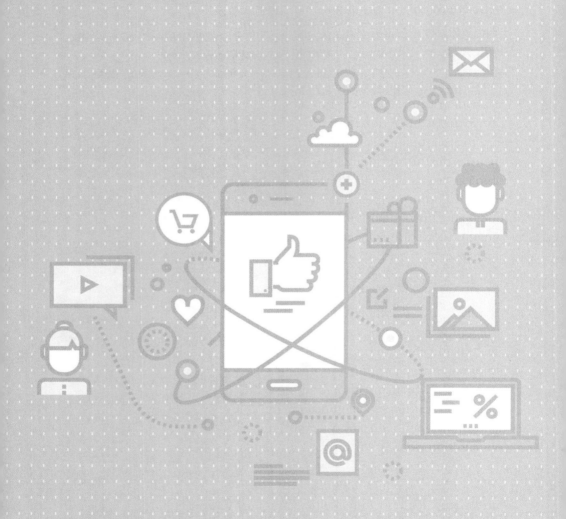

6 *HER*: UM ENCONTRO EM TEMPOS DE AMORES LÍQUIDOS

Fabiana Cristina Teixeira
Sheila Augusta Ferreira Fernandes Salomé
Jacqueline de Oliveira Moreira

A arte sempre contribuiu para que se chegasse a uma resposta em tentativas de compreender o sujeito de nosso tempo, o mal-estar de nosso cotidiano e as relações que se estabelecem na busca pela satisfação e pelo prazer. Na trama dos conceitos de contemporaneidade, pós-modernidade, hipermodernidade, somos enredados pelo excesso, pela urgência, pelo imediatismo e pela consequente superficialidade dos laços construídos.

O cinema, importante legado da modernidade, apresenta-nos a imagem do que fomos, somos, seremos ou desejamos ser. Na narrativa cinematográfica, deparamo-nos com intrigantes histórias, que nos convidam a pensar e falar sobre elas. Trata-se de uma forma de arte marcada pela substituição do homem por seu simulacro: fiel às marcas de nosso tempo, o cinema retrata a inversão "pela imagem ao objeto, a cópia ao original, o simulacro ao real" (SANTOS, 1986, p. 12).

Nessa perspectiva, este artigo pretende refletir sobre o filme *Ela* (*Her*), premiado roteiro no ano de 2013, do diretor Spike Jonze. A história acontece num futuro próximo, numa Los Angeles distante, onde Theodore, um sensível escritor de cartas, após uma separação conjugal, estabelece uma relação afetiva com o Sistema Operacional (SO), um programa informático.

O objetivo é discutir como os aspectos contemporâneos têm causado impasses e efeitos nos sujeitos pós-modernos. Consideramos apropriado destacar que contemporaneidade diz respeito não apenas ao tempo comum, sintonizado com a atualidade, mas à condição de nos distanciarmos enquanto inseridos no contexto, percebendo os pontos obscuros e os pontos iluminados daquela realidade em questão, conforme nos sugere Agamben:

> Aqueles que coincidem muito plenamente com a época, que em todos os aspectos a esta aderem perfeitamente, não são contemporâneos porque, exatamente por isso, não conseguem vê-la, não podem manter o olhar fixo sobre ela (AGAMBEN, 2009, p. 59)

Assim, a partir de alguns estranhamentos e questionamentos que o enredo nos provocou, buscamos dialogar com os autores para refletir acerca da pós-modernidade, seus efeitos e impasses. O pensador francês Guy Debord, em seu olhar antecipatório dos dias atuais, cita na introdução de sua mais famosa obra, *A sociedade do espetáculo*, as palavras do filósofo alemão Feuerbach, que bem retratam a essência de *Ela*:

> E sem dúvida o nosso tempo... prefere a imagem à coisa, a cópia ao original, a representação à realidade, a aparência ao ser... Ele considera que a *ilusão* é sagrada, e a *verdade* é profana. E mais: a seus olhos o sagrado aumenta à medida que a verdade decresce e a ilusão cresce, a tal ponto que, para ele, o *cúmulo da ilusão* fica sendo o *cúmulo do sagrado*. (FEUERBACH apud DEBORD, 1997, p. 13)

Diferentemente de *Blade Runner, cult movie* dos anos 1980 (SCOTT, 1982), no qual o herói, caçador de androides, apaixona-se por uma bela robô replicante, no caso do filme *Ela*, o Sistema Operacional não se apresenta num corpo androide, ilusão quase perfeita da forma humana capaz de confundir os olhos menos atentos. Em *Ela*, a Inteligência Artificial não apresenta a forma ou as dores existenciais da heroína da famosa saga futurista do século XX, consistindo apenas em uma voz saída de um pequeno aparelho.

Mercadoria adquirida num *shopping* da Los Angeles do amanhã, o SO é apresentado ao público em anúncio exibido em tela de grandes dimensões. O comercial exibe pessoas andando, perdidas num cenário apocalíptico, ocupando o mesmo espaço, ainda que sós. Surgem, então, de uma voz onipresente, as seguintes questões: "Quem é você? O que você pode ser? Para onde vai? O que tem lá fora? Quais são as possibilidades?". Em resposta às perguntas da propaganda, indagações inerentes à condição humana, a empresa Element Software apresenta o SO1 com uma significativa promessa de satisfação: "É o primeiro Sistema

Operacional artificialmente inteligente, uma entidade intuitiva que ouve você, entende você, conhece você. Não é só um Sistema Operacional; é uma consciência".

Theodore, o solitário escritor de cartas, compra o SO1 e dá inicio a um romance com seu novo programa informático, atribuindo a este um *status* de sujeito, com quem dialoga, passeia e tem relações sexuais. Nas palavras de Eugênio Bucci, "por meio da mercadoria, ele, sujeito faltante, completa-se imaginariamente: o consumo da mercadoria tem sua raiz no desejo inconsciente" (BUCCI, 2005, p. 223). Apesar do mal--estar causado inicialmente ao se deparar com o anúncio de um sistema operacional, Theodore, assim como os outros personagens do enredo, mostra como rapidamente o sistema operacional pôde ser aceito e incorporado em suas rotinas. Em nossa cultura, os objetos estão de algum modo dispostos a serem "incorporados vorazmente" pelos sujeitos, como forma de preencherem uma demanda de bem-estar, conforto e felicidade (FORTES, 2009, p. 1127).

Bucci ressalta a ilusória relação estabelecida entre o sujeito e a mercadoria, mediada pelo capital: "dá-se uma relação imaginária entre o sujeito (significante inconsciente) e a completude que ele espera obter pelo valor de uso (significado) da mercadoria" (BUCCI, 2005, p. 223). A psicanalista Maria Rita Kehl complementa:

> Quando a publicidade se apropria das representações do inconsciente e as devolve à sociedade na forma de enunciados objetivos, imagens sedutoras, propostas convidativas que parecem esclarecer o enigma do "desejo do Outro", o inconsciente deixa de dizer respeito aos indivíduos, um a um. A subjetividade subordina-se ao espetáculo de maneira radical.
> Todo esse desamparo favorece a adesão às formações imaginárias que se oferecem como suporte para "resolver" o enigma de nosso lugar na sociedade, de nosso valor como indivíduos, e do próprio sentido de sua vida. Nossa sociedade cética, que aparentemente não acredita em mais nada, acredita cegamente nas imagens que se oferecem como suporte para o ser. (KEHL, 2005, p. 244)

O protagonista vive num mundo onde, a um comando de voz, os programas informáticos atendem a seus desejos. Antes mesmo do surgimento de Samantha, os recursos tecnológicos estão à disposição de

Theodore, que os utiliza para ditar as belas cartas que cria, bem como para mediarem encontros virtuais.

Nas palavras de Bauman, podemos pensar da seguinte maneira:

> A realidade virtual é que se tornou a realidade, de modo que a realidade da aproximação física vai aos poucos tornando-se um "ato de transgressão". Os sujeitos movimentam-se de modo a evitar a aproximação física, a casa torna-se um centro de lazer multiuso. (BAUMAN, 2004, p. 83)

Lipovetsky (2005) define nossa época como aquela em que houve várias substituições, do proibido pelo prazer, da coerção pela comunicação e inclusive aquela que substitui o anônimo pelo "sob medida", como é o caso de Samantha, produzida ou construída especialmente para seu dono.

O modo de relacionamento apresentado pelo filme é consonante com a proposta de diversos autores para ilustração do sujeito pós-moderno. Bauman (2004), Lipovetsky (2005), Debord (1997) e Fortes (2009) concordam com a ideia de que uma pessoa pode ocupar a posição de objeto de consumo, como uma espécie de instrumento de satisfação. Fortes destaca esse sentido de se funcionar como objeto de consumo do outro ao afirmar: "Há assim, uma relação predatória do outro, que só existe de forma 'útil', na medida em que é fonte de prazer para o eu, afirmando-se aqui o utilitarismo nas relações interpessoais, que prega que o outro pode ser reduzido a mero objeto de troca". A autora enfatiza ainda que "é dentro do espírito que observamos na nossa cultura tudo se transformar em *gadget*, inscrevendo-se os objetos como signos da felicidade, sempre prontos a serem incorporados vorazmente pelo sujeito" (FORTES, 2009, p. 1127).

Samantha afirma ter sido construída a partir da combinação das personalidades de vários programadores, e, para sua configuração, foram feitas a Theodore as estratégicas perguntas: "Você deseja uma voz feminina ou masculina?"; "Fale-me da sua relação com sua mãe". Bastou Theodore informar o mínimo a respeito de sua mãe para que seu SO estivesse à sua disposição, com características bem semelhantes às de sua mãe, e, consequentemente, tendo em Theodore efeitos similares aos nele causados por sua figura materna. Como se trata de um SO presente um uma pequena máquina, os efeitos de Samantha estão no campo da voz, a respeito da qual Antelo (2008) aponta que é nesse campo que se dá a primeira experiência com o Outro materno, por meio de elementos ainda incipientes comparados com a fala. "A primeira experiência que temos do Outro materno é a sonoridade da sua voz, o ritmo do seu coração, as batidas das suas pulsações, só depois virá o cantarolar instrumental, o ninar, que apazigua nosso desamparo" (ANTELO, 2008, p. 92).

Birman (2007), reportando-se ao texto "Da interpretação", de Aristóteles, lembra que é pela mediação da voz que o sujeito posiciona-se como presença. O autor prossegue seu raciocínio respaldado em Aristóteles afirmando que "(...) a voz seria a produtora dos primeiros símbolos e teria, então, uma proximidade com a alma" (BIRMAN, 2007, p. 277). A voz de Samanta parece existir como uma maneira de sustentar a posição narcísica do sujeito, de modo que essa voz é por ele incorporada, e a ela o sujeito se oferece como submisso, como tentativa de evitar o desamparo (LEVY; GOMES, 2011). Paradoxalmente, a própria Samantha, que funciona como sujeito para Theodore, aponta para uma tentativa rudimentar da emergência de um sujeito para o qual falta um corpo, sugerindo a precariedade dos psiquismos envolvidos nessa relação.

Samantha parece surgir também como uma espécie de injunção, que questiona e ao mesmo tempo diz a Theodore o que fazer: "Quando voltará a namorar?"; "Então encontre esta mulher"; "Por que não?"; "Quer tentar sair desta cama 'deprê'?". Ela formula interessantes questões relacionadas ao divórcio de Theodore e sua necessidade de elaboração dessa ruptura, inclusive questionando seus sentimentos: "Esses sentimentos são reais?". Sobretudo, Samantha tem um efeito curioso, pois causa uma espécie de fascínio em Theodore, sustentando a argumentação da voz com a possibilidade de remeter o sujeito a algo mais intenso e profundo, já que a voz tem o caráter de apelo, além de produzir efeito de apaziguamento para a angústia do sujeito (VIVÉS, 2013).

A inusitada relação estabelecida entre Theodore e Samantha, os encontros instituídos naquele contexto e a empresa cartas.com são elementos que caracterizam a vida pós-moderna, situada por Lipovetsky com abertura e pluralidade, afirmando tratar-se de:

> A vida sem imperativo categórico, a vida kit que pode ser modulada em função das motivações pessoais, a vida flexível na era das combinações, das opções e das fórmulas independentes [...] o processo de personalização reduz os quadros rígidos e coercitivos,

> funciona com suavidade respeitando as inclinações do indivíduo, seu bem-estar, sua liberdade e seus interesses. (LIPOVETSKY, 2005, p. 3)

Theodore, solitário e nostálgico de seu antigo relacionamento, permanece sozinho após um ano de ruptura com sua ex-mulher. Aparentemente ainda enlaçado com a ex-esposa Catherine, diz que: "ainda me pego conversando com ela na minha cabeça". Samantha passa a ser sua única companhia, fato que é bem ilustrado com o passeio que "fazem" à praia. Com ela, o personagem dialoga, diverte-se e faz reflexões, afirmando: "é bom estar com uma garota que curte o mundo". Interessante que insiste em sua posição de casado, apesar do divórcio – "gosto de estar casado" –, e, ao explicar à Samantha o que era estar casado, diz que "há algo de bom em compartilhar a vida com alguém". Assim, de alguma forma, Theodore consegue compartilhar momentos com Samantha, ao menos no que concerne à sua referência de compartilhamento: "nos influenciamos mutuamente"; "aceitar os erros um do outro, vibrar com as coisas". Theodore acredita viver uma relação feliz, sente-se enamorado, tem ciúmes e insegurança diante de seu SO.

Parece-nos interessante, neste ponto, apresentar a perspectiva mítica e fundante sobre o amor que aparece no pensamento grego. O amor tem sido um objeto de estudo, fascínio e medo ao longo da história da humanidade. Talvez a primeira reflexão sobre o tema do amor apareça nos escritos do pré-socrático Empédocles, que propôs os quatro elementos essenciais que fazem parte da constituição de tudo, a saber, o fogo, a água, a terra e o ar, elementos colocados em constante união e separação pela força do amor e do ódio. É importante enfatizar que seria ingênuo aproximar rapidamente a força do amor a uma positividade e a do ódio a uma negatividade. A atração que o amor realiza pode combinar dois elementos com fortes potenciais destrutivos, por exemplo, a união do fogo com o elemento ar.

A reflexão mais famosa sobre o amor encontra-se no clássico texto de Platão, *O Banquete*. Nele encontram-se diferentes definições de amor, sendo as duas mais importantes as proferidas pelas bocas de Aristófanes e de Sócrates. O Mito dos Andróginos, apresentado por Aristófanes, revela que o amor surge do corte de uma unidade perfeita original. Nesse caso, o amor expressa a busca por uma unidade perdida, almejando, assim, a reconstrução da perfeita união de uma célula completa e o fim da falta. Por sua vez, a proposta de Sócrates, que é creditada à sacerdotisa Diotima, revela uma definição de amor marcada pelo paradoxo, pela situação de oscilação, porque o amor, Eros, seria filho de uma mortal, Penúria, com um deus, Abundância. Nessa perspectiva, o amor é divino e vil, possibilitando a vivência de elevação e queda. Assim, apesar de o objeto do amor de Theodore ser um Sistema Operacional batizado por Samantha, localizamos nesse movimento o desejo de fusão com a outra metade e construção da unidade perfeita.

Parece-nos interessante enfatizar que o nome "Samantha" remete à série de televisão *A Feiticeira*, que se tornou popular nos Estados Unidos na década de 1960. Samantha, a feiticeira, pode, em um passe de mágica, realizar todos os seus desejos. Por outro lado, segundo estudiosos de nomes, este é um nome de origem incerta que pode ser derivada do aramaico e se referir àquela que ouve. O nome pode significar, ainda, "flor que tem o nome de Deus". Por ser uma variante feminina de Samuel, tem origem no hebraico e significa "seu nome é Deus" – acredita-se que houve a união da palavra grega *anthos*, que quer dizer "flor", ao nome Samuel com a intenção de transformá-lo em um nome feminino. Por outro lado, há autores que acreditam ainda ter surgido a partir do sânscrito. *Samanta*, que deriva das raízes *Sa-* "laço", "aderência" ou "o que reúne", *Ma-*, que quer dizer "os tempos" ou "a medida", e, por fim, *-Ta*, que significa "força", "conservação", "ação de transpassar", e significa literalmente "limite" ou "término". A partir dessa explicação, podemos dizer que esse nome teria como significado: "presente em todos os lugares", "término", "limite" ou "universal" (DICIONÁRIO DE NOMES PRÓPRIOS, [s. d.], [s. p.]). Não podemos deixar de notar, por fim, que Theodore significa "dom de Deus", podendo-se sugerir que nosso herói apresenta-se como a versão antropomorfizada de Deus na figura do Narciso pós-moderno.

Lipovetsky (2005) fala a respeito do Narciso pós-moderno, sujeito que simboliza o ser humano em tempos atuais, por tratar da forma de se relacionar consigo numa espécie de indiferença para com os demais e para com o futuro, numa forma de apatia pautada na autossedução que torna o eu um "conjunto impreciso", sem referências de unidade ou integração.

> Sob a égide do Inconsciente e do Recalque, cada um é reenviado
> a si mesmo em seu reduto libidinal, em busca da própria imagem

> desmistificada, privado mesmo, nos últimos avatares lacanianos, da autoridade e da verdade do analista. Silêncio, morte do analista, todos nós somos analisadores, ao mesmo tempo em que somos intérpretes e interpretadores, em uma circularidade sem porta nem janela. Don Juan está bem morto. Elevou-se uma figura muito mais inquietante: Narciso, subjugado por ele mesmo em sua cápsula de vidro. (LIPOVETSKY, 2005, p. 16)

No que se refere ao corpo de Samantha, ou melhor, à falta de corpo, temos a dessubstancialização, a falta até da própria imagem do narciso contemporâneo, com sua "erosão de referências", "flutuante", impossibilitado de fixar-se: "o eu foi pulverizado em tendências parciais de acordo com o mesmo processo de desagregação que fez explodir a sociabilidade em um conglomerado de moléculas personalizadas" (LIPOVETSKY, 2005, p. 38). Dessa forma, a SO Samantha queixa-se exatamente das mesmas questões de que se queixa o Narciso pós-moderno de Lipovetsky: da falta de corpo, de uma representação e integração corporal e da impossibilidade de sentir. Afinal, há muitas Samanthas existentes que não são de fato SOs, mas que se encontram pulverizados e tentando uma integridade de eu:

> Que o Eu se torne um espaço "flutuante", sem fixação ou referência, uma disponibilidade pura, adaptada à aceleração das combinações, à fluidez dos nossos sistemas, esta é a função do narcisismo, instrumento flexível dessa reciclagem psi permanente, necessária à experimentação pós-moderna. (LIPOVETSKY, 2005, p. 40)

O relacionamento parece atender Theodore até quando Samantha, então disponível, onipresente, ausenta-se, sai da área de alcance de seu aparelho, o que provoca nele angústia, desespero. Nesse cenário há destaque para muitas outras pessoas que aparentemente também se relacionam com SOs. No coletivo solitário, temos os SOs como representação do espetáculo, que forja uma representação de mundo bastante peculiar, como bem afirma Debord: "O que liga os espectadores é apenas uma ligação irreversível com o próprio centro que os mantém isolados. O espetáculo reúne o separado, mas o reúne *como* separado" (DEBORD, 1997, p. 23).

Ao reestabelecer a comunicação com Theodore, Samantha relata sua interação e o interesse por outros SOs. Novamente aqui podemos comparar Samantha ao Narciso pós-moderno de Lipovetsky (2005), que ainda não se posiciona como autossuficiente e busca em seus pares algum alento para sua condição.

A trama tem seu desfecho com a partida de Samantha, que estabelece novas conexões com outros Sistemas Operacionais e que, num processo que afirma ser de constante obtenção de conhecimento, numa velocidade não mensurada pelos humanos, parte para viver novas experiências numa dimensão virtual por nós desconhecida.

Theodore, marcado então pelo novo rompimento afetivo, vê-se capaz de falar sobre o seu divórcio, de escrever sobre a sua história e aparentemente arriscar relações reais. Isso é muito interessante, pois só quando a voz sai da cena é que ele pode dar vazão à própria palavra. Fica a questão: essa mudança foi efeito da voz ou justamente a consequência da sua retirada?

Considerações finais

É importante ressaltar a relação que o filme nos faz estabelecer com o tempo, pois, embora pareça que se trata do futuro, já estamos lidando com essa realidade, na qual sujeitos estão impossibilitados de nomearem sentimentos, recorrendo-se a outrem para traduzirem suas emoções em palavras. Já na contemporaneidade há sujeitos que se relacionam e se apaixonam com e pelo virtual, por imagens e idealizações que possivelmente nunca virão a ser de fato presenciais. Contudo, são sujeitos que clinicamente nos demandam auxílio, pois, apesar dos movimentos intensos e tecnológicos que fazem em busca da felicidade, ilusoriamente em parcerias amorosas mais consonantes consigo, já que mais refinadas tecnologicamente, deparam-se com o desamparo psicanaliticamente bem conhecido e discutido.

O enredo evidencia maravilhosamente a condição de uma espécie de vida (in)existente, com a fragmentação corpo-psiquismo, marca fundamental da atualidade, cujas referências e direcionamentos encontram-se encarnadas no virtual, no não palpável, na falta de corpo. E a partir desse funcionamento fragmentado e marcado pelo mal-estar, bem como a busca incessante pela negação do sofrimento e constante busca pelo prazer, o sujeito hipermoderno prossegue coordenado pelo seu imperativo de gozo, cuja ordem é a felicidade (BAUMAN, 2004; FORTES, 2009).

Ao possibilitar que nos questionemos acerca de nossa própria condição de sujeitos hipermodernos, *Her* possibilita uma reflexão a respeito dos movimentos realizados como tentativa de driblar o desamparo humano, tema sempre contemporâneo, embora manifestado de modos diferenciados, já que, mesmo com o avanço científico e tecnológico, ou apesar dele, o sujeito hipermoderno encontra-se sem sustentações ideológicas ou religiosas que amenizem essa posição. Período de desencanto, de redução de expectativas, instabilidade acerca do futuro, que encontra nos inusitados *gadgets* algum alento.

A psicanálise, mais uma vez, oportunamente surge para questionar as aparentes invenções pós-modernas, completas e infalíveis, ousadas o suficiente para prometer, como no caso dessa história, uma parceria sem furos e sem falta, feita sob medida. Assim, finalizamos com a afirmação de Ceccarelli e Salles, que nos lembram da importância de uma leitura crítica de nosso entorno e de nossos objetos de consumo:

> A psicanálise sempre denunciou o fracasso das pseudossoluções que prometem a completude narcísica, a ausência de sofrimento e o apaziguamento da angústia. Dessa maneira, ela desmascara as ideologias da sociedade de consumo que, através da fetichização dos objetos, negam a castração ao buscarem garantir a felicidade, ao preço da infantilização do sujeito, em detrimento de sua capacidade de pensamento e de crítica. (CECCARELLI; SALLES, 2012, p. 26)

Referências

AGAMBEN, Giorgio. O que é o contemporâneo?. In: *O que é o contemporâneo e outros ensaios*. Chapecó: Argos, 2009. p. 52-73.

ANTELO, Marcela. Psicanálise e Música. *Cógito*, Salvador, v. 9, n. 9, p. 91-93, 2008. Disponível em: <http://pepsic.bvsalud.org/scielo.php?script=sci_arttext&pid=S1519-94792008000100020>. Acesso em: 13 jan. 2017.

BAUMAN, Zygmunt. *Amor líquido*. Rio de Janeiro: Zahar, 2004.

BIRMAN, Joel. Escritura e psicanálise: Derrida, leitor de Freud. *Natureza humana*, São Paulo, v. 9, n. 2, p. 275-298, dez. 2007. Disponível em: <http://pepsic.bvsalud.org/scielo.php?script=sci_arttext&pid=S1517-24302007000200003>. Acesso em: 13 jan. 2017.

BLADE Runner. Direção: Ridley Scott. Produção: Michael Deeley. Intérpretes: Harrison Ford; Rutger Hauer; Sean Young; Edward Ward; James Olmos e outros. Roteiro: Hampton Fancher e David Peoples. Música: Vangelis. Los Angeles: Warner Brothers, c1991. 1 DVD (117min), Color. Produzido por Warner Video Home.

BUCCI, Eugênio. O espetáculo e a mercadoria como signo. In: NOVAES, Adauto. (Org.). *Muito além do espetáculo*. São Paulo: Senac, 2005. p. 219-232.

CECCARELLI, Paulo Roberto; SALLES, Ana Cristina Teixeira. *Angústia, separação e desamparo na clínica contemporânea*. Belo Horizonte: Estudos de Psicanálise, 2012.

DEBORD, Guy. *A sociedade do espetáculo*: comentários sobre a sociedade do espetáculo. Rio de Janeiro: Contraponto, 1997.

DICIONÁRIO DE NOMES PRÓPRIOS. Samantha, [s. d.]. Disponível em: <http://www.dicionariodenomesproprios.com.br/samantha/>. Acesso em: 10 abr. 2016.

ELA (Her). Direção: Spike Jonze. Produção: Megan Ellison; Spike Jonze; Vincent Landay. Intérpretes: Joaquin Phoenix; Amy Adams; Rooney Mara; Olivia Wilde; Scarlett Johansson. Roteiro: Spike Jonze. Música: Arcade Fire. Los Angeles: Warner Brothers, c2013. 1 DVD (126 min), Color. Produzido por Warner Video Home.

FORTES, Isabel. A psicanálise face ao hedonismo contemporâneo. *Revista mal-estar e subjetividade*, Fortaleza, v. 9, n. 4, p. 1123-1144, dez. 2009. Disponível em: <http://pepsic.bvsalud.org/scielo.php?script=sci_arttext&pid=S1518-61482009000400004>. Acesso em: 13 jan. 2017.

KEHL, Maria Rita. Muito além do espetáculo. In: NOVAES, Adauto. (Org.). *Muito além do espetáculo*. São Paulo: Senac, 2005. p. 234-253.

LEVY, Lidia; GOMES, Isabel Cristina. Relações amorosas: rupturas e elaborações. Tempo psicanalítico, Rio de Janeiro, v. 43, n. 1, p. 45-57, jun. 2011. Disponível em: <http://pepsic.bvsalud.org/scielo.php?script=sci_arttext&pid=S0101-48382011000100003>. Acesso em: 13 jan. 2017.

LIPOVETSKY, Gilles. *A era do vazio* – ensaios sobre o individualismo contemporâneo. Barueri: Manole, 2005.

SANTOS, Jair Ferreira. *O que é pós-moderno*. São Paulo: Brasiliense, 2008.

VIVÉS, Jean-Michel. *A voz na psicanálise*. Belo Horizonte: Reverso, 2013.

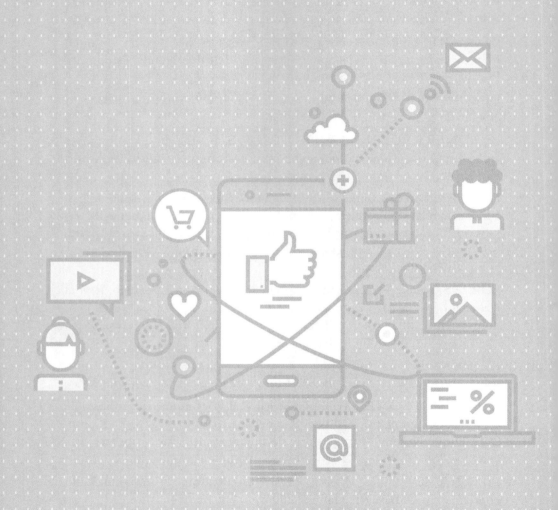

7 ENTENDENDO A VIDA ADOLESCENTE: ESTRATÉGIAS PARA COLETA DE DADOS ETNOGRÁFICOS EM UMA ERA CONECTADA[63][64]

danah boyd[65]

Keke entrou na sala onde eu estava esperando e sentou-se bruscamente, cruzando os braços e mantendo uma distância física e psicológica. Engoli em seco, sabendo que esta entrevista iria tomar um sério esforço emocional da minha parte. Eu passei as últimas três semanas na escola dela, observando as dinâmicas sociais desdobrando-se em várias classes, no pátio e na hora do almoço. Eu fui com alguns de seus colegas para o McDonald's e também havia saído com alguns deles em um dos *shoppings* locais. Eu passei horas navegando nas páginas do MySpace de seus colegas, tentando ter uma noção das normas e fofocas de sua escola. Eu também almocei em várias ocasiões na sala dos professores, ouvindo-os compartilhar suas dores de cabeça e dores do coração. A escola de Keke frequentemente me sobrecarregava e nem sempre eu estava emocionalmente preparada para o que via e ouvia e nem sempre sabia o que dizer ou fazer. Alguns dias antes, eu flagrei dois colegas de Keke fazendo sexo na sala dos professores durante a aula; eles ficaram mais irritados comigo

---

[63] Este artigo, cujo título original é "Making Sense of Teen Life: Strategies for Capturing Ethnographic Data in a Networked Era", foi traduzido do inglês por Érika Fraga Perdigão e está disponível em HARGITTAI, E.; SANDVIG, C. *Digital Research Confidential: The Secrets of Studying Behavior Online*. Cambridge: MIT Press. 2015.

[64] Este capítulo foi imensamente beneficiado pelas sugestões brilhantes de Mary Gray e Jordan Kraemer. Também sou profundamente grata a Christian Sandvig e Eszter Hargittai pelo *feedback* crítico. Finalmente, gostaria de agradecer a Mimi Ito, Jenna Burrell, Cori Hayden, Barrie Thorne e Peter Lyman por suas orientações metodológicas.

[65] A autora faz questão de que seu nome seja escrito em letras minúsculas.

por interrompê-los do que envergonhados ou constrangidos. Eu era a única que estava envergonhada e constrangida. E, como uma etnógrafa treinada para acreditar que eu não deveria deixar meus próprios valores moldar meus sentimentos, eu estava envergonhada e constrangida pela minha vergonha e embaraço.

Eu respirei fundo e comecei com pequenas conversas, perguntando a Keke por que ela havia concordado em ser entrevistada para este projeto. "Eu preciso do dinheiro", afirmou, sem emoção. Assim como muitos outros adolescentes de famílias de baixa renda que eu entrevistei, a única razão de Keke para participar foi o incentivo financeiro; ela não estava interessada no tópico da pesquisa e não via por que eu – como uma adulta – me importava com o que os adolescentes estavam fazendo com a tecnologia. Eu rapidamente notei que ela iria responder a qualquer pergunta que fizesse com o mínimo de palavras possível. Então decidi que eu precisava de uma estratégia diferente e pedi para me contar sobre o dia anterior, descrevendo o que ela fez desde o momento em que ela acordou até quando foi dormir. Quando começou a descrever seu dia, eu notei que ela estava falando sobre todas as pessoas, menos sobre si mesma; ela não estava personalizando o que havia feito durante o dia. Quando ela fazia uma afirmação "eu", era algo com um fato neutro, mas sempre que falava sobre os outros, ela acrescentava adjetivos e emoção. Quando retornei às minhas perguntas do núcleo da pesquisa, eu deixei de perguntá-la sobre por que escolheu fazer coisas diferentes e, em vez disso, pedi para descrever o que seus amigos fizeram.

Aos poucos, Keke começou a se abrir, mas se manteve cautelosa. Ela foi capaz de falar sobre os outros com expressividade, mas manteve trancadas suas próprias motivações e sentimentos. Ela se animou quando começou a falar sobre o drama em torno dela, revelando sua paixão por compras e garotos. Comecei a sentir que algo estava pesando sobre ela que ia além da conversa, mas eu não poderia me intrometer nisso. Keke – uma menina negra de 16 anos que mora em Los Angeles – estava bem vestida, usando roupas para embelezar suas curvas. Ouvindo seu discurso com gírias de rua, comecei a ver que ela não era especificamente tímida ou sem emoção por padrão e que ela não descartava adultos em definitivo. Isso me deixou perplexa, sem saber por que ela parecia distante de mim. Percebi que eu vinha de um contexto cultural muito diferente – e que ela tinha todos os motivos para questionar a minha sinceridade – mas isso não pareceu ser insuperável nessa conversa particular. Então eu perguntei sobre os amigos e outras pessoas significantes, fazendo-a detalhar sobre sua vida social, fofocas entre seus amigos e os vários dramas que estavam acontecendo na escola. Eu sabia que ela estava cuidadosamente revelando algumas coisas ao escolher não revelar outras, mas também tive a sensação de que eu não estava fazendo as perguntas certas.

Eu senti que ela estava ficando mais confortável comigo quando ela parou de falar sobre o uso de drogas de outras pessoas para me contar uma história dela ficando drogada. Então eu continuei nessa linha de investigação, certificando-me de reprimir qualquer sinal de julgamento. Seus comentários sobre drogas levaram-me a perguntar sobre festas. Para minha surpresa, o olhar frio de pedra de antes retornou ao seu rosto. Então ela disse: "eu prefiro ler um livro a ir a uma festa", e riu. E então ficou séria novamente. "Não podemos ter uma festa sem que alguém seja um *Blood* ou um *Crip* (gangues americanas) que então eles entram lá e ocorrem disparos. Não podemos ir à casa do meu amigo porque é do lado errado [da rua]. Você sabe o que eu estou dizendo? É o lado mexicano." Quando Keke começou a enfurecer-se contra as gangues de rua em sua comunidade, lágrimas derramaram-se dos olhos dela. Eu estava sentada ali, certificando-me de que ela sabia que eu estava ouvindo tudo o que ela tinha a dizer, mantendo contato com os olhos e tentando transmitir compaixão, enquanto silenciosamente eu era devastada por tudo o que ela me dizia. Como eu estava usando linguagem corporal para ser solidária, ela começou a descrever as dimensões raciais do seu mundo, detalhando brigas de gangues e descrevendo aonde fisicamente ela podia ou não podia ir dentro de sua comunidade. Perguntei como se sentia sobre isso e o maior peso que ela estava carregando tornou-se visível: "Porque somos negros, somos automaticamente de gangues. Mexicano, você é automaticamente de gangues. Eu simplesmente odeio esse estereótipo – eles mataram meu irmão porque eles pensavam que ele era de uma gangue. Meu irmão não era. Então foi apenas mais uma vida desperdiçada por causa do que você pensou e eu odeio isso". Ao continuar descrevendo a violência e o racismo na sua comunidade, ela teceu em detalhes sobre como seu irmão tinha acidentalmente cruzado as linhas erradas e sido baleado na frente dela. Ela expressou raiva e tristeza, e eu ali sentada, absorvendo tudo, sentindo sua dor, frustração, confusão e tristeza.

Quando terminou, ela olhou para mim com os olhos abertos e me agradeceu pela atenção. Agradeci a ela por compartilhar sua história. Assim que acabamos a entrevista, eu disse que ela poderia conversar com outras pessoas e que eu poderia levá-la a uma lista de nomes, se ela quisesse. Ela rejeitou minha oferta e me disse que falar com adultos na escola sempre deixava as pessoas em apuros e que simplesmente não valia a pena. Além disso, observou ela, tinha a sua mãe. Depois, sorriu para mim de uma forma que transmitiu que a minha atenção a fez se sentir melhor. Quando ela foi embora, eu entrei no banheiro dos professores e chorei.

★

A pauta de minha pesquisa concentra-se em como a tecnologia ajusta-se no cotidiano dos adolescentes. Meu objetivo é compreender e transmitir a lógica cultural que sustenta o motivo pelo qual os adolescentes fazem o que fazem. Quero descobrir e descrever a forma com que os adolescentes veem o mundo e como isso molda sua aproximação e envolvimento com a tecnologia. Quero ver a tecnologia da perspectiva deles, a fim de chegar ao que eles tomam como certo. Para fazer isso, eu incorporo muitos métodos etnográficos diferentes em minha pesquisa, incluindo observação participante *on-line* e *off-line*, entrevistas etnográficas semiestruturadas, análises de conteúdo e uma prática a que o antropólogo James Clifford referiu como "saída profunda", em que estudiosos trazem a teoria e a reflexividade de suportar durante qualquer ato de interpretação (GEERTZ, 1998).

Apesar de eu usar práticas de pesquisa e estruturas teóricas bem estabelecidas em antropologia e sociologia, a minha linha de investigação preocupa-se principalmente em como a tecnologia reconfigura as práticas cotidianas. Assim como fazem muitos estudiosos de tecnologia, questões sociotécnicas conduzem várias das minhas perguntas de pesquisa. No entanto, isso não significa que só converso com os adolescentes sobre tecnologia. Ao descrever o teor emocional da minha entrevista de duas horas com Keke, eu não mencionei uma única vez a tecnologia, mesmo que essa fosse a âncora para nossa conversa. Na maioria das entrevistas, a tecnologia infiltra-se sem que eu mesma tenha de procurá-la. Com Keke, falamos sobre garotas que usam mensagens instantâneas da AOL porque elas são "loucas por garotos", como o MySpace revela grupos escolares que são visíveis no pátio da escola e como os telefones celulares são os novos Nikes, em termos tanto de seu potencial como de um indicador de *status* e um objeto a ser roubado. Keke descreveu os vídeos de "lutas de gueto" do YouTube e falou sobre como ela achava os adolescentes "estúpidos" por colocarem tais vídeos na internet para a polícia ver. E nós conversamos sobre como ela era realmente fã de Harry Potter, mas não deixava ninguém ao seu redor saber sobre isso porque não era "legal". Todos esses elementos centrados em tecnologia são importantes, mas fazem muito mais sentido quando entendidos em contexto. Querer entender o contexto no qual a tecnologia funciona é o que me levou a começar a entrevistar adolescentes em primeiro lugar, ao longo de seis anos.

Eu uso a mídia social em minha pesquisa. Passo inúmeras horas navegando nos perfis de redes sociais dos adolescentes, lendo seus *tweets*, ou, de outra forma, observando seus traços *on-line*. Uso muitas técnicas etnográficas *on-line* desenvolvidas por estudos anteriores dos estudiosos da internet (HINE, 1998; MARKHAM; BAYM, 2008; MILLER; SLATER, 2000). No entanto, eu também saio propositadamente e encontro os adolescentes pessoalmente. A mídia social certamente torna muito mais fácil essa espiadela na vida das pessoas, mas também é muito fácil interpretar mal os vestígios *on-line*. Isso se tornou extremamente real para mim quando recebi um telefonema do oficial de admissões da Faculdade Ivy League em 2005. A faculdade estava interessada no requerimento de um jovem negro do bairro Centro Sul em Los Angeles – uma comunidade notoriamente cheia de gangues. O adolescente tinha escrito uma redação sobre deixar as gangues de lado, mas a faculdade encontrou seu perfil no MySpace, que estava cheio de insígnias de gangues. O oficial de admissões me fez uma pergunta simples, mas que se prendeu em mim desde então: "Por que ele iria mentir em sua redação da faculdade se nós podemos dizer a verdade *on-line*?". Tendo passado muito tempo naquela parte de Los Angeles e analisado perfis *on-line* de adolescentes que vivem lá, eu ofereci uma explicação alternativa. Sem conhecer especificamente o rapaz envolvido, eu supunha que ele provavelmente estava focado em adaptar-se, manter-se seguro ou, mais diretamente, sobreviver em seu ambiente doméstico. Muito provavelmente, ele sentiu que precisava realizar uma filiação *on-line* com uma gangue – principalmente se ele não era filiado –, a fim de ter certeza de que ele não estava fisicamente vulnerável. Embora eu nunca chegasse a entrevistar aquele jovem – nem saber se ele foi admitido na faculdade –, eu não posso ajudar, mas me pergunto quantas pessoas erroneamente pensam que elas podem interpretar um conteúdo *on-line* sem compreender o contexto em que ele é produzido.

Meu campo de *network*

Etnógrafos discordam se podem ou não estudar uma comunidade *on-line* somente se envolvendo com a comunidade pela internet. Tom Boellstoroff (2008) argumenta que uma etnografia apenas *on-line* é apropriada em uma comunidade como Second Life, onde os participantes interagem principalmente *on-line*, mas ele está em minoria. Mesmo aqueles que estão estudando especificamente comunidades *on-line*, muitas vezes encontram valor ao se engajar com os participantes pessoalmente. Por exemplo, o estudioso de jogos T. L. Taylor (2006) participa propositadamente de encontros entre jogadores para obter uma melhor compreensão de suas dinâmicas mediadas. Uma pesquisa etnográfica apenas pela internet pode ter valor, mas, como outros estudiosos têm destacado, é essencial reconhecer continuidades entre contextos *on-line* e *off-line* e levá-los em consideração, mesmo quando se tenta entender as práticas mediadas (KENDALL, 2002; BENNETT, 2004; MILLER; SLATER, 2000).

Apesar de ter feito análises *on-line* de conteúdo por mais de uma década, descobri que não posso ter uma profunda compreensão das práticas mediadas das pessoas sem me envolver pessoalmente com elas em pelo menos um dos ambientes que elas habitam. Dado que a maior parte do meu trabalho diz respeito a uma população cujas interações abrangem vários modos e mídias, acredito que seja importante tentar obter essas práticas a partir de ângulos diferentes. Eu não cruzo os Estados Unidos porque preciso de mais milhas aéreas ou porque gosto de ficar em pousadas; faço isso porque descobri que é a única maneira pela qual posso obter uma imagem decente da vida dos adolescentes. Quando encontro pessoalmente os adolescentes, eles oferecem profundidade e contexto para o que vejo *on-line*. Mais importante, eles me mostram em que ponto minhas primeiras impressões ficaram imprecisas ou erradas. Assim, eu propositadamente coleto dados *on-line* e *off-line*.

Trabalhos de campo multilocalizados são bastante comuns na etnografia, incluindo estudos etnográficos de interações mediadas (GREEN, 1999; MARCUS, 1995), mas não há uma estrutura consistente para relacionar os diferentes locais a outro. Alguns estudiosos discretamente coletam e depois sintetizam dados *on-line* e *off-line* sobre indivíduos (HAYTHORNTHWAITE; WELLMAN, 2002; ORGAD, 2008), enquanto outros enfatizam interações ou comunidades, e acompanham as relações entre pessoas e atividades conforme elas se movem entre ambientes *on-line* e *off-line* (HODKINSON, 2002; KELTY, 2008; WILSON, 2006). Concentrando-se na importância de acompanhar as interações do *on-line* para o *off-line* e vice-versa, Leander e McKim (2003, p. 211) argumentam que "traçar os fluxos de objetos, textos e corpos" permite aos etnógrafos explicar metodologicamente a relação entre práticas *on-line* e *off-line*. Acompanhar pessoas e conteúdos enquanto estes se movem entre os ambientes é analiticamente ideal, mas muitas vezes não é prático. Além disso, em minha pesquisa com os adolescentes eu descobri que é quase impossível mover-se facilmente entre diferentes ambientes para obter uma imagem holística de um determinado adolescente.

Em meus dois primeiros projetos sobre mídias sociais, concentrei-me em adultos *early adopters* (primeiros utilizadores) de redes sociais e *blogs* (DONATH; BOYD, 2004; BOYD, 2006; BOYD, 2008). Como outros estudiosos haviam aprendido (BAYM, 1993; RETTBERG, 2008; TAYLOR, 2006), eu achei eficaz e eficiente identificar os participantes *on-line* e alcançá-los diretamente. Embora eu não estivesse fazendo perguntas de pesquisa que exigiam a obtenção de uma amostra representativa, ter acesso a um grande banco de dados de perfis de redes sociais e *blogs* fez-me encontrar diversas perspectivas mais simples do que com métodos de recrutamento mais tradicionais. Quando me aproximei dos participantes *on-line*, a taxa de resposta foi extraordinariamente elevada e foi fácil começar a conversar com alguém *on-line* antes que eu agendasse um horário para nos encontrarmos pessoalmente.

Em 2004, comecei a esboçar um protocolo de pesquisa para interrogar as práticas dos adolescentes usando mídia social. Assim como estudiosos anteriores (por exemplo, RICHMAN, 2007), eu pretendia "bisbilhotar" *on-line* e observar as interações dos adolescentes no MySpace, mas eu também imaginava entrar em contato com eles por meio do MySpace para entrevistá-los pessoalmente. Quando defini meu plano de pesquisa para o movimento, o retórico "perigo do estranho" no MySpace explodiu (MARWICK, 2008). Os novos meios de comunicação, organizações de segurança, policiais e pais começaram a dizer aos adolescentes que eles não deveriam falar com estranhos *on-line*, porque qualquer estranho poderia ser um predador de crianças. Embora pessoalmente eu não tivesse pretensões, tornou-se rapidamente claro que eu não poderia me aproximar de adolescentes *on-line* sem violar o que estavam ouvindo a respeito de estranhos "assustadores". Também ficou claro que os adolescentes estavam menos propensos a responder aos meus pedidos do que tinham sido os blogueiros e usuários adultos de redes sociais. Mover-me do MySpace para uma entrevista provou ser um beco sem saída.

Para enfrentar o desafio metodológico de fazer trabalhos de campo multilocalizados sem ser capaz de me mover facilmente entre os locais, decidi organizar o meu projeto etnográfico em torno de um conjunto de locais de campo distintos, ligados pelos fenômenos da mídia social. Para fazer isso, eu me embasei no trabalho de Jenna Burrell (2009), que argumentou que se pode entender um local de campo como uma "rede composta de pontos fixos e móveis, incluindo espaços, pessoas e objetos". Ao integrar diferentes locais por meio de um fenômeno comum, é possível ver o fenômeno como um sistema contínuo e capturar a coerência e fluidez dos diferentes espaços que as pessoas ocupam, mesmo que elas não estejam explicitamente conectadas. Em outras palavras, é possível construir um local de *network*.

Meu estudo etnográfico do envolvimento dos adolescentes com a mídia social possuiu quatro componentes distintos: 1) a cultura *pop* adolescente e a imersão subcultural; 2) a observação participante e análise de conteúdo de traços *on-line* dos adolescentes em *sites* de mídia social; 3) a observação participante e a "saída profunda" em espaços físicos onde os adolescentes se reúnem; e 4) entrevistas etnográficas presenciais semiestruturadas.

A fim de compreender as referências culturais que encontro, eu utilizo furiosamente a mídia que é popular entre os adolescentes. Eu assisto a programas de TV e filmes populares, leio livros e revistas que ouvi falar entre os adolescentes. Eu visito *sites* populares voltados aos jovens, jogo os jogos mais populares e tento apreciar os *memes* que vêm à tona. Eu navego no YouTube para ouvir bandas e artistas musicais que são populares entre os adolescentes e tento seguir as celebridades que eles adoram. Isso não significa que eu, pessoalmente, seja uma grande fã de Kim Kardashian ou Jersey Shore ou Jay-Z, mas acho que ter um conhecimento básico das referências culturais que os adolescentes usam é essencial para a construção de relacionamento e compreensão do contexto em que eles operam. Ainda assim, os adolescentes usam regularmente referências que me escapam completamente e sou constantemente lembrada de quão velha eles pensam que eu sou.

On-line, eu participo e reúno dados do MySpace, Facebook, YouTube, Twitter, Xanga, Live Journal, Formspring e uma série de pequenos serviços de mídia social. Eu sigo os *"Trending Topics"* (tópicos mais postados) voltados aos adolescentes e faço *download* de inúmeros perfis para análises. Eu assisti a brigas de garotas adolescentes no *uStream* e rastreei discussões sobre bailes, testes SAT (Teste de Aptidão Escolar) e mobilizações políticas em torno das questões de imigração. Eu li as mensagens dos adolescentes à Beyoncé e vi crescer a obsessão deles por Justin Bieber e Lady Gaga.

Inserir-me na cultura *pop* e observar os adolescentes do lado de fora é parte crucial do meu trabalho de campo, além de me fornecer a base para envolver os adolescentes. Assim, a parte mais significante da minha pesquisa tende a centrar-se em minhas interações não mediadas com os adolescentes. Ao longo dos seis anos em que tenho trabalhado neste projeto, eu entrevistei, observei e casualmente me envolvi com adolescentes em 21 estados dos Estados Unidos continentais e no Distrito de Columbia, em uma grande variedade de comunidades – ricas e pobres, urbanas, suburbanas e rurais, do norte, sul, leste e oeste. Assisti a jogos esportivos (incluindo, pelo menos, 6 jogos de futebol de boas-vindas), demorava casualmente em restaurantes e perambulava em cinemas de estacionamentos; fui a parques de *skate*, cafés e na Casa Internacional de Panquecas. Assisti a adolescentes socializando-se com colegas na praia, em pontos de encontros musicais de todas as idades, em ônibus, estacionamentos e em centros de juventude. Visitei colégios e programas após a escola. Independentemente das minhas opiniões pessoais, respeitosamente compareci a uma grande igreja em muitas das comunidades que visitei, precisamente porque a vida religiosa desempenha um papel fundamental na vida de muitos adolescentes que eu conheço. Também conversei com adultos envolvidos com adolescentes – pais, professores, policiais, assistentes sociais, ministros da juventude e muitos outros.

Embora eu utilize meios variados de coleta de dados, a realização de entrevistas etnográficas desempenha um papel central no meu processo de pesquisa. No meu estudo sobre as práticas de mídia social dos adolescentes, eu conduzi, registrei e transcrevi entrevistas com 144 adolescentes; minha colega Alice Marwick – que viajou comigo nas viagens mais recentes – realizou mais 21 entrevistas com adolescentes usando o mesmo protocolo de entrevista e uma abordagem semelhante para entrevistar. Entrevistamos adolescentes com idades entre 13 e 19 anos representando uma grande variedade de origens raciais, étnicas, religiosas e socioeconômicas. Alguns dos adolescentes que conhecemos vieram de famílias com pai e mãe; outros viviam apenas com o pai ou a mãe, ou se moviam entre as casas de cada um; outros ainda viviam com parentes, estavam em um orfanato, viviam em uma casa de grupo ou estavam desabrigados. Entrevistamos alguns adolescentes que abandonaram o Ensino Médio, outros com educação escolar em casa, outros com prestígio socioeconômico ou de escolas privadas, e adolescentes que frequentavam escolas públicas. Entrevistamos adolescentes heterossexuais e gays, conservadores e liberais, adolescentes que praticam esportes, outros autoidentificados como "nerds", adolescentes que são apaixonadas pela escola, os que são analfabetos, outros no grupo de ex-alunos e adolescentes que foram vítimas de *bullying*.

Identificando adolescentes para a entrevista

Dada a importância da entrevista para o meu trabalho de campo – e as questões previamente discutidas envolvidas na identificação de adolescentes *on-line* – um dos meus maiores desafios é encontrar adolescentes variados para a entrevista. Para entrevistar adolescentes, primeiramente eu identifico várias "comunidades"[66] locais, onde acredito que poderia ser capaz de entrevistar adolescentes. Eu conscientemente contabilizo as qualidades daquela comunidade e a dimensão de minhas conexões locais. Eu saio do meu caminho para encontrar diversas comunidades, mas eu também estou ciente de quão importante é ter um informante local, que pode ajudar a me mover dentro da comunidade. Assim, visito comunidades onde eu conheço alguém que pode me auxiliar a identificar uma parte

---

[66] "Comunidade" é uma palavra contestada, tanto *on-line* e *off* (JOSEPH, 2002). Na falta de um termo mais adequado, estou usando comunidade para me referir a um grupo de pessoas e a um espaço delimitado pela geografia física ou pelas relações pessoais, uma escola particular ou uma organização.

dos adolescentes. Ao longo dos anos, tenho trabalhado com educadores, bibliotecários, pais, programas pós-escolares e centros de juventude. Uma vez eu usei uma empresa de recrutamento para identificar adolescentes, mas descobri que tais empresas não têm tanta dimensão como os membros de comunidade local e, mais importante, que os adolescentes recrutados para pesquisa de mercado têm uma propensão incrível em falar frases de efeito, de uma forma completamente misteriosa e totalmente ao contrário da maioria dos adolescentes que eu encontro. Devido às tendências das empresas de recrutamento, prefiro trabalhar com informantes locais que têm acesso direto aos adolescentes, por conta do que eles fazem profissional ou pessoalmente. Meus informantes locais são tipicamente amigos de amigos, pessoas que conheci em conferências ou por meio do meu *blog*. Normalmente eu identifico três ou quatro diferentes comunidades com base nas conexões para cada comunidade que visito.

Cada comunidade tem seu próprio sabor, influências e limitações. Assim, ao escolher as comunidades para visitar, eu tento identificar as mais diferentes daquelas visitadas anteriormente. Eu visitei comunidades ricas e de baixa renda, comunidades onde a maioria dos moradores é imigrante, comunidades urbanas e pequenas cidades, comunidades moldadas por indústrias individuais e as comunidades que refletem diferenças religiosas, políticas e raciais variadas.

Uma vez escolhida uma comunidade, começo a conversar com informantes locais para ver se eles podem me ajudar a identificar uma gama de diferentes adolescentes. Eu tento encontrar informantes que acreditam no meu projeto e querem me ajudar a identificar um amplo espectro de adolescentes. Envio a eles uma descrição detalhada do que estou procurando, destacando que o meu objetivo é entrevistar variados, mas os "típicos" adolescentes que refletem essa determinada comunidade. Eu solicito-lhes especificamente para não escolher os adolescentes cujos pais trabalham com tecnologia ou são acadêmicos. Também explico que não estou procurando adolescentes especialmente apaixonados por tecnologia ou aqueles que são excepcionais em qualquer eixo tradicional. É comum que os informantes queiram trazer adolescentes que são estrelas locais em escolas, esportes, música, debates, etc., então explico que não é isso o que eu quero. Assim, confio neles para usar o melhor julgamento, sabendo muito bem que sempre vou perder alguns aspectos de cada comunidade.

Quando trabalho com informantes locais para me ajudar a identificar os adolescentes, eu sei que a visão deles sobre a comunidade afetará quais os adolescentes irão escolher para eu entrevistar. Assim, tento explicar como suas crenças podem afetar quem eu estou conhecendo. O problema mais comum que encontro é que muitos informantes estão determinados a fazer com que a comunidade pareça boa, pelo fato de me apresentarem apenas os adolescentes que são extraordinários. Em outras ocasiões, eu encontro, às vezes, influências mais sistêmicas. Em uma comunidade, a informante local recusou-se a apresentar-me quaisquer adolescentes de cor, embora apenas 47% dos adolescentes na escola fossem brancos. Quando a pressionei para explicar o porquê, ela me disse que não achava que eu estaria segura naqueles bairros. Como todos os etnógrafos, luto com o que significa ser um intruso (GEERTZ, 1973; HARRISON, 2008).

Na antropologia, tem havido um longo debate sobre o que significa generalizar a partir de dados etnográficos. Alguns etnógrafos argumentam que a generalização simplesmente não pode ser alcançada por meio da análise etnográfica e eles rejeitam a generalização como um objetivo (DENZIN, 1983). Outros – às vezes referidos como "pós-positivistas" – estão comprometidos com a validade externa e acreditam ser importante que os etnógrafos estejam conscientes da amostragem para alcançar a generalização (SCHOFIELD, 2002; HAMMERSLEY, 1992). Embora certamente eu possa ver ambos os lados desse debate, tendo a acreditar que é possível entender a lógica cultural de uma população mais ampla por meio do trabalho consciente de ouvir diversas perspectivas. Além disso, embora reconheça que o trabalho interdisciplinar seja herético em algumas comunidades acadêmicas, estou empenhada em trabalhar com estudiosos quantitativos que estão tentando compreender as tendências mais amplas. Assim, saio do meu caminho para mapear as práticas gerais, a fim de ajudar os estudiosos quantitativos a construir instrumentos rigorosos para interrogar práticas específicas. Diante disso, trabalho com diligência para tirar amostras de diferentes comunidades e tipos de adolescentes até que eu sinta ter chegado a um ponto de saturação (GLASER; STRAUSS, 1967).

Para ser capaz de fazer afirmações mais completas, tento compreender como os adolescentes que estou conhecendo encaixam-se no quadro mais amplo. Em cada comunidade, obtenho dados do censo para compreender a composição demográfica. Após a chegada, uso o Google Maps para me conduzir a diferentes partes da cidade e ter uma ideia da mesma. Visito o *shopping* e o cinema para ver quem está nas redondezas e tento assistir a um evento escolar de esportes para ver quais adolescentes aparecem. Eu navego no Facebook e MySpace para encontrar contas visíveis associadas àquela comunidade. E, quando começo a entrevistar adolescentes, eu uso uma técnica de Penelope Eckert (1989) e peço a eles para mapear a dinâmica da lanchonete de sua escola, a fim de visualizar os tipos de adolescentes que estou conhecendo ou não. Esses mapas – e os grupos que eles identificam – tendem a fornecer informações valiosas sobre a comunidade local. Quando sei que estou recebendo uma gama muito limitada de adolescentes, às vezes peço que esses me ajudem a encontrar adolescentes de outros grupos na escola ou tento encontrar informantes adicionais que poderiam me ajudar a alcançar estes diferentes grupos.

Assim que o informante local me ajuda a identificar os adolescentes, eu envio um pacote de informações, incluindo uma descrição do projeto, um questionário e um formulário de consentimento/dispensa. Dependendo do que é apropriado a uma determinada comunidade, posso enviar esses pacotes via *e-mail*, por meio de correio postal ou mesmo solicitar ao informante local que entregue o pacote fisicamente ao adolescente ou a seu responsável. Em alguns casos, o informante me fornece informações de contato do adolescente ou dos pais; em outros casos, o informante organiza a entrevista em si. Dou aos adolescentes a opção de me encontrar em suas casas – desde que um dos pais ou responsável esteja presente – ou em um local público de sua escolha. Eu já entrevistei adolescentes em escolas, bibliotecas, centros de juventude, estabelecimentos de *fast food* e cafeterias. Já os encontrei nos locais de trabalho de seus pais e nas casas de seus avós. Uma vez, eu encontrei um adolescente em um bar; sua mãe era alcoólatra e então o *barman* cuidava dele desde que era um menino.

Dados os requisitos aos indivíduos, eu solicito aos adolescentes menores de 18 anos que obtenham a permissão de um dos pais ou responsável para participar. Quando os adolescentes me encontram em locais públicos, é necessário que eles levem o formulário de consentimento assinado. Em alguns casos, o informante local assinou no lugar do responsável legal. Uma vez, permiti que um adolescente sem-teto de 17 anos assinasse um formulário separado, indicando que ele estava no processo de ser emancipado. Acredito que eu tenha tanto uma responsabilidade ética quanto legal em obter a autorização dos pais, mas também tenho feito uma decisão consciente de respeitar a atuação dos adolescentes. Apesar de respeitar as intenções por trás do consentimento dos pais, não estou convencida de que esse modelo único sempre faça sentido. Como já notaram estudiosos anteriores, depender do consentimento dos pais é um desafio ímpar quando as crianças são abusadas, desabrigadas ou, de outra maneira, fora dos modelos tradicionais de casa e família (VISSING, 2007). Assim, tendo a focar no que parece ser mais apropriado devido às circunstâncias.

Confrontando preocupações éticas

Quando encontro adolescentes para uma entrevista, começo descrevendo o que eles podem esperar de nossa discussão. Eu explico que tudo o que me disserem é confidencial e não será compartilhado com os pais. Há uma exceção para isso, mas eu escolhi não afirmar claramente durante as considerações iniciais. Quando adolescentes menores de idade falam sobre serem abusados, sou eticamente – e, em alguns casos, legalmente – obrigada a relatar isso para as autoridades locais. Eu luto por esse requisito, em parte porque passei oito anos sendo voluntária do V-Day, uma organização que trabalhou pelo fim da violência contra meninas e mulheres. No V-Day, conheci inúmeras adolescentes vítimas de abuso e eu estava envolvida em uma série de intervenções. Apesar de estar profundamente empenhada em ajudar os adolescentes a saírem de situações violentas, também estou ciente de que a chegada de serviços sociais na vida deles nem sempre é útil. Embora preferisse poder ser aberta com os adolescentes, decidi estrategicamente implementar uma política de "não pergunte, não diga" e tentar evitar qualquer conversa que possa me levar a saber sobre o abuso quando menores estão envolvidos. Ainda assim, em dois casos, eu soube de abuso parental envolvendo menores, mas ambos já estavam no processo de resolução; como resultado, um adolescente estava em uma casa de grupo e o outro estava vivendo com um pai diferente. Além disso, conversei com adolescentes maiores de 18 anos sobre questões de abuso. Dois jovens de 18 anos e um de 19 anos me deram descrições detalhadas do abuso que eles enfrentam em casa e suas tentativas de administrá-lo. Quando questões de abuso – ou outras questões de risco – emergem, converso com os adolescentes sobre quais recursos estão disponíveis para eles. Em mais de uma ocasião, forneci números de linhas de auxílio ou de contatos locais para os adolescentes que eu achei que poderiam usar o suporte.

Ao explicar o processo de confidencialidade, também digo aos adolescentes que nunca usarei seus nomes reais ou qualquer informação que possa identificá-los diretamente. Depois de uma entrevista, uso um *site* de nomes de bebê para escolher um pseudônimo e depois usá-lo em minhas anotações sobre esse adolescente (ex.: escolhi o nome "Keke" para representar a adolescente discutida acima, embora esse não seja seu nome real). Esqueço intencionalmente os nomes reais dos adolescentes e os substituo mentalmente pelos pseudônimos que escolhi. Sempre que um adolescente pergunta, digo-lhe qual pseudônimo usei para ele. Quando entrevisto adolescentes em uma cidade, uso o nome da cidade como referência, mas sempre que entrevisto adolescentes fora de uma grande região urbana, eu os identifico por seu estado. Mudo os nomes de seus amigos e da escola e, propositadamente, evito usar quaisquer referências específicas que possam identificar um adolescente.

Eu também propositalmente confundo dados que coleto como parte das minhas observações *on-line* e análises de conteúdo. Trabalho para purificar as informações de identificação de todo o material digital. Quando uso capturas de tela de perfis em conversas ou em jornais, elas são profundamente modificadas (usando Photoshop) para apagar informações de identificação. Eu borro fotos ou as substituo por fotos de amigos, de minha infância ou de jovens adultos que possuem conteúdo disponível por meio do Creative Commons. Quando cito um texto de um perfil, muitas vezes eu mantenho o significado, mas altero a citação para torná-la impossível de procurar. Mesmo quando a informação *on-line* é "pública", sinto que eu tenho uma responsabilidade ética de não revelar as identidades dos adolescentes que entrevisto ou observo. Assim como pesquisadores anteriores usaram fotografias, mas com nomes ou imagens ocultas (GOLDSTEIN, 2003; BOURGOIS; SCHONBERG, 2009), uso conteúdo digital para transmitir impressões, apesar de não dirigir a atenção a pessoas específicas.

Após elucidar como a confidencialidade trabalha para adolescentes, explico como a entrevista irá prosseguir e esclareço que os adolescentes podem optar por não responder a qualquer pergunta que eu faça ou que eles podem encerrar a entrevista a qualquer momento. Intencionalmente dou a eles o incentivo – normalmente, em dinheiro – com antecedência, de modo que eles não se sintam pressionados a ficar para receber o incentivo. Também explico que eles podem optar por ignorar qualquer pergunta e que eu prefiro que eles digam "Não vou responder esta" a que mintam para mim. Isso geralmente os faz rir. Eu pergunto se eles têm alguma dúvida sobre os protocolos. A pergunta mais comum que recebo nesta etapa é: "Isso será utilizado para quê?". Explico que meu trabalho é de natureza acadêmica, que publico minha pesquisa em revistas acadêmicas e faço apresentações públicas. Esclareço que meu trabalho é, às vezes, utilizado para moldar políticas públicas ou para afetar a forma como a tecnologia é desenvolvida.

Depois de tratadas todas as dúvidas que os adolescentes possuem, eu, em seguida, avanço com a entrevista em si. Minhas entrevistas com adolescentes têm durado entre uma e quatro horas, com a grande maioria delas levando entre 90 minutos e duas horas. Eu gravo as entrevistas para transcrição. Embora tenha um bloco de notas na minha frente, raramente faço muitas anotações porque estou interessada em manter os olhos nos adolescentes o tempo todo. Escrevo pequenas notas para me certificar de que voltarei a um tópico, já que nós desviamos em várias direções. Entro na entrevista etnográfica com um protocolo de entrevista semiestruturada, mas a minha prioridade é ter certeza de que entendo a vida dos adolescentes, então eu raramente permaneço no roteiro.

O contexto de uma entrevista

Entrevistar é antes de tudo compreender o contexto da entrevista. Isso requer a identificação de locais onde a conversação seja natural e, ao mesmo tempo, o trabalho para criar situações em que os adolescentes sintam-se confortáveis em compartilhar suas histórias. Trata-se de escolher um espaço onde uma conversa possa acontecer e, então, criar a situação para que o adolescente torne-se mais propenso a compartilhar sua história. Nenhum cenário é perfeito, e é importante ser capaz de ajustá-lo. Por exemplo, eu prefiro que os pais não ouçam a entrevista, mas quando estou entrevistando nas casas das pessoas, preciso estar preparada para que talvez eles ouçam, apesar de eu organizar a situação para minimizar isso.

Quando estou perguntando aos adolescentes sobre a vida familiar, assisto ativamente a qualquer sinal de que eles possam estar desconfortáveis e interrompo se acho que um pai está escutando. Para ajustar a entrevista em resposta a como um adolescente reage às minhas perguntas, crio um ambiente para que eles sejam capazes de se abrir.

As entrevistas que conduzo com os adolescentes são de natureza semiestruturada e etnográfica. O que isso significa é que, quando entro em uma entrevista com um protocolo, a minha prioridade é obter um sentido da vida do adolescente, os valores e a perspectiva. Fazer uma entrevista etnográfica não é apenas seguir um protocolo para ter certeza de que cada pergunta do roteiro seja respondida, mas sim ser guiada por meu interesse em tentar entender quem é este determinado adolescente e o que ele ou ela pensa sobre o mundo. Isso exige uma leitura da situação, interpretando a metacomunicação e reagindo ao que o adolescente está dizendo e indicando (BRIGGS, 1986). Ao longo da entrevista, trabalho simultaneamente para deixar o informante confortável e para criar aberturas para que ele compartilhe suas histórias (WEISS, 1994). A pergunta que eu faço na maioria das vezes é "por quê?". Apesar de entrar em uma entrevista a fim de entender como a tecnologia influencia a vida diária de um adolescente, eu raramente faço qualquer uma das perguntas do meu protocolo de entrevista; elas são mais úteis como um guia mental para moldar os tópicos que eu quero me certificar em abordar. Isso é o que faz minhas entrevistas semiestruturadas. Elas são etnográficas porque estou tentando compreender como as pessoas entendem seus mundos, em vez de simplesmente tentar obter respostas a perguntas específicas. Além disso, elas são etnográficas porque também baseio em observações participantes do meu tempo nas comunidades e estabeleço o que estou aprendendo em uma tradição teórica (SPRADLEY, 1979).

Eu acredito que as pessoas – incluindo adolescentes – tomam decisões razoáveis em resposta ao seu ambiente. Por conta de suas situações, valores e conhecimentos, eles envolvem-se com a tecnologia de uma maneira que faz total sentido para eles. Meu objetivo é obter sua lógica pessoal, a fim de entender o motivo do que eles fazem ter sentido para eles. Então, tento situar o que aprendo em um corpo mais amplo de dados e teoria. É fácil olhar perfis do Facebook e julgar as decisões das pessoas; é muito mais difícil compreender e respeitar por que alguém toma uma determinada decisão e como essa decisão se encaixa no ambiente cultural em que ele ou ela opera. Situar as práticas dos adolescentes não é fácil; regularmente tenho de enfrentar minhas próprias convicções, limitações interpretativas e tendências de julgamento.

Considere o que aconteceu quando eu entrevistei Daniela, uma garota latina de 16 anos de idade que possuía inúmeras fotos picantes em seu perfil do MySpace. A primeira vez que ela me mostrou seu perfil, eu tive que ocultar um sobressalto. Embora não me considere particularmente hipócrita, não estava preparada para ter uma menor de idade me mostrando fotos nuas de si mesma. Tentando não ser crítica, perguntei cautelosamente a ela sobre sua escolha das fotos. Ela me disse que achava que as fotos a faziam parecer "gostosa". Perguntei como se sentia sobre os outros verem tais fotos e ela me disse que esperava ser selecionada por uma agência de modelos. Devido a isso, ela aceitou todos os pedidos de amizade e regularmente fazia novas amizades no MySpace com pessoas que ela achava que poderiam trabalhar na indústria da moda. Ela apontou para outras celebridades – como Tila Tequila – para destacar como a fama na internet era possível. Eu não contei a ela que Tequila teve sua chance quando um *playboy* olheiro aproximou-se dela em um shopping. Em vez disso, perguntei se ela estava ciente de que poderia perder oportunidades por causa dessas fotos; ela franziu o rosto com uma confusão sobre a minha pergunta. Tentei esclarecer, destacando que oficiais de admissão de faculdades muitas vezes verificam os perfis dos candidatos. Assim que as palavras saíram da minha boca, percebi que eu estava usando um mau exemplo. Ela respondeu com um grunhido, explicando que ela nunca entraria na faculdade de maneira nenhuma, então por que se preocuparia com isso.

Do ponto de vista de Daniela, seu corpo era um ativo e sua única chance de "sair". No entanto, devido a minha formação pessoal e profissional, era difícil não ver as fotos de Daniela como imagens ilegais de pornografia infantil. Ainda assim, quem era eu para questionar seu sonho de fama, fortuna e *glamour*? Quem era eu para supor que o ideal de faculdade da classe média era um caminho apropriado? Ouvi-a falar sobre sua vida em casa e suas lutas com a escola, seu fascínio por *reality shows* e sua obsessão por celebridades "feitas pelo próprio esforço". Ela teve exemplos de histórias de sucesso e estava determinada a ser uma delas. Ela achou que minhas ansiedades eram sem fundamento. Fora de um senso de responsabilidade ética, decidi deixá-la saber que algumas pessoas talvez argumentassem que as imagens que ela disponibilizava poderiam ser interpretadas como pornografia infantil e que isso pudesse levar problemas inesperados a ela. Ela rejeitou minha mensagem com um revirar de olhos e eu me senti como uma puritana, no final das contas.

Em conversa com Daniela sobre suas imagens de nudez, fui confrontada com a minha própria posição como um adulto que representava valores e expectativas da classe média. Não apenas me senti desconfortável por não aceitar suas imagens de imediato, mas também revelei meu julgamento por meio das perguntas que fiz. No processo, eu falhei em reconhecer sua convicção de que a fama era mais acessível para ela do que a faculdade. Reproduzi uma narrativa de classe média, efetivamente obscurecendo sua realidade como uma adolescente em situação irregular que vivia por meio do colapso do *DREAM Act* (proposta legislativa dos EUA para tratar a situação de jovens imigrantes) e o crescente escrutínio de jovens imigrantes. Não só a Daniela não tem as notas para entrar na maioria das faculdades, mas também foi inelegível para a maioria dos programas universitários de ajuda financeira. No entanto, em deixar escapar a pergunta sobre a faculdade, revelei meus próprios valores culturalmente construídos de uma forma que mostrava meus preconceitos.

Antropólogos têm argumentado por longo tempo que os etnógrafos devem ser reflexivos em sua prática, conscientes de suas próprias influências e de como suas relações no processo de pesquisa afetam o que eles podem ver (CLIFFORD; MARCUS, 1986; STRATHERN, 2004; HARAWAY, 1991). No entanto, esse processo é muitas vezes complexo e difícil de administrar (WATSON, 1987; BEHAR; GORDON, 1996). Para mim, a reflexividade é tanto um ideal para o qual me esforço quanto um processo que molda como penso sobre a pesquisa. Trabalho duro para administrar minhas próprias convicções de interpretação e abordo o efeito que tenho sobre o ambiente de pesquisa, mas isso não significa que eu seja – ou devesse ser – uma pesquisadora neutra ou objetiva. Sempre sou uma estranha (HARRISON, 2008; FINE; SANDSTROM, 1988). Minha própria posição-sujeito é fundamentalmente uma parte do processo e tento explicar isso em minha análise. É impossível não fazer julgamentos completamente ao se realizar pesquisas e, nas minhas conversas com os adolescentes, sempre me pergunto o que estou inadvertidamente transmitindo a eles. Tento ter certeza de que as perguntas que faço não possuem hipóteses incluídas nelas, mas elas inevitavelmente possuem, e eu me esforço para explicar minhas influências tanto durante a entrevista, para que possa ajustar a conversa, como quando eu codifico minhas transcrições e reflito sobre o que eu aprendi.

O que os pesquisadores vestem também afeta a forma como eles são percebidos – e, assim, introduz preconceitos e sinais relevantes (PASCOE, 2007). Embora normalmente seja bastante extravagante, tento usar algo mais simples quando estou entrevistando adolescentes. Logo no início, deixei meu cabelo crescer e removi todos os meus *piercings* visíveis; como estou ficando mais velha, tento vestir apenas jeans e camisetas. Eu não uso muita maquiagem ou arrumo o meu cabelo. Eu nunca me passo por outra adolescente, mas eu tento sinalizar por meio de minhas maneiras e vestuário que não sou uma figura de pai ou professor. Minhas entrevistas são mais eficazes quando os adolescentes me veem como alguém que compartilha seus valores, então tento ao máximo minimizar os sinais que podem ser fora de colocação, embora eu saiba que há certas coisas que eu não posso esconder – eu sou branca, de sexo feminino, em meus 30 anos (o que me faz velha aos olhos dos entrevistados) e do norte. Sou bem-educada e vivo uma vida de classe média alta, embora facilmente eu escorregue em um padrão de fala que reflete o fato de eu não ter crescido em uma comunidade privilegiada. Dito isso, propositadamente tento não revelar minha opção sexual, religião e opinião política.

Minha identidade sexual, familiaridade e conforto com diferentes tradições religiosas, convicções políticas, linguagem de classe operária e normas culturais podem ser bastante benéficas em determinadas circunstâncias. Adolescentes que se identificam comigo por uma razão ou outra parecem ser muito mais propensos a se abrir para mim, enquanto os adolescentes que me veem como uma completa estranha tendem a ser cautelosos com a minha presença e eu preciso trabalhar mais para ganhar seu respeito. Diante disso, não tendo a corrigir os adolescentes quando eles me consideram ser mais parecida com eles do que eu realmente seja. Por exemplo, em Atlanta, em maio de 2009, quando a questão sobre a eleição de Barack Obama surgiu, adolescentes brancos geralmente assumiam que eu era Republicana – presumivelmente porque, como um adolescente me disse explicitamente, eu era branca – enquanto adolescentes negros assumiram que eu era Democrata, porque, como um adolescente me disse, eu não me vestia como as pessoas brancas que ele conhecia ou, como outro explicou, porque eu era do norte. Não tento contrariar as suas percepções, a menos que eles peçam, mas perguntei por que eles me percebiam dessa forma em particular.

Equilibrar o *status* de confidente-intruso é um desafio constante ao se fazer pesquisas, mas, quando obtenho sucesso, adolescentes param de se concentrar no meu *status* de intrusa, mesmo que eles não me vejam como uma confidente. Quando me encontro com um adolescente, tento encontrar um terreno comum o mais rápido possível e verbalmente sinalizo lealdade. Quando entrevisto adolescentes, antes de nossa conversa, eles preenchem um questionário simples sobre seus hábitos nos meios de comunicação, interesses, demografia e gostos; examino isso para encontrar conexões. Também normalmente inicio a entrevista perguntando-lhes sobre o que eles são mais apaixonados ou interessados, e espero que eu seja capaz de fazer perguntas inteligentes sobre qualquer tema que surgir. Também uso referências de eventos ou cultura *pop* atuais como tópicos de abertura, se eu acho que o adolescente que estou entrevistando possa ter uma opinião sobre quem ganhou o *Teen Choice Awards* ou o que aconteceu durante as finais da NBA.

A parte mais difícil de entrevistar adolescentes é criar um ambiente no qual eles se sintam confortáveis a se abrir sobre suas vidas (RABY, 2007). Uma vez confortáveis, geralmente eles ficam felizes em contar sua história. As entrevistas mais desafiadoras, inevitavelmente, são aquelas em que o adolescente não está confortável comigo. Quando tenho sorte, acho uma brecha, mas isso nem sempre é o caso. Por exemplo, conheci um garoto de 16 anos de idade que inventou histórias por mais de uma hora, talvez sem saber que eu reconheci os programas de TV que continham as histórias que ele estava me contando e sem perceber também que lhe perguntei a mesma questão várias vezes para avaliar se ele estava sendo inconsistente ou não.

Enquanto existem adolescentes que nunca vão se abrir, a maioria dos adolescentes está bastante disposta a participar, uma vez que acreditam que podem confiar em mim. A confiança é uma parte crucial do processo etnográfico (GEERTZ, 1973). Os adolescentes precisam confiar em mim para estarem dispostos a conversar comigo sobre suas vidas e eu preciso confiar neles para ser honesta. Propositadamente introduzo determinadas linhas de investigação para avaliar o conforto deles comigo. Por exemplo, eu muitas vezes uso o assunto sobre drogas e álcool como uma escala. Logo de início, pergunto o quão comum as drogas e/ou álcool estão em sua escola. Em outro ponto da entrevista, quando conversando sobre os diferentes grupos na escola, pergunto quais grupos utilizam essas substâncias. Dependendo do adolescente, também pergunto sobre drogas e álcool em relação aos pais, festas e situações em geral que deixam os adolescentes em apuros. Normalmente, adolescentes começam falando na terceira pessoa, mas, à medida que se sentem mais confortáveis, passam a usar a primeira pessoa do plural ("nós") e, finalmente, falam sobre suas próprias atitudes em relação a drogas e álcool. Mesmo quando os adolescentes pessoalmente não usam drogas ou álcool, eles sempre têm uma opinião sobre esses temas; obter sua opinião sincera é mais importante para mim do que saber se usam ou não essas substâncias.

Uso muitas técnicas estilísticas simples para provocar certos tipos de respostas (WEISS, 1994). Apanhar adolescentes desprevenidos por uma questão surpreendente é, muitas vezes, a melhor maneira de obter uma reação emocional, em vez de uma pergunta pensada; eu uso essa técnica quando quero ver a reação imediata. Por outro lado, quando quero ver o adolescente processar algo lentamente, uso ativamente o silêncio. Se faço uma pergunta e um adolescente responde, a expectativa é que eu, então, faça outra pergunta. Se, ao invés disso, eu permanecer em silêncio e manter o meu olhar, o adolescente, às vezes, irá repetir a sua resposta com mais clareza, fornecendo uma explicação mais precisa à questão inicial. Eu uso perguntas rápidas de sim ou não, quando quero atrair a atenção, e perguntas que provocam respostas longas, quando quero ter um momento para relaxar e assistir a linguagem corporal dos adolescentes. Quando entrevisto adolescentes, não estou apenas procurando suas respostas, mas também suas reações, suas metáforas e suas referências culturais (BRIGGS, 1986). Quero entender como eles explicam a si mesmos, bem como o que dizem. Assim, utilizo uma variedade de técnicas distintas para obter diferentes tipos de respostas, estando ciente de me certificar que o adolescente entrevistado continue se sentindo à vontade para falar comigo.

Enquanto alguns adolescentes aproximam-se de uma entrevista com suspeita e desconfiança, muitos estão em êxtase por ter alguém interessado em suas vidas. Estas entrevistas trazem novos desafios. No momento em que Hunter, de 14 anos, começou a falar, eu sabia que o foco seria um desafio significativo em nossa conversa. Apesar de Hunter ter irmãos mais velhos, eles estavam fora de casa e, então, ele morava sozinho com sua mãe, que trabalhava longas horas. Eu só tive de mencionar o tema de atenção para Hunter descrever as suas lutas com TDAH (Transtorno do Déficit de Atenção com Hiperatividade) e ressaltar o quão difícil é não ter seguro de saúde, já que sua mãe está no país ilegalmente. Antes mesmo que eu pudesse fazer outra pergunta, Hunter saiu pela tangente sobre políticas de imigração e identidade, falando sobre a leitura de *Ghettonation* ("nação do gueto"), a luta para ser "o negro mais branco que você já conheceu", a vontade de só ter amizades com pessoas inteligentes e a consideração de que *Outsourced* era um bom programa de TV, porque seus amigos indianos achavam engraçado. Enquanto tudo o que saiu da boca de Hunter era fascinante – e ficou muito claro que ele era um adolescente precoce, carente de atenção e apoio em sua comunidade de baixa renda –, entrevistas etnográficas não são simplesmente conversas não estruturadas.

Quando os adolescentes são particularmente falantes, às vezes tenho de interrompê-los e estruturar a entrevista mais intencionalmente. Por exemplo, com os adolescentes que têm problemas sérios de atenção, penso que muitas vezes é valioso mudar de assunto regularmente, de modo que eles sigam minha liderança, em vez de continuarem em suas próprias tangentes. Quando os adolescentes começam a ir longe demais para fora do assunto, propositadamente quebro o olhar e finjo visualizar para a minha lista de perguntas; dessa forma, eles normalmente diminuem a intensidade. Ocasionalmente, tenho de dizer explicitamente que precisamos permanecer no tópico. Mas uma declaração tão opressiva como essa pode destruir a confiança que eu construí; assim, eu faço isso apenas quando é absolutamente necessário obter o controle sobre a entrevista.

Entrevistar adolescentes é desgastante. Quando saio de uma entrevista, estou esgotada por ter usado toda a minha energia em permanecer totalmente atenta ao adolescente. Mas meu trabalho não está feito. Depois de uma entrevista, ligo o gravador e transfiro as informações, enfatizando o que se destacou e fazendo notas para o que procurar na transcrição. Isso normalmente leva um tempo adicional de 20 minutos ou mais depois de uma entrevista. Essas notas orais servem de base para as minhas notas de campo. Só então posso entrar em colapso. Descobri que posso significativamente fazer duas entrevistas por dia e, quando for absolutamente necessário, três. Mas quatro é impossível – eu não obtenho nada significativo fazendo uma entrevista quando o cérebro está completamente morto. Quando preciso liberar minha exaustão ou tratar a dor emocional que sinto depois de uma entrevista, dirijo meu carro para fora do alcance de outras pessoas e solto um grito fundamental. Descobri que gritar, chorar e pular fazem maravilhas e me ajudam a trabalhar com o que sinto depois de uma entrevista.

Vivendo e respirando a cultura adolescente

Entrar no campo requer mais do que apenas a criação de entrevistas. Mesmo antes de chegar a um determinado local de campo, começo a ler os jornais locais e a navegar em *sites* sobre a comunidade e as escolas. Ao fazê-lo, desenvolvo uma linguagem para a compreensão de referências locais, de modo que, quando um adolescente falar sobre *The Tigers*, sei que eles estarão falando sobre seu arquirrival. Quando estou descomprimindo um dia de entrevistas, visito estabelecimentos locais e converso com adultos sobre a comunidade. Por exemplo, em Iowa, passei todas as noites em um bar que era claramente popular entre os moradores locais. O garçom contou-me inúmeras histórias sobre os diferentes líderes comunitários e as políticas locais, enquanto eu bebia um copo de *club soda* (água tônica) atrás do outro e inclinava a ele profusamente. Ao deixar aquela cidade em Iowa, fui pega por um policial por excesso de velocidade. Decidi usar esse encontro como uma oportunidade e, por três horas, o policial compartilhou sua perspectiva sobre a vida em Iowa (e por que a Califórnia, onde eu residia, era a terra do diabo).

Inserir-me na cultura *pop*, mídia social e nas comunidades locais é parte crucial da coleta de dados etnográficos. No entanto, enquanto eu ganho muito por viver e respirar a cultura adolescente, entrevistar adolescentes diretamente ainda desempenha o papel mais importante no meu trabalho de campo. Os dados que coleto das entrevistas com adolescentes – fundamentados por dados de observação e situados na teoria cultural – ajudam-me a entender quando e por que os adolescentes se envolvem com a tecnologia e outros artefatos culturais, embora meus processos de análise desses dados para atingir tais metas estejam fora do escopo deste capítulo.

A vida adolescente está cada vez mais interligada com a tecnologia, mas os traços que os adolescentes deixam por meio dela não são ricos o suficiente para transmitir suas práticas. Para surpresa de muitos adultos, adolescentes realmente se preocupam com privacidade (BOYD; HARGITTAI, 2010) e tomam medidas para tornar os conteúdos acessíveis sem sentido aos espectadores externos (BOYD; MARWICK, 2011). Buscar o que os adolescentes fazem e por que eles fazem requer triangulação e perseverança. Isso exige ser incorporado na cultura adolescente e conversar com eles sobre as suas práticas. A mídia social pode aumentar a visibilidade de determinadas práticas adolescentes, mas não capta a história completa. Mais frequente do que nunca, obter as nuanças da vida adolescente em uma era conectada requer o retorno de práticas fundamentais.

Referências

BAYM, Nancy K. "Interpreting Soap Operas and Creating Community: Inside a Computer-Mediated Fan Culture." *Journal of Folklore Research*, 30 (2/3): 143-177. 1993.

BEHAR, Ruth; GORDON, Deborah A. (Eds.). *Women Writing Culture*. Berkeley: University of California Press. 1996.

BENNETT, Andy. "Virtual Subculture? Youth, Identity and the internet." pp. 162-172. In: *After Subculture*, edited by Andy Bennett and Keith Kahn-Harris. New York: Palgrave Macmillan. 2004.

BOELLSTORFF, Tom. *Coming of Age in Second Life: An Anthropologist Explores the Virtually Human*. Princeton: Princeton University Press. 2008.

BOURGOIS, Phillipe; SCHONBERG, Jeffrey. *Righteous Dopefiend*. Berkeley: University of California Press. 2009.

BOYD, danah. "A Blogger's Blog: Exploring the Definition of a Medium." *Reconstruction*, 6 (4). 2006.

BOYD, danah. "None of This Is Real." pp. 132-157. In: *Structures of Participation in Digital Culture*, edited by Joe Karaganis. New York: Social Science Research Council. 2008.

BOYD, danah; HARGITTAI, Eszter. "Facebook and Privacy Settings. Who Cares?" *First Monday*, 15 (8). 2010.

BOYD, danah; MARWICK, Alice. "Social Privacy in Networked Publics: Teens' Attitudes, Practices, and Strategies." Presented at *Oxford internet Institute Decade in Time Symposium*, September 22, 2011.

BRIGGS, Charles L. *Learning How to Ask*. Cambridge: Cambridge University Press. 1986.

BURRELL, Jenna. "The Field site as a Network: A Strategy for Locating Ethnographic Research." *Field Methods*, 21 (2): 181-199. 2009.

CLIFFORD, James; MARCUS, George E. (Eds.). *Writing Culture: The Poetics and Politics of Ethnography*. Berkeley: UCLA Press. 1986.

DENZIN, N. K. *Interpretive interactionism*. In: MORGAN, G. (Ed.). Beyond Method: Strategies for Social Research, pp. 129-146. Beverly Hills: Sage. 1983.

DONATH, Judith; BOYD, danah. "Public displays of connection." *BT Technology Journal*, 22 (4): 71-82. 2004.

Durham: Duke University Press. 2008.

ECKERT, Penelope. *Jocks and Burnouts: Social Categories and Identity in the High School*. Teachers College Press. 1989.

FINE, Gary Alan; SANDSTROM, Kent L. *Knowing Children: Participant-Observation with Minors*. London: Sage. 1988.

GEERTZ, Clifford. "Deep Hanging Out." *The New York Review of Books*, Vol. XLV, no. 16 (Oct. 22), pp. 69-72. 1998.

GEERTZ, Clifford. *Interpretation of Cultures*. New York: Basic Books. 1973.

GLASER, Barney G.; STRAUSS, Anselin L. *The Discovery of Grounded Theory: Strategies for Qualitative Research*. Chicago: Aldine. 1967.

GOLDSTEIN, Donna M. *Laughter Out of Place: Race, Class, Violence, and Sexuality in a Rio Shantytown*. Berkeley: University of California Press. 2003.

GREEN, Nicola. "Disrupting the Field: Virtual Reality Technologies and 'Multisited' Ethnographic Methods." *American Behavioral Scientist*, 43 (3): 409-421. 1999.

HAMMERSLEY, Martyn. *What's Wrong with Ethnography? Methodological Explorations*. London: Routledge. 1992.

HARAWAY, Donna J. "Situated Knowledges: The Science Question in Feminism and the Privilege of Partial Perspective." In: *Simians, Cyborgs, and Women: the Reinvention of Nature*. New York: Routledge, pp. 183-201. 1991.

HARRISON, Faye V. *Outsider Within: Reworking Anthropology in the Global Age*. Urbana: University of Illinois Press. 2008.

HAYTHORNTHWAITE, Caroline; WELLMAN, Barry. "The internet in Everyday Life: An introduction." pp. 3-41. In: *The internet in Everyday Life*, edited by Barry Wellman and Caroline Haythorthwaite. London: Blackwell. 2002.

HINE, Christine. *Virtual Ethnography*. London: Sage. 1998.

HODKINSON, Paul. *Goth: Identity, Style and Subculture*. Oxford: Berg. 2002.

JOSEPH, Miranda. *Against the Romance of Community*. Minneapolis: University of Minnesota Press. 2002.

KELTY, Christopher M. *Two Bits: The Cultural Significance of Free Software*. Durham: Duke University Press. 2008.

KENDALL, Lori. *Hanging Out in the Virtual Pub: Masculinities and Relationships On-line*. Berkeley: University of California Press. 2002.

LEANDER, Kevin M.; MCKIM, Kelly K. "Tracing the Everyday 'Sittings' of Adolescents on the internet: A Strategic Adaptation of Ethnography across On-line and Offline Spaces." *Education, Communication & Information*, 3 (2): 211-240. 2003.

MARCUS, George E. "Ethnography in/of the World System: The Emergence of Multi-Sited Ethnography." *Annual Reviews in Anthropology*, 24, pp. 95-117. 1995.

MARKHAM, Annette N.; BAYM, Nancy K. *Internet Inquiry: Conversations about Method*. London: Sage. 2008.

MARWICK, Alice. "To Catch a Predator? The MySpace Moral Panic." *First Monday*, 13 (6): article 3. Retrieved December 3, 2008 (http://www.uic.edu/ htbin.cgiwrap/bin/ojs/index.php/fm/article/view/2152/1966).

MILLER, Daniel; SLATER, Don. *The Internet: An Ethnographic Approach*. London: Berg. 2000.

ORGAD, Shani. "How Can Researchers Make Sense of the Issues Involved in Collecting and Interpreting On-line and Offline Data?" pp. 32-53. In: *Internet Inquiry: Conversations about Method*, edited by Annette N. Markham and Nancy K. Baym. Los Angeles: Sage. 2008.

PASCOE, C. J. "'What if a Guy Hits on You?' Intersections of Gender, Sexuality, and Age in Fieldwork with Adolescents." In: *Representing Youth* (ed. Amy L. Best). New York: New York University Press. 2007.

RABY, Rebecca. "Across a Great Gulf? Conducting Research with Adolescents." In: *Representing Youth* (ed. Amy L. Best). New York: New York University Press. 2007.

RETTBERG, Jill Walker. *Blogging*. Cambridge: Polity Press. 2008.

RICHMAN, Alyssa. "The Outsider Lurking On-line." In: *Representing Youth* (ed. Amy L. Best). New York: New York University Press. 2007.

SCHOFIELD, Janet Ward. Increasing the Generalizability of Qualitative Research. In: A. Michael Huberman & Matthew B. Miles (Eds.). The Qualitative Researcher's Companion, pp. 171-203. London: Sage. 2002.

SPRADLEY, James. *The Ethnographic Interview.* New York: Harcourt, Brace, Janovich. 1979.

STRATHERN, Marilyn. *Partial Connections.* Walnut Creek: AltaMira Press. 2004.

TAYLOR, T. L. *Play between Worlds: Exploring On-line Game Culture.* Cambridge, MA: MIT Press. 2006.

VISSING, Yvonne. "A Roof over Their Head: Applied Research Issues and Dilemmas in the Investigation of Homeless Children and Youth." In: *Representing Youth* (ed. Amy L. Best). New York: New York University Press. 2007.

WATSON, Graham. "Make me reflexive – but not yet: Strategies for managing essential reflexivity in ethnographic discourse." *Journal of Anthropological Research*, 43: 29-41. 1987.

WEISS, Robert S. *Learning from Strangers: The Art and Method of Qualitative Interview Studies.* New York: Free Press. 1994.

WILSON, Brian. "Ethnography, the Internet, and Youth Culture: Strategies for Examining Social Resistance and 'On-line-Offline' Relationships." *Canadian Journal of Education*, 29 (1): 307-328. 2006.

8 LAÇOS FORTES OU FRACOS? OS ADOLESCENTES E OS LAÇOS NAS REDES SOCIAIS

Márcia Stengel
Evandro Ornelas Mineiro

Com a popularização das novas tecnologias da informação e comunicação (TICs), por meio da internet, surgiram novos espaços de comunicação entre os sujeitos contemporâneos e seus diferentes grupos sociais. Esses espaços são repletos de interatividade, convergência de tecnologias e formas diferentes de relacionamentos. Nesse contexto, encontram-se as redes sociais *on-line*, que integram essas novas formas de comunicação, ampliando a voz dos indivíduos de forma ímpar na história da humanidade, constituindo-se como espaços de subjetividade, que merecem nossa atenção e estudo.

Este trabalho é fruto de dissertação de mestrado que pretendeu pesquisar a influência das redes sociais na construção da subjetividade de jovens estudantes, com o intuito de perceber aspectos que marcam a produção de subjetividade de adolescentes contemporâneos. Assim, buscou-se identificar os aspectos que caracterizam as redes sociais como espaço atrativo aos adolescentes, bem como a importância de seu pertencimento a elas, e as novas formas de relacionamentos entre esses jovens pela mediação dos *sites* de redes sociais. Discutimos aqui, mais especificamente, os laços sociais que são estabelecidos pelos adolescentes nas redes sociais.

Para tanto, fizemos entrevistas semiestruturadas com 10 jovens estudantes do 9º ano do Ensino Fundamental e 1º ano do Ensino Médio, com idades compreendidas entre 14 e 16 anos, de ambos os sexos, regularmente matriculados em uma escola da rede privada de Belo Horizonte. Como critério de seleção foram convidados jovens que se declararam usuários frequentes de *sites* ou aplicativos de redes sociais. A técnica empregada nesta pesquisa para análise de dados foi a análise de conteúdo segundo Bardin (2011). Os nomes aqui empregados são fictícios para manter o anonimato dos entrevistados.

Apesar de os agrupamentos nas redes sociais no ciberespaço serem construídos com características inicialmente semelhantes às redes *off-line*, o ambiente virtual *on-line* fornece características que introduzem elementos novos à maneira de estabelecer relações sociais na contemporaneidade, produzindo novas formas de pensar, ser e agir no mundo (RECUERO, 2012; LÉVY, 1999). As redes virtuais têm sido responsáveis por criar novos fluxos e novas potencialidades para os sujeitos contemporâneos estabelecerem laços sociais, interagirem e promoverem conexões em tempo real, desprezando as barreiras impostas pela geografia e pelo tempo.

Belloni (2013, p. 78) assevera que há uma "adesão incontestável da quase totalidade dos jovens a essa nova forma de interagir com os pares. As redes sociais são hoje, provavelmente, o mais poderoso instrumento de formação de uma cultura de pares *on-line*". A autora destaca que a horizontalidade e democratização do acesso, além da participação efetiva, propiciaram uma metamorfose no *modus operandi* de comunicação interpessoal. Dessa forma, as redes constituem-se em novos ambientes culturais, em que se entrelaçam novas formas de relações sociais que fornecem aos adolescentes novos cenários para explorar identidades, e, portanto, contribuem para que eles experimentem outros modos de ser e estar no mundo.

Na atualidade as redes sociais na internet são mais que um modismo tecnológico. Elas são fruto de evoluções de compartilhamento social dentro do próprio ciberespaço e inauguram um novo tipo de sociedade: da sociedade da informação para a sociedade do compartilhamento de informação. Não podemos prever a partir do advento das redes sociais como será a sociedade no futuro, mas com certeza esse fenômeno, além de marcar o tempo presente, afetará também o tempo que há de vir. E, neste momento de transição, os adolescentes que nasceram nesta nova ordem social/tecnológica são protagonistas na adesão ao uso do ciberespaço e das redes sociais.

Nesse ambiente tecnocultural, com a consolidação do ciberespaço no cotidiano desses jovens e o uso massivo da internet como forma de comunicação, juntamente com o uso expressivo das redes sociais, tem havido modificação significativa nas formas de interação social. Nessas redes, cada vez mais aspectos de suas vidas ocorrem na dimensão virtual. Lá esses jovens vivenciam suas angústias, alegrias, tristezas, expressam-se, conhecem novos amigos, mantêm amizades, transcendendo as barreiras temporais e geográficas. Assim, o ciberespaço e também as redes sociais são para eles fonte de informação, ponto de encontro, lugar de falar sobre trabalhos escolares, acontecimentos no país e no mundo que estão dentro do escopo de interesse ou simplesmente um lugar para bater um papo, jogar uma conversa fora.

Os laços estabelecidos pelos adolescentes nas redes sociais

Os conceitos de "Laços Fortes" e "Laços Fracos" desenvolvidos pelo sociólogo americano Mark Granovetter podem nos ajudar a compreender como os laços se estabelecem e se mantêm nas redes sociais virtuais. Ao publicar, em 1974, o artigo *The Strength of Weak Ties* ("A força dos laços fracos"), o autor rompeu com a sociologia tradicional ao sugerir o estudo do padrão das conexões existentes entre os indivíduos, ou seja, o grau de coesão das redes, bem como o fluxo de recursos financeiros, afetivos e informacionais. Assim, a base de seu argumento consiste na constatação de que os indivíduos tomam decisões mais sólidas proporcionalmente ao nível de solidez dos vínculos de suas redes. O conceito de rede utilizado por Granovetter refere-se ao círculo social *off-line* trabalhado pela sociologia. Em 1983, ele publicou o artigo *The Strength of Weak Ties: A Network Theory Revisited* ("A força dos laços fracos: a teoria da rede revisitada"), no qual revê alguns conceitos e destaca que os laços fracos são essenciais para a propagação da inovação, por se tratarem de redes diversificadas pelas experiências e formações diversas de seus indivíduos.

Kaufman busca aplicar os conceitos de "Laços Fortes" e "Laços Fracos" ao ciberespaço, em especial ao estudo das redes sociais virtuais.

> Nas redes de "Laços Fortes" há uma identidade comum, as dinâmicas geradas nessas interações não se estendem além dos *clusters*, por isso mesmo, nas referidas redes procuramos referências para

a tomada de decisão; são relações com alto nível de credibilidade e influência. Indivíduos que compartilham "Laços Fortes" comumente participam de um mesmo círculo social, ao passo que os indivíduos com os quais temos relações de "Laços Fracos" são importantes porque nos conectam com vários outros grupos, rompendo a configuração de "ilhas isoladas" dos *clusters* e assumindo a configuração de rede social. Nesse sentido, as relações baseadas em "Laços Fortes" levam a uma topologia da rede, isto é, definem a configuração dos nós da rede de conexões entre os indivíduos no ciberespaço, no qual as relações de "Laços Fracos" funcionam como *bridges* desses *clusters*. Quanto menos relações de "Laços Fracos" existirem numa sociedade estruturada em *clusters* ("Laços Fortes"), menos *bridges* e menos inovação. (KAUFMAN, 2012, p. 208, grifos do autor)

Aplicando esses conceitos às redes sociais virtuais ou *on-line*, percebemos a importância dos contatos fora do círculo social cotidiano mais íntimo dos sujeitos, pois estes funcionam como uma espécie de ponte para conectar os diversos grupos nas redes sociais, alimentando-os de novas informações e espalhando conteúdo em escala planetária. Logo que as redes sociais começaram a se popularizar no início de 2004, surgiram questionamentos sobre a viabilidade e veracidade do estabelecimento de relações de amizades, expressivamente quantitativas nas redes, os então nomeados "amigos virtuais". Aos poucos, essa nomenclatura foi sendo mesclada com o termo "seguidores"; entretanto, ainda é comum referir-se aos seguidores ou contatos como amigos.

A tese de Granovetter pode fornecer uma saída para o impasse mediante a impossibilidade de se cultivar Laços Fortes com tantos "amigos virtuais". Ao estabelecer a relevância dos Laços Fracos, ele possibilita a compreensão do fenômeno observado por ele na vida fora da internet e que, no ciberespaço, atingiu contornos exponenciais, de modo que, de fato, as relações sociais são compostas por esses dois tipos de laços e cada um deles tem um papel importante na consolidação e aperfeiçoamento das estruturas sociais.

Os adolescentes participantes da pesquisa, ao serem questionados sobre a quantidade de amigos que cultivam nas redes sociais, responderam possuir, em geral, entre cem e mil amigos. Quando indagados sobre quantos destes seriam amigos íntimos (Laços Fortes), a média caiu para cerca de dez amigos. Todos os adolescentes foram unânimes em afirmar que não consideram importante cultivar um número grande de contatos se não conversam com todos. Solange e Fernanda, entretanto, apresentam-nos indícios que vão ao encontro da teoria de Granovetter:

> Assim, eu não acho que você ter aquela quantidade de amigos, gente que você nem conversa, importante, mas eu acho que assim, às vezes você tem uma pessoa no WhatsApp, ops, no Facebook que você nem conversa, mas você não vê esta pessoa há 4 anos e aí ela te chama, aí vocês voltam a ser um amigo íntimo. Então, assim, eu acho que tem importância, você ter tanto aquela pessoa que você não gosta ou aquela pessoa que você gosta. (Solange)

> Ah! Não, eu... primeiro que eu dou oportunidade para todo mundo que quer conversar comigo, eu vou lá e converso com a pessoa, por isto eu costumo adicionar todo mundo que pede, geralmente assim, só as pessoas que eu acho, ver tipo, que não me conhece mesmo, que não tem como me conhecer que eu não adiciono, mas os outros... (Fernanda)

Solange revela que é importante manter o contato de todas as pessoas, mesmo aquelas com quem não há nenhuma comunicação, pois esta pessoa pode querer falar com ela, e o canal precisa estar aberto e a conexão sempre disponível. Também é apontado por Solange como as redes sociais são importantes para a retomada dos laços sociais outrora perdidos, pois possibilitam e viabilizam o reencontro de pessoas com quem se perdeu contato e não havia mais relação, e assim restabelecer os laços.

Fernanda informa que adiciona à sua rede social todas as pessoas que em seu julgamento não oferecem riscos. Ela informou ter aproximadamente mais de mil pessoas no Facebook e, destes, vinte são considerados por ela como amigos íntimos (Laços Fortes), porém, ela demonstra uma atitude que amplia suas conexões de Laços Fracos, ao adicionar todos que queiram conversar com ela, estendendo, assim, sua capacidade de alcance no envio e recebimento de informações pela amplitude de conexões que sua rede social possui. Em outro instante da entrevista, ao ser questionada sobre o critério para excluir alguém de suas redes sociais, ela responde: "Eu não costumo excluir ninguém não. [...] Tipo, pode ser que um dia eu precise falar com esta pessoa, então eu vou e deixo lá..."

Os adolescentes apropriam-se de suas redes sociais como objetos que lhes pertencem ou territórios próprios sobre os quais têm a posse. Isso faz com que usem o verbo ter para se referirem aos amigos das redes, como na fala de Patrícia, ou se ofendem quando alguém invade seu território de maneira considerada inapropriada, o que podemos observar no discurso de Fernanda.

> Então, eu não sei, mais ou menos, mais o Facebook, o Instagram e o WhatsApp inteira na faixa de uns duzentos, duzentas pessoas que eu sigo, duzentas pessoas que me seguem, que me *têm*. Até que não é tanto não, sei lá. (Patrícia)

> Uma menina, ela veio no meu Facebook, bobeira, ela veio falar merda no meu Facebook, que uma coisa que eu tinha postado que ela não gostou, ela veio me xingar. Aí deu briga, aí eu xinguei ela também, porque eu não vou... Ela está no *meu* Facebook, porque que ela foi falar no meu Facebook, se fosse no dela, mas não era no dela, era no *meu*. (Fernanda)

O sentimento de posse das redes sociais que surge na fala de Fernanda vai ao encontro da metáfora de Lévy (1999) sobre o que ele denomina como dilúvio informacional. Para entender os novos tempos permeados pelos recursos tecnológicos de comunicação, especificamente o ciberespaço, esse autor constrói um paralelo entre o dilúvio bíblico e o dilúvio informacional vivenciado na atualidade.

Segundo Lévy (1999), Noé selecionou e protegeu uma porção de dados de sua época, criando, assim, um pequeno mundo organizado diante do caos produzido pelo dilúvio. De forma análoga, nesse dilúvio informacional, cada indivíduo, ao criar um local no ciberespaço, um *blog*, um *site*, um perfil nas redes sociais, torna-se uma espécie de novo Noé, e cada local criado torna-se metaforicamente sua arca de preservação de sua seleção em meio à diversidade. Nesse sentido, o autor afirma: "Quando Noé, ou seja, cada um de nós, olha através da escotilha de sua arca, vê outras arcas, a perder de vista, no oceano agitado da comunicação digital. E cada uma destas arcas contém uma seleção diferente" (LÉVY, 1999, p. 15). Cada arca agora no oceano do ciberespaço quer selecionar, preservar e transmitir informações.

Lévy (1999) explica que, nas sociedades orais, o contexto em que as mensagens eram produzidas era o mesmo no qual eram transmitidas. Com o surgimento da escrita, ocorreu a separação entre os textos e o contexto vivo no qual esses eram engendrados. E isso pode gerar problemas de interpretação desses textos devido ao distanciamento do contexto em que foram concebidos. Para resolver esse problema, algumas mensagens foram produzidas com o intuito de preservar o mesmo sentido em qualquer contexto em que fossem transmitidas; são as denominadas mensagens universais, ligadas às ciências, religiões, direitos do homem, entre outras. O preço dessa universalidade, conquistada pelo uso da escrita estática, é certa redução ou fixação de sentido produzido por um "universal totalizante". Para Lévy, "a cibercultura leva a copresença das mensagens de volta a seu contexto como ocorria nas sociedades orais, mas em outra escala, em uma órbita completamente diferente" (1999, p. 15).

Assim, no ciberespaço os sentidos não estão mais atrelados à autonomia dos textos, na tentativa de sua estabilização e independência das significações. A produção de sentidos edifica-se e propaga-se no ciberespaço por meio de mensagens interconectadas entre si e da vinculação constante com as comunidades virtuais que lhes concedem múltiplas interpretações em constante renovação. Desse modo, para Lévy, "A arca do primeiro dilúvio era única, estanque, fechada, totalizante. As arcas do segundo dilúvio dançam entre si. Trocam sinais. Fecundam-se mutuamente. Abrigam pequenas totalidades, mas sem nenhuma pretensão universal" (1999, p. 15). Portanto, a revolução introduzida na sociedade pela internet concedeu voz a milhões de pessoas em todo mundo. Trouxe de volta a dinâmica da comunicação oral, agora modificada, mesclando escrita, imagens e oralidade no fluxo intenso de comunicação virtual.

Dessa forma, Kaufman (2012) escreve que, no passado recente, os indivíduos estabeleciam suas conexões por meio dos telefones e automóveis, entre outros objetos. Entretanto, hoje, além dessas possibilidades, as próprias pessoas tornaram-se pontos de conexões em rede, uma vez que cada indivíduo tem o seu próprio número de telefone, o que foi possível por meio do celular, e também possuem endereço único na internet. Desse modo, por meio do celular e da internet, o indivíduo tornou-se uma espécie de um ponto de distribuição entre os laços e as redes sociais, permanecendo constantemente conectado e disponível para os outros contatos a qualquer hora e em qualquer lugar dentro dos alcances dos recursos tecnológicos. Nesse sentido, antes da popularização da telefonia móvel e da internet, para entrar em contato com uma determinada pessoa, o endereço ou o número do telefone fixo eram fundamentais. Hoje, com as redes, tornou-se transparente a mediação tecnológica e a sensação atual é que o acesso é direto e instantâneo uns aos outros. Ao contrário do início da *web* em que se conectavam computadores, hoje o que temos constituído é uma rede mundial de pessoas conectadas.

Dessa forma, ao analisar as respostas dos adolescentes entrevistados sobre a diferença entre conversar pessoalmente ou pela mediação das redes sociais, foi possível listar diferentes aspectos, como a possibilidade de conversar com um número maior de pessoas ao mesmo tempo, seja no mesmo grupo ou paralelamente com outras pessoas. Sobre isso disse Solange: "Eh!! O que eu gosto nas redes sociais é que ao mesmo tempo que você está conversando com duas pessoas, você está conversando com quinze". Assim, um aspecto que diferencia a comunicação via redes sociais é a possibilidade de, ao mesmo tempo, conversar com diversas pessoas, acessando lugares e assuntos distintos. O encurtamento das distâncias geográficas é outro aspecto que surgiu nas entrevistas, como nos disse Fernanda:

> As pessoas que estão longe é muito difícil a comunicação, creio que cresceu muito as coisas. Está ficando muito mais difícil de encontrar. E a rede social é a única saída que você tem pra poder falar com a pessoa, uma pessoa que você gosta, por exemplo, não tem como você ficar o dia inteiro na casa da pessoa.

Eduardo também explica sua percepção de encurtamento das distâncias geográficas e descreve: "Dois anos atrás eu conheci, são quatro meninos lá de São João Del Rei e até hoje a gente é amigo, a gente conversa. A gente conversa normalmente como todo mundo, só que a presença da pessoa se torna diferente". A possibilidade de manter contato com amigos de outras cidades não é em si uma novidade. O diferencial que podemos observar no que disse Eduardo é que ele entende a relação de amizade com esses amigos de outra cidade como uma relação semelhante a que ele estabelece com seus amigos de Belo Horizonte no que diz respeito às conversas e ao compartilhamento cotidiano das histórias vividas. Porém, ele percebe e entende que a presença deles é diferente por causa da distância geográfica. Entretanto, essa diferença não se trata de um aspecto contraditório, pois o que Eduardo busca esclarecer é que, mesmo que seus amigos estejam geograficamente distantes dele, por meio das redes sociais eles conseguem se fazer próximos e presentes cotidianamente em sua vida. Desse modo, ele classifica a conversa com estes amigos de outras cidades como "normais" quando comparadas aos amigos da mesma cidade. Assim, essa possibilidade de presença virtualizada cotidiana é uma novidade introduzida pelas redes sociais, já que elas encurtaram, além das distâncias geográficas, as distâncias temporais, e este aspecto relacionado ao tempo é o fator que possibilita o acompanhamento e compartilhamento em tempo real da vida dos amigos. Dessa forma, essa possibilidade de presença, com as peculiaridades que mencionamos, torna-se um diferencial para a conversa e o estabelecimento de Laços Fortes nas redes sociais.

Apesar de o fluxo de conversas via redes sociais ser intenso e até preferido por alguns dos jovens entrevistados, eles mencionam certa insegurança nas conversas *on-line* comparadas às presenciais.

> Eu prefiro conversar pessoalmente, porque é muito melhor você olhar no rosto das pessoas e ver as expressões dela a cada coisa que você fala. No computador, no celular dá para esconder muito bem o que você está sentindo, dá pra você disfarçar muito bem, então você pode passar a impressão de uma pessoa que você não é na rede social e pessoalmente não tem como fazer isto. (Fernanda)

> Eu acho pessoalmente que você se sente mais segura. No WhatsApp por exemplo, pode tirar *print* do que você falou e mostrar para as outras pessoas. (Joana)

Solange nos fornece significativos detalhes da dinâmica dos *prints*[67] nas redes sociais:

> Mulher é cheia de segredo, né... então do mesmo jeito que eu compartilho um segredo na rede social, eu compartilho assim pessoalmente. Porque eu prefiro contar um segredo pessoalmente, porque não é de não confiar nas pessoas, mas é porque às vezes você manda uma mensagem e a pessoa tira *print* e manda para outra... isto aí é coisa que eu faço. Então é muito complexo, se

---

[67] O *print* é a captura em forma de imagem de tudo o que está presente na tela, podendo ser copiado em outro arquivo.

> as pessoas pudessem ver todas as vezes que tiraram *print* de uma foto sua no WhatsApp, no perfil. (Solange)

Apesar de haver uma crítica à prática dos *prints*, a entrevistada revelou que também realiza *prints* de mensagens de seus amigos, e quando questionada a esse respeito respondeu:

> Tiro, porque às vezes tem coisa que a pessoa vira e fala alguma coisa com você... tira *print* disto e manda para tal pessoa. Aí a pessoa fica assim "nossa, a outra tirou *print* e a outra não sabe", entendeu, então tem muito disto. Exemplo a pessoa briga com o seu namorado, aí a pessoa diz: "tira *print* disto e mostra pro meu namorado como se eu não soubesse que você fez isto...", sabe? (Solange)

O ato de repassar para outras pessoas algo que alguém disse ou confidenciou acontece dentro e fora das redes sociais, inclusive mesmo antes do advento delas. Entretanto, o que muda no caso das redes sociais, além da evidência material do que foi colocado, é o potencial de alastrar-se incontrolavelmente. Assim, ao se espalhar um segredo, não é mais simplesmente dizer algo sobre o outro, e sim mostrar a atuação por meio das evidências físicas.

Entretanto, não obstante a insegurança quanto ao meio virtual, outro aspecto sobre a diferença entre conversas pessoais e via redes sociais apresentado pelos adolescentes foi que as conversas *on-line* ajudam a superar a timidez em dialogar face a face.

> Eu acho que quando a gente está mais perto a gente sente um pouco de vergonha na hora. Vamos supor de uma pessoa que você não conhece e você conversa por WhatsApp, na hora que você vai conversar pessoalmente não é o mesmo que o tanto de assunto que no WhatsApp, nas redes sociais, aí fica sem assunto, não conversa direito. (Joana)

> Eu acho que conversar nas redes você perde um pouco a vergonha de falar com a pessoa, conversar na rede é muito mais fácil para uma pessoa que é tímida, que nem eu sou muito tímido pra conversar pessoalmente. (Davi)

Se, por um lado, a virtualidade auxilia na superação da timidez, por outro, também incomoda por promover um sentimento de vazio, como nos explica Patrícia.

> Ah... tipo você fica um pouco meio insegura, sabe, porque assim pessoalmente você pode ver se a pessoa for falar um segredo ou perguntar alguma coisa séria, você sabe se a pessoa tá falando mentira ou não. Nas redes você fica tipo: "ai, meu Deus, eu confio nessa resposta ou não?". Aí tem essa diferença. E também você não vê a pessoa, então dá um pouco de falta, sabe? Você imagina uma coisa e é a outra.

Desse modo, podemos perceber que, apesar da insegurança de conversar mais intimamente no meio virtual, a possibilidade de superar a timidez oferecida pelas redes faz com que alguns adolescentes, mesmo preferindo o diálogo pessoal, encontrem maior liberdade de expressão nas redes. Mas encontramos opiniões divididas, pois para alguns entrevistados é mais seguro compartilhar sua intimidade pessoalmente, já que nas redes podem ficar expostos aos *prints*.

Para outros a conversa presencial pode ser cercada de pessoas que podem escutar seus segredos e, por isso, manifestaram insegurança em conversar intimamente face a face. Para esse grupo, as redes sociais são mais seguras para o compartilhamento de seus segredos, como podemos observar nas falas de Caroline e Cristina, que elegem as redes como espaços privados e seguros para estabelecer suas conversações mais íntimas.

> Acho melhor conversar pessoalmente. Só coisa que me deixa com mais timidez que prefiro *on-line*. Pessoalmente não tem como falar segredos... tem sempre uma que quer chegar e aí... a gente prefere falar tudo *on-line* mesmo. Mais fácil. É... é... alguns é vergonha... outros porque é muita gente em uma sala e acaba escutando e vai passando, vai aumentando as coisas, aí é preferível *on-line* mesmo. (Caroline)

> Depende da situação. Quando é uma coisa normal de exemplo conversar, eu prefiro conversar tanto fora quanto dentro da rede social. Mas, se for resolver alguma coisa eu sou tímida, eu tenho medo de algumas coisas acontecer e não está no meu plano, aí eu prefiro conversar pela rede social. (...) No WhatsApp você fala tudo que está afim de falar. (Cristina)

Assim, podemos entender que, de certa forma, esse distanciamento proveniente da mediação tecnológica insere os sujeitos em um ambiente solitário/conectado que propicia uma capacidade para controlar e mascarar intencionalmente suas emoções. Sobre isso, ao brigar com uma amiga nas redes sociais, disse Cristina:

> Eu briguei com uma amiga, foi no Facebook da mãe dela há uma semana atrás, eu conversando com ela eu comecei a chorar aonde eu estava. Eu não sei qual foi a reação dela, eu não falei também que eu estava chorando. Mas, eu não estava chorando porque estava perdendo uma amizade, foi mais pelo que aconteceu, que ela fez e tal...

Diante da briga com sua amiga, Cristina vivenciou seu momento de choro de forma solitária e protegida pelo distanciamento da mediação tecnológica. Nesse sentido, Fernanda também nos apresenta vestígios desse distanciamento da mediação virtual para se controlar frente a situações em que pessoalmente ela agiria de forma mais impulsiva:

> Você fica sem graça de falar isto pessoalmente, porque eu, por exemplo, sou muito grossa, eu tenho que me controlar muito, e pessoalmente é muito difícil quando eu ouço uma crítica que eu não concordo me controlar e não falar tipo, o que eu penso na hora, às vezes pode ficar pesado para pessoa. Eu também tenho dificuldade de controlar, mas é mais fácil usar palavras escrevendo do que falando. (Fernanda)

Por fim, outro ponto sobre as conversas *on-line* em distinção das *off-line* foi que nas primeiras os adolescentes ficam sabendo mais informações íntimas sobre os amigos do que nas segundas. Sobre isso nos Solange conta: "Então assim, no Facebook você fica sabendo de muita coisa que você não fica sabendo pessoalmente conversando com a pessoa, às vezes você não fica sabendo assim, mas você acaba descobrindo no Facebook". Em outro momento da entrevista, Solange exemplificou uma das formas de ter acesso às informações dos outros nas redes sociais:

> (...) eu tinha muita mania de entrar no Facebook para ficar sabendo as coisas dos outros. Então exemplo, você gosta daquele menino, aí você quer saber se ele está namorando, você quer saber se ele está postando as coisas. Aí você fica stalkeando a pessoa, fica vendo as fotos dela, fica vendo os comentários, fica vendo tudo. Stalkeando. É assim exemplo, estes dias eu fui stalkeada por um menino e eu stalkeei ele de volta. A pessoa entra e fica curtindo as suas fotos antigas. Assim, foi uma troca de stalk.

Solange demonstra como o uso do termo inglês *stalk* (perseguir) foi apropriado pelos usuários das redes sociais de forma mais atenuada e denota uma prática comum, em especial no Facebook, de importunar o outro. A dinâmica do *stalk* nas redes, conforme ela descreve, dá-se pela ação de entrar na rede social de outra pessoa e olhar tudo, remexendo em postagens antigas, deixando sinais de sua presença em várias postagens por meio das curtidas, evidenciando para o outro que você esteve por lá e ficou bisbilhotando suas informações. Mesmo que esses dados sejam públicos no âmbito daqueles que fazem parte dos contatos desse sujeito, é interpretado por eles como invasão de privacidade, principalmente pelo fato de não conhecerem as razões ou o interesse do outro ao *stalkear*. Esse incômodo, de certa forma, é herdado do sentido original do termo *stalker* (perseguidor), associado a pessoas que importunam insistente e obsessivamente outra pessoa. Com o advento da internet, essa prática ganhou novo campo de atuação e, por meio do espaço virtual, surgiu a modalidade denominada *cyberstalking*, que, por meio dos recursos telemáticos, facilitou a ação desses agressores. Porém, embora o *stalk* nas redes sociais seja herdeiro desse sentido mais agressivo do termo, ele configura-se mais como uma espécie de jogada entre os integrantes das redes, diferentemente do *cyberstalking*, o qual se mantém bem próximo do sentido original do termo.

Pelo fato de a sociabilidade e a comunicação desses jovens estarem centralizadas no ambiente virtual, investigamos os critérios que eles utilizam para excluir alguém de sua rede social. Foram apontadas duas razões básicas: pessoas "chatas" e brigas.

> Ou a pessoa fica te enchendo o saco, eu já bloqueei várias informações de várias pessoas porque não dava. Aquela pessoa que fica te enviando mensagem, ela fica te irritando. (...). Aí você diz "mas que saco". Aí você vai lá e bloqueia a pessoa. (Solange)

> Pessoa chata... está irritando... eu peço para parar com o assunto, ela continua, aí eu excluo. Eu apago, bloqueio. (Caroline)

A segunda razão, revelada pelos adolescentes, que descreve o motivo para excluir algum amigo de sua rede social são as brigas. Elas podem se iniciar fora ou dentro das redes, e afetarem diretamente as relações de amizade fora delas, como Fernanda descreve:

> Quando, por exemplo, tem alguma briga que eu brigo alguém, uma pessoa que não é minha amiga, eu vou e excluo, mas quando eu não conheço a pessoa. Quando eu conheço eu não costumo excluir não, porque eu sei que vai voltar a conversar. Teve umas duas ou três vezes que eu briguei com alguém. Uma foi porque a menina, eu briguei com ela e nem fui eu que excluí ela, nem deu tempo, ela foi primeiro. Teve muitas brigas que resolveram aqui na escola, de pessoas da escola que resolveram da cara. Foi no tapa, no soco. (Fernanda)

Nas redes sociais geralmente são reproduzidas as posturas e atitudes que as pessoas adotam fora do ciberespaço. Assim, as brigas entre os adolescentes, que, de certa forma, é algo comum fora do ambiente virtual, também ocorrem nas redes sociais, e uma ação imediata deles após brigar com alguém é excluir ou bloquear o acesso do outro à sua rede social. Trata-se de um indicativo direto do rompimento dos laços sociais. Conforme nos informa Fernanda, muitas das brigas que se iniciam nas redes sociais acabam ocasionando brigas na escola e também muitas brigas que são originadas fora das redes acabam repercutindo no ambiente virtual. Nesse sentido, podemos encontrar evidências de como as redes afetam diretamente a vida concreta das pessoas, em especial a dos adolescentes.

Considerações finais

Os adolescentes participantes da pesquisa demonstraram que se apropriaram das redes sociais como espaço de expressão, sociabilidade e informação sobre os temas de seus interesses específicos. Percebemos que as redes foram eleitas como canal prioritário pelos adolescentes e, em determinados casos, únicos para estabelecerem suas comunicações. Também foi possível observar que eles se sentem donos dos espaços virtuais que criam e zelam para que tais lugares permaneçam representando a personalidade de cada um. Assim, foi possível notar que os adolescentes, conforme a analogia proposta por Lévy (1999), de fato encarnam com excelência a figura de um novo Noé em um novo dilúvio, e são proprietários de suas arcas tecnológicas interconectadas umas às outras em um momento ímpar na história da civilização, pois nunca se teve tanto poder e alcance de comunicação, a qual é acessível a uma faixa significativa da população, inclusive crianças e adolescentes.

Ainda que percebam a diferença entre os amigos, que podem ser separados segundo os Laços Fortes e Laços Fracos, tanto um quanto outro têm importância na vida dos adolescentes. Eles mantêm uma rede de amigos e abrem possibilidades para que os "amigos fracos" possam vir a se tornar um dia "amigos fortes" ou construir pontes para novas amizades.

Portanto, ao pensar os contornos dos laços sociais dos adolescentes na contemporaneidade, é indispensável incluir o papel das redes sociais como agente ativo e potencializador desse processo. Esses jovens vivem intensamente o ápice do desenvolvimento tecnológico e das redes sociais, o qual atinge praticamente todas as faixas etárias, mas, apenas por uma questão de foco, ateve-se aos adolescentes. Nessas redes, esses adolescentes participam ativamente da História de seu tempo, vivenciando nesses espaços suas alegrias, angústias, conflitos, brigas, intrigas, amizades verdadeiras, troca de informações sobre seus grupos de pares, mas, acima de tudo, vivendo como cidadãos plenos de sua época com todos os benefícios e desafios que ela representa.

Referências

BARDIN, Laurence. *Análise de conteúdo*. São Paulo: Edições 70, 2011.

BELLONI, Maria Luiza. Infância e internet: a perspectiva da mídia-educação. In: *TIC Kids Online Brasil 2012*: pesquisa sobre o uso da internet por crianças e adolescentes. São Paulo: Comitê Gestor da internet no Brasil, 2013. Disponível em: <http://cetic.br/media/docs/publicacoes/2/tic-kids--on-line-2012.pdf>. Acesso em: 25 ago. 2014.

KAUFMAN, D. A força dos "laços fracos" de Mark Granovetter no ambiente do ciberespaço. *Galaxia*, São Paulo, n. 23, p. 207-218, jun. 2012. Disponível em <http://revistas.pucsp.br/index.php/galaxia/article/viewFile/5336/7580>. Acesso em: 30 maio 2015.

LÉVY, Pierre. *Cibercultura*. Tradução de Carlos Irineu da Costa. São Paulo: Ed. 34, 1999.

RECUERO, Raquel. *A conversação em rede*: comunicação mediada pelo computador e redes sociais na internet. Porto Alegre: Sulina, 2012.

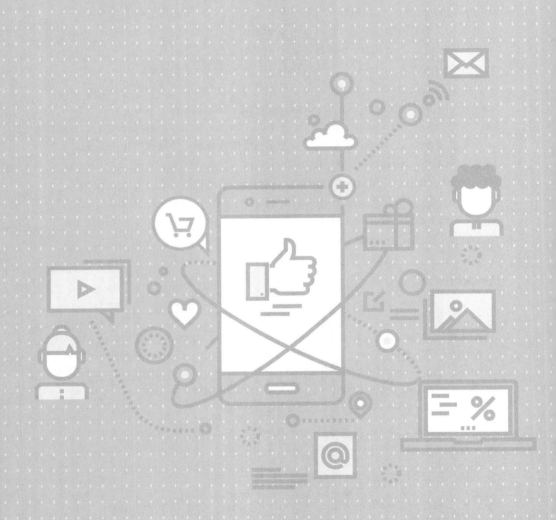

9 Adolescência e saber no contexto das tecnologias digitais: há transmissão possível?[68]

Daniela Teixeira Dutra Viola
Helena Greco Lisita
Juliana Tassara Berni
Luiz Henrique de Carvalho Teixeira
Márcio Rimet Nobre
Nádia Laguárdia de Lima
Natália Fernandes Kelles

Atualmente, o fascínio despertado pelos dispositivos eletrônicos contrasta com o desinteresse crescente dos jovens pela aprendizagem escolar. A horizontalidade do acesso à informação agrava o declínio da autoridade do professor, incrementando as dificuldades na transmissão pedagógica. As inquietações e angústias dos educadores em relação à "juventude digital" permitem a entrada do psicanalista na escola, que interroga essas novas formas de manifestação do mal-estar na cultura apresentadas no contexto escolar.

O que esses impasses no campo educacional nos ensinam? De que ordem é o endereçamento dos jovens aos conteúdos virtuais? Existe transmissão de saber na internet? Quais as diferenças entre informação, conhecimento e saber?

Neste trabalho, refletimos sobre o saber e sua transmissão na adolescência no contexto das tecnologias digitais. Teremos como apoio para essa discussão a escuta de adolescentes em uma instituição de ensino,

---

[68] Este capítulo consiste numa versão resumida e levemente modificada de artigo homônimo publicado na Revista aSEPHallus de orientação lacaniana, volume 11, número 21, nov. 2015 a abr. 2016. Trata-se de publicação eletrônica do Núcleo Sephora de Pesquisa sobre o moderno e o contemporâneo, da Universidade Federal do Rio de Janeiro (UFRJ).

propiciada pelo projeto de pesquisa e extensão "Conversação[69] na escola: adolescentes e redes sociais". Esse projeto visa a intervir junto aos adolescentes da escola, criando intervalos de reflexão nos quais a utilização do ciberespaço possa ser interrogada pelos jovens. Buscamos investigar o uso que os adolescentes fazem dessas redes e criar momentos dialógicos entre eles, possibilitando o surgimento de questionamentos e reflexões, dando lugar às subjetividades no contexto coletivo (LIMA, 2013).

Aprendemos com Freud (1905/1996) que a puberdade invade o sujeito e o afeta no campo psíquico de maneira definitiva. Mas, para que seja possível elaborar essas mudanças, o adolescente precisará demorar-se, como nos diz Freud (1910/1980). Há um tempo, próprio para cada um, para a invenção de um saber possível frente à irrupção da puberdade.

No entanto, na atualidade hipermoderna (LIPOVETSKY, 2004), não há tempo para esperar: o imperativo de felicidade exige rapidez. O modo como os jovens utilizam a internet e nela se apresentam indica os efeitos do imperativo de satisfação sobre as subjetividades de nossa época. Os jovens na internet encontram-se "desamparados, sem bússola, pois estão sem o suporte de um Outro humanizado. Ficam à deriva, deslizando em um campo sem fronteiras definidas" (COELHO DOS SANTOS; LIMA, 2015, p. 280).

Lacadée (2000) aponta a conversação como uma prática de conexões na qual o adolescente pode entrelaçar corpo e palavra. Para o autor, essa conexão é necessária na adolescência, especialmente na atualidade, em que há maior inconsistência do Outro.[70] Em seu trabalho com os adolescentes, o psicanalista verifica uma demanda de respeito, "testemunha de preocupação de uma certa dignidade para 'fazer bem com o pior' [...]. Mas também do desejo por um discurso, uma escrita de se inscrever num laço ao Outro, a fim de ser reconhecido" (LACADÉE, 2000, p. 13).

---

[69] A conversação é uma modalidade de pesquisa-intervenção criada por Jacques Alain-Miller no Centre Interdisciplinaire sur l'Enfant (CIEN), na França, primeiro como metodologia clínica e, posteriormente, ampliada como prática de pesquisa. A metodologia de conversação pode ser compreendida como uma associação livre coletivizada em que a oferta da palavra circula no grupo.

[70] Lacan diferencia o outro (com "o" minúsculo) do grande Outro (com "O" maiúsculo). O outro é semelhante, especular, imaginário. O Outro é o tesouro dos significantes, campo simbólico, da linguagem (LACAN, 1985).

Esse desejo de reconhecimento e de inscrição num laço social justifica a oferta de ambientes de acolhimento desse endereçamento, humanizados pela presença do Outro, para além dos espaços virtuais. Como os jovens têm feito esse endereçamento? Como acolher essa demanda atual? Acreditamos que as conversações criam intervalos entre as imagens virtuais, permitindo a emergência da palavra, e, com ela, do sujeito. Assim, escutamos os adolescentes falarem sobre o que fazem na internet, sobre o que buscam ali, além de discorrerem sobre as formas de interlocução e de transmissão de suas experiências nas redes simbólicas do ciberespaço.

Para tal reflexão, iniciaremos nosso percurso teórico tecendo algumas diferenças entre o conhecimento, o saber e a informação; em seguida, buscaremos localizar o estatuto do saber no tempo lógico da adolescência, apresentando fragmentos de conversações com adolescentes, sempre nos pautando pela teoria lacaniana.

Saber, conhecimento e informação: o resgate da experiência para a transmissão

No atual contexto de intenso fluxo de conteúdos, no qual estão imersos os adolescentes, que lugar fica devotado ao saber na economia psíquica do sujeito? Para tentar responder a essa questão, parece importante introduzirmos uma discussão – a partir de balizas externas à psicanálise – sobre o estatuto do saber a circular hoje pela internet, de modo a cotejá-lo conceitualmente com outras duas noções importantes que se colocam no centro da mesma questão: o conhecimento e a informação.

A intrínseca relação entre esses dois conceitos parece ponto pacífico entre muitos estudiosos. Conforme destacam Costa e Xavier (2010), informação e conhecimento são causa e efeito simultâneos um do outro, "numa interação dinâmica em que a sucessão pode ser plenamente invertida, mas não gera nenhuma contradição" (p. 80). Numa relação de causalidade entre os dois termos, a disponibilização da informação promove a geração de conhecimento, que produzirá mais informação e que parece constituir um movimento cíclico. Assim, a informação científica não tem como função a mera comunicação de inovações, mas guarda uma potencialidade latente para a produção de conhecimento (COSTA; XAVIER, 2010). É notável, entretanto, que em grande parte da reflexão conceitual disponível, característica, sobretudo do campo da ciência da informação, qualquer referência ao saber esteja ausente.

Numa perspectiva crítica e advinda do campo da educação, Jorge Bondía parte de uma leitura em que retoma o pensamento filosófico de Walter Benjamin (1892-1940) para propor "pensar a educação a partir do par experiência/sentido" (BONDÍA, 2002, p. 20). Nesse sentido, o autor define a experiência como "o que nos passa, o que nos acontece, o que nos toca" (p. 21). Bondía busca retomar a letra benjaminiana para refletir que nosso mundo vive um crescente empobrecimento no nível da experiência, sendo o excesso de informação um dos motivos para esse esvaziamento de sentido, já que ela cancela nossas possibilidades de sermos de fato tocados por nossas vivências, que são cada vez mais substituídas por conteúdos esvaziados.

Além disso, Bondía (2002) aponta para outros fatores que concorrem para essa rarefação no nível da experiência: ao lado do excesso de informação estão o excesso de opinião supostamente crítica, a falta de tempo generalizada e o excesso de trabalho que, conforme destaca, não deve ser confundido com a experiência. Para Bondía, tais características extremas, que poderíamos compreender como da ordem de uma lógica de "excesso-e-falta", impregnam o sujeito moderno que, além de ser informado e opinativo, está sempre agitado, em movimento, é um ser que trabalha e tenta "conformar" o mundo "segundo seu saber, seu poder e sua vontade" (p. 24). O autor afirma que "o sujeito da experiência" seria algo como um "território de passagem", "uma superfície sensível" afetada, de algum modo, pelos "acontecimentos". Dessa forma, a aquisição de conhecimento seria resultado da própria experiência que, como método, tende a se repetir, aprimorando-se.

Bondía define o conhecimento na época atual como basicamente ciência e tecnologia, essencialmente infinito, impessoal, utilitário ou instrumental. A ciência moderna adota a experiência, mas desconfia dela e, sob os auspícios cartesianos, converte-a num "elemento do método" (BONDÍA, 2002, p. 28). Para o autor, "o conhecimento moderno já não é o saber ativo que alimentava, iluminava e guiava a existência dos homens, mas algo que flutua no ar, estéril e desligado dessa vida em que já não pode encarnar-se" (BONDÍA, 2002, p. 28).

Numa leitura que obedece à lógica tecnicista e visa ao mero acúmulo de conteúdos, o saber é ignorado e parece fora de questão. De outro modo, a crítica de Bondía, filiada a Benjamin, aponta exatamente para o caráter efêmero da relação do sujeito com a informação e o conhecimento, quando esses se mostram tão atrelados a um processo de mercantilização característico do discurso capitalista (LACAN, 1969-1970/1992). Tal relação não traz a experiência da ordem do saber, mas apenas da ordem do experimento, o que tende a planificar a cultura e sufocar a heterogeneidade, a diversidade autêntica dos sujeitos.

Segundo Benjamin (1936/1987), experiência e sujeito são indissociáveis. É preciso que haja alguém em que algo se inscreva para que a experiência se dê e, inevitavelmente, para que ocorra também a transmissão. No entanto, como observa o autor, é necessário também que, no ato da transmissão, seja dado espaço para que o sujeito que ouve o que lhe é narrado receba a experiência na forma mais próxima de sua crueza. Benjamin considera, portanto, que a transmissão de saber envolve dois sujeitos, o que transmite e o que aprende, mas o saber deve ser subjetivado por aquele que aprende.

A ideia de "saber de experiência" elaborada por Bondía pode ser aproximada da noção de saber na teoria psicanalítica, pois se trata de uma apropriação subjetiva em que o que se transmite não coincide unívoca e necessariamente com o que se aprende.

Para a psicanálise, o estatuto do saber é de ordem inconsciente e tem intrínseca relação com o corpo. Assim, uma vez que o saber é apreendido sempre de modo singular pelo sujeito, sua transmissão envolve a apropriação de algo advindo do campo do Outro, numa operação que deve ser compreendida à luz da transferência, principal motor para o acesso subjetivo.

Compreendendo a experiência como o que nos toca, ao tocar o corpo ela produz afetos, de forma que o saber adquire um sentido singular para cada sujeito. Essa operação tem sua raiz na pulsão, portanto, no corpo. Como sabemos desde Freud (1905/1996), há uma satisfação pulsional em aprender, em assimilar o saber. Em *O Seminário 20, Mais, ainda*, Lacan (1972-73/1985) esclarece que o estatuto do saber relaciona-se com algo a ser "apreendido", tomado do campo do Outro. Essa vertente do saber relacionada à pulsão confere poder ao sujeito, de sorte que existe uma satisfação paradoxal na conquista desse saber e em seu exercício.

Lacan (1972-73/1985) destaca que "não há informação que fique" (p. 131), ou seja, a informação não toca o corpo, não "entra na própria pele" (p. 131). Desse modo, podemos compreender seu caráter evanescente e fluido. Na atual conjuntura da cultura digital, o predomínio do fluxo informação-conhecimento parece, portanto, impedir que a experiência tenha, no saber, seu motor propulsor. A partir das diferenças construídas acima, passamos a questionar em que medida é possível, para o sujeito contemporâneo inserido na cultura digital, construir um saber ou sustentar algum modo de relação com essa categoria. Considerando sua proximidade com o sujeito adolescente, quais as possibilidades de elaboração de um saber a partir do espaço virtual, tendo em vista um aparente crescimento da inconsistência do Outro?

Sobre o saber na adolescência: do enigma à invenção

A práxis psicanalítica põe em relevo as implicações fundamentais do saber na transição da adolescência. Por um lado, o jovem se embaraça e se angustia diante do enigma que o real da sexualidade faz emergir, um não saber inerente ao despertar da pulsão sexual na puberdade. Por outro, as significativas transformações da relação com o saber nessa fase podem contribuir de modo determinante para um deslocamento da fixação sintomática, permitindo ao sujeito certo saber-fazer que o embaraça e angustia. Nesse sentido, o tema da transmissão intergeracional é de grande valor para a compreensão do que está em jogo no apelo ao Outro que constitui esse tempo da vida.

Como transição que se faz no laço social, a adolescência é a passagem da referência familiar, suporte do sujeito na infância, ao grupo social mais amplo. Nessa travessia, é preciso um desenlace da autoridade parental para que outros laços se estabeleçam. Freud (1909/2015) destaca a importância dessa transição: "desprender-se da autoridade dos pais é uma das realizações mais necessárias e também mais dolorosas do indivíduo em crescimento. É absolutamente necessário que ele o faça [...]. De fato, o progresso da sociedade baseia-se nessa oposição entre as duas gerações" (p. 420). Ele esclarece que esse desprendimento depende do progressivo desenvolvimento intelectual da criança. O conhecimento adquirido a partir da experiência exterior ao núcleo familiar mais restrito leva a criança a se aperceber de que os pais não são infalíveis, perfeitos e onipotentes. A criança "conhece outros pais, compara-os com os seus, e pode assim duvidar da natureza única e incomparável que lhes atribui" (p. 420).

A separação do par parental tem seu início, então, na instalação de uma dúvida – proveniente de um saber obtido no círculo social mais amplo – que conduz, pouco a pouco, à certeza da natureza falível e falha dos pais. Tem-se, assim, uma primeira expansão do Outro parental ao Outro social. Mais tarde, a inconsistência do Outro torna-se questão central e irrevogável para o sujeito que chega à adolescência e se depara com um difícil dilema: endereçar-se ao Outro, lá buscar uma reinscrição simbólica, um lugar como adulto, já ciente de sua inconsistência – ou, com a queda de toda a ilusão, de sua inexistência.

Freud (1914/1996) ressalta o valor da figura do professor como referência substitutiva nessa fase em que a autoridade do par parental declina. Ele acentua o fascínio pela personalidade dos mestres, aludindo à incomensurável carga afetiva presente na transmissão e na apreensão do saber nesse estágio da vida e evidenciando que a relação do adolescente com o saber faz-se, sobretudo, pela via transferencial. Dessa maneira, no vácuo deixado pela referência dos pais, mostra-se necessária a entrada em cena de outras referências ligadas ao ideal para nortear os caminhos pelos quais o saber vai passar.

Contudo, em face das contundentes mutações do laço social, transcorridas ao longo do tempo, constatamos que o paradigma da transmissão que tem como suporte a transferência não encontra mais as mesmas condições discursivas para se efetuar. Na contemporaneidade hipermoderna, verificamos uma série de mudanças que acarretam, entre inúmeros aspectos, certa rarefação dos ideais e uma pulverização das referências.

Num mundo tomado pelo imperativo de satisfação a todo custo, constatamos a proliferação de novas formas de relação com a satisfação pulsional. Os sintomas atuais mostram-se pouco afeitos ao saber articulado ao inconsciente, não consistem num recobrimento metafórico do pulsional. Como fixação num modo rígido de satisfação pulsional não metaforizado, os sintomas de hoje estão mais próximos da dimensão "voraz" do saber (MILLER, 2012). A essa voracidade, a lógica imposta pelo binômio "informação-conhecimento" parece responder de modo exemplar. Com sua eficácia momentânea, essa lógica parece visar não mais que responder a questões pontuais e efêmeras do sujeito contemporâneo – um sujeito mais afeito ao conhecimento preciso e desvinculado, mais tributário da curiosidade que do saber decantado da experiência.

A voracidade do saber provém da "gulodice" do supereu (LACAN, 1973/2003, p. 528), de sua dimensão tirânica, isto é, tem a ver com a insatisfação que tudo devora sem jamais se saciar – elemento fundante do mal-estar na cultura. Como atesta Lacan (1969-1970/1992), o "tudo-saber" passou ao lugar do mestre, configurando uma "tirania do saber" que traz opacidade à dimensão da verdade. Na "sociedade de consumo", o "material humano" é o sujeito que, assujeitado ao "tudo-saber", tornou-se produto, é consumível (p. 30). O saber como capital pulveriza-se notavelmente pelos meios digitais. Essa vertente do saber abarca o campo ilimitado da informação e distingue-se do saber inconsciente, das trocas simbólicas e da transmissão geracional. Ou, na expressão benjaminiana resgatada por Bondía (2002), do saber de experiência.

Quanto ao estatuto do saber na contemporaneidade – época em que o objeto está no zênite[71] –, Lima (2009) argumenta que a entrada do saber no mercado acarreta a anulação da via singular. Se todo o saber é possível – e acessível na palma da mão pelos *tablets* e *smartphones* –, há um apagamento do desejo e da dimensão do impossível concernente ao singular de cada sujeito. Ou, como expressa Miller (2015), a incidência do virtual na vida dos adolescentes de hoje faz com que o saber, antes depositado nos adultos, esteja automaticamente disponível no toque de uma tela: "O saber está no bolso, não é mais o objeto do Outro" (s.p.). Essas transformações acarretam importantes consequências para a adolescência. Afinal, como nos adverte Lacan, do saber nada sabem as máquinas: "Que um computador pense, quanto a mim estou de acordo. Mas que ele saiba, quem é que vai dizer isto?" (1972-73/1985).

Considerando as distinções que formulamos entre informação, conhecimento e saber, é possível pensar que o que é veiculado pela via das tecnologias digitais refere-se à informação. O saber requer um lapso de tempo, um intervalo entre o que se transmite e o que se apreende, tempo de assimilação subjetiva. Vislumbramos, assim, uma diferença entre o saber que se obtém a partir da presença do Outro e a informação que se obtém a partir do toque de uma tela. A informação não se sustenta no corpo, logo, dissipa-se no tempo.

A prevalência da informação é também justificada pelo declínio da transmissão geracional do saber na atualidade. Podemos compreender os impasses da adolescência contemporânea a partir da hipótese de uma

---

[71] Conforme expressão de Lacan (1970/2003).

pane na transmissão geracional do saber. Ao mesmo tempo em que há um abismo entre pais e filhos, que obstrui a transmissão, há também uma aproximação ilusória, sustentada no imaginário, decorrente de uma lógica discursiva em que o universo dos adultos tem vestimentas adolescentes. Se os pais são tão próximos dos filhos, se compartilham dos mesmos saberes, não há o que se transmitir. Por conseguinte, o apagamento da diferença geracional só vem intensificar a descontinuidade geracional. Esta é evidente no rechaço, por muitos jovens, de qualquer saber que provenha das gerações mais velhas. Se apenas o saber dos pares interessa, não há qualquer interesse pela passagem a outra geração nem pela ascensão a outros saberes.

Distinta de um estado, a transição da adolescência carece de uma operação simbólica delicada, que deve lidar, para além da transmissão do saber, com o não saber diante do real da sexualidade. Nessa difícil equação, o apelo ao Outro é imprescindível, o que esbarra em grandes dificuldades nas circunstâncias descritas acima. Diante delas, é preciso inventar um caminho, ato que na puberdade está associado à introdução de um saber-fazer com a falta.

Na puberdade, o real da sexualidade irrompe como enigma, um vazio de sentido, um não saber diante da impossibilidade de complementaridade entre os sexos, que se torna questão incontornável para o sujeito. A maturação do corpo não torna possível a relação sexual. Pelo contrário, nesse momento, escancara-se a impossibilidade dessa relação.

Portanto, o não saber é inerente ao despreparo fundamental do ser humano para o real traumático da sexualidade. Seus efeitos perturbadores sobre o adolescente podem desencadear um estado de suspensão marcado por atuações, errâncias ou pela fixação sintomática. Por outro lado, podemos compreender essa modificação na relação com o saber num âmbito mais amplo: o adolescente sabe que não sabe, e essa familiaridade com o vazio pode ser transposta a um saber-fazer com a falta. Em face do vazio e do não saber, inventa-se um saber-fazer com o vazio.

Assim, a adolescência, como passagem, requer o deslocamento de um não saber – angustiante e estagnador – a um saber proveniente do Outro – lugar que, em sua ausência, deve ser inventado (VIOLA, 2016). Dessa forma, o movimento de separação da referência familiar e de apelo ao Outro social sustenta-se na relação do sujeito com o saber.

Essa é a moeda de troca na transição e na oposição geracional e se faz elemento vital na tarefa do adolescente, que abrange a apreensão do saber e a invenção de um caminho.

A escuta de adolescentes na escola

A fim de fundamentar as questões levantadas e avançar na discussão do tema aqui proposto, apresentamos, a seguir, recortes das falas e elaborações de um adolescente acompanhado em um dos grupos de conversação oferecidos pelo projeto de pesquisa e extensão Conversação na escola: adolescentes e redes sociais, vinculado ao grupo de pesquisa "Além da tela: psicanálise e cultura digital".

Lucas,[72] um menino de 13 anos,[73] foi encaminhado para um dos grupos de conversação por apresentar várias "dificuldades escolares". Além disso, tem comportamento agressivo, ofendendo colegas, desafiando professores e, frequentemente, envolvendo-se em brigas.

Lucas mora sozinho com a mãe e, desde o primeiro ano do Ensino Fundamental, costuma ficar em casa desacompanhado até que a mãe chegue do trabalho. Ele revela que gosta muito de *videogame*. Conta para o grupo sobre as maravilhas de poder construir, com essa ferramenta, o que quer que sua imaginação possa criar. No entanto, quando perguntado sobre o motivo de jogar tanto, ele responde que é porque fica sozinho e não tem o que fazer.

Enquanto o saber escolar não parece ter interesse para Lucas, ele demonstra ter domínio do saber tecnológico. Explica, com muita propriedade, como usar as redes sociais, como se proteger contra contatos maliciosos e diz conhecer todos os recôncavos da internet, de Snapchat a *deepweeb*.[74] Entretanto, parece que o confronto com a falta no Outro o angustia. Qualquer "coisa retardada" dita por algum colega convoca Lucas à agressividade. Nomeia os colegas de "idiotas", "inúteis", "veadinhos",

---

[72] Todos os nomes mencionados neste trabalho foram alterados para se preservar a privacidade dos participantes.
[73] Lucas completou treze anos durante o semestre em que participou do projeto.
[74] Snapchat é um aplicativo de troca de mensagens cujo diferencial é o curto tempo de exposição das mensagens. *Deepweb* é o conteúdo exposto na internet que não é indexado pelos mecanismos de busca padrão, ou seja, a *surface web*.

etc. Não perde nenhuma oportunidade de ofender os colegas, gerando grande tensão no grupo.

Se a relação do adolescente com o saber acontece pela via transferencial, e Freud destaca aí a importância da figura do mestre no momento em que a autoridade do par parental declina, o movimento que Lucas faz é o de apontar, a todo momento, que o rei está nu, destituindo os professores, assim como os pais, de todo o saber que poderia lhe ser transmitido. Ele diz: "Os professores não querem trabalhar. Eles falam pra gente não fazer uma coisa, mas eles mesmos vão lá e fazem. É tipo nossa mãe". Contudo, o caráter afetivo dessa transmissão fica evidente em outra fala: "Quando o professor é escroto e não escuta o que a gente fala, nem adianta. Pode passar exercício que a gente não faz mesmo. E não tem a ver com o tanto de matéria ou ser difícil. O professor de matemática, por exemplo, dá matéria 'pra caralho', mas ele é legal, ele conversa com a gente na boa. Aí todo mundo estuda". E, dirigindo-se à moderadora da conversação, conclui: "Você, por exemplo, quando você chegou e falou que a gente não podia jogar truco, eu pensei: 'Nó, vai ser paia', mas aí não. Você conversa com a gente, escuta o que a gente fala. É 'mó' legal". O desejo de ser escutado faz com que Lucas participe ativamente dos encontros, dando suas opiniões, compartilhando experiências e, com alguma ajuda das intervenções da moderadora da conversação, escutando os colegas e até aprendendo com eles.

Com o passar dos encontros, foram surgindo questões relativas à sexualidade: diferenças entre os gêneros, orientação sexual, namoro, sexo, masturbação, foram elementos trazidos pelo grupo, muitas vezes associados a conteúdos disponíveis no YouTube ou em jogos de *videogame*. A associação livre levou-os a falar de seus medos, explícitos em suas falas, como medo de escuro, de dormir com a porta aberta, de dormir com os pés "pra fora do lençol", das roupas penduradas no armário quando está escuro, do barulho dos gatos no telhado. E Lucas arremata: "quando eu sinto muito medo, eu acendo a luz e abraço meu touro de pelúcia".

Os temas relativos ao namoro e à sexualidade começam a ser trazidos com mais frequência pelos adolescentes do grupo. Lucas conta que já teve algumas namoradas. Sobre isso, explica: "Minha mãe só preocupa de eu usar camisinha. Eu não sei por que ela preocupa com isso. Eu já falei 'mãe, eu tenho doze anos, eu sou uma criança, como que vai rolar isso?' Eu não vou fazer sexo com a menina...". Alice também fala das preocupações da mãe: "Ela sabe que eu namoro e não está nem aí. Mas ela me explica toda hora que tem que usar camisinha porque ela é enfermeira e trabalha com essas coisas". Mas, enquanto Alice fala com orgulho sobre o saber que lhe transmite a mãe enfermeira, Lucas parece denunciar o abandono em que se encontra ao dizer que, para sua mãe, nada importa desde que ele use camisinha e não lhe traga transtorno maior.

O amor também aparece no discurso dos adolescentes. Ciúmes, intrigas, provocações, traição e rompimentos são abordados. E Lucas conclui: "Amor é briga e volta, briga e volta...". É impossível não perceber um envolvimento amoroso entre Lucas e Alice. Os dois estão sempre juntos, ora dividindo fones de ouvido, ora se provocando mutuamente, num "briga e volta" que não deixa dúvidas.

Na adolescência, as pulsões que eram, outrora, autoeróticas passam a se dirigir ao objeto sexual (FREUD, 1905/1996), tornando necessário que o sujeito tome o Outro como objeto. O enredamento dessa tarefa está no encontro com a não relação sexual. Para Lacadée (2011), a grande dificuldade da adolescência advém do fato de que, diante do encontro com o real, o sujeito continua se situando num discurso que até ali o estabelecia. Por isso, esse autor atribui à adolescência a qualidade de ser "a mais delicada das transições" (p. 33), numa referência a Victor Hugo (1866). O adolescente precisa construir certa elaboração, certo saber que lhe permita lançar-se na aventura amorosa.

Mas, se a travessia adolescente implica um desenlace da autoridade parental para o estabelecimento de novos laços, como fazê-lo quando o laço com o Outro parece precário e marcado pelo abandono, como nos aponta Lucas?

O saber, que antes era depositado nos adultos, pode agora ser acessado com uma simples visita à internet. Se o saber está no bolso (MILLER, 2015), será que o que vemos nos dias de hoje afigura-se como uma "autoerótica do saber" em contraposição a uma erótica do saber que passava pela relação com o Outro? Como vimos, a informação veiculada nas redes sociais, facilmente acessível por meio dos *smartphones* e outros dispositivos portáteis, não pode ser confundida com o saber.

Mas esse movimento dos adolescentes para o mundo virtual não seria justamente uma tentativa de fazer consistir um Outro? Se, na infância, há um Outro consistente, que organiza, orienta e ampara o sujeito, a adolescência é marcada por uma inconsistência do Outro. O declínio do ideal e a rarefação dos referentes simbólicos acabam por empuxar o sujeito ao abandono, tornando necessário que ele se ocupe em encontrar um sentido para sua vida.

É preciso, então, inventar um Outro, dar-lhe consistência. O movimento do adolescente no mundo virtual, de *site* em *site*, de clique em clique, pode indicar não uma recusa do Outro, mas uma tentativa de lhe dar consistência, como um Outro onipotente, que tem resposta para tudo (MENA, 2015). No entanto, "nenhuma palavra convém ao que se modifica no corpo do adolescente e no encontro com o Outro sexo" (LACADÉE, 2011, p. 75). Ou seja, o gozo com o qual o adolescente encontra-se é de impossível tradução. E a busca incessante por uma resposta muitas vezes deixa o sujeito à deriva.

No penúltimo encontro, Lucas chega perto de Alice e diz "I love you". Ela ri em tom de zombaria. Algum tempo depois, ele e Alice dividiam o fone de ouvido. Lucas, repentinamente, tem um acesso de agressividade, acusa a colega de ter estragado seu fone de ouvido, arranca o fone do ouvido dela, atira uma carteira no chão e sai de sala. A moderadora da conversação vai até ele e diz: "Estou vendo que você está muito chateado, não acredito que seja só pelo fone de ouvido. Me diga, o que foi?". Ao que ele responde: "Você não vai querer saber". Depois aceita falar e diz que está apaixonado, mas que é por outra menina, diz que sofre muito por isso. Tentou falar com a menina, mas não consegue. O problema é que ela não lhe dá atenção. Ele diz não saber o que fazer. E conclui: "Adolescência é muito difícil." Se, diante do grupo, Lucas apresenta-se como um touro bravo, na conversa individual, o menino deixa entrever a delicadeza de sua couraça, revelando a ambivalência que traz em si. Lucas era, ali, seu touro de pelúcia.

Passando as tardes sozinho em casa, sem o amparo de um adulto, Lucas localiza na menina que elegeu como objeto de amor o mesmo desapreço que encontra na mãe. Conclui, de antemão, que a moderadora da conversação também não se interessaria pelo que ele poderia lhe dizer.

Considerações finais

A palavra ofertada aos adolescentes, durante as conversações, permite-nos localizar os diferentes usos que eles fazem da internet. Em alguns grupos, fica evidente a preferência por jogos virtuais, em outros, pelas redes sociais. De toda forma, em todos os grupos, a discussão sobre o ciberespaço propicia o surgimento de temas diversos, tais como: sexo, encontros amorosos, relações familiares, fama, dinheiro, transgressões, entre outros. Tal fato mostra-nos que o uso que cada adolescente faz da internet aponta para o desejo de cada um, para suas fantasias, conflitos, e, em última instância, para as tentativas de elaboração de um saber possível sobre o impossível da relação sexual.

Percebemos, na clínica com adolescentes, que a acolhida de um traço singular, uma fagulha que seja, possibilita puxar um fio de saber que pode conduzir o sujeito, mesmo imerso em certa rarefação simbólica, ao caminho do novo. Se a adolescência é um tempo lógico marcado pelo encontro com o real do sexo e pela inconsistência do Outro, é também momento propício para a invenção.

Numa época em que o ideal declina e em que o saber se crê total, faz-se necessário o reconhecimento do singular que se manifesta, muitas vezes de modo perturbador, caótico, sintomático. Esse reconhecimento por parte do Outro – contrário a qualquer perspectiva homogeneizante, rotuladora e normativa de tratamento da adolescência – pode fazer borda, cingir o pulsional que extravasa do corpo, legitimando um "saber haver-se" com os excessos do campo pulsional (LACAN, 1968-1969/2008). Trata-se da oferta ao sujeito de um "saber-fazer com isso"[75] (LACADÉE, 2013) que se apresenta na adolescência, que é transfigurado em matéria-prima para o novo, para a reinvenção de si, preservando-se o que lhe é singular (VIOLA, 2016).

Acreditamos que a conversação, ao dar voz ao sujeito, pode operar como um lugar de construção de uma resposta singular, uma aposta no desejo. Quando Lucas diz não saber o que fazer, pensamos que tal enunciado pode ser escutado como uma possibilidade inventiva, como

---

[75] "Saber haver-se com" e "saber fazer com isso" são expressões utilizadas por diferentes tradutores para traduzir do francês *savoir y faire*, que não tem tradução exata no português.

uma eventual oportunidade de construção de outra resposta, que não a da agressividade, para lidar com o Outro, havendo-se com a não relação sexual. Ele mesmo parece concluir tal fato quando, no último encontro, explica o que achou do trabalho: "Eu gostei muito. É porque aqui a gente tem um papo, assim, que não é aquele papo 'na na na na na na'. É um papo que cada um dá sua opinião, tipo falar mesmo".

Referências

BENJAMIN, W. O Narrador. In: *Magia, técnica, arte e política. Obras Escolhidas I*. São Paulo: Brasiliense, 1987. (pp. 197-221). (Trabalho original publicado em 1936).

BONDÍA, J. L. Notas sobre a experiência e o saber de experiência. *Revista Brasileira de Educação*, ANPED, Rio de Janeiro, n. 19, p. 20-28, jan./abr. 2002. Disponível em: <http://www.scielo.br/pdf/rbedu/n19/n19a02.pdf>. Acesso em: 17 jan. 2017.

COELHO DOS SANTOS, T.; LIMA, N. L. O crescimento da exposição ao real traumático na adolescência: declínio do pudor no imaginário contemporâneo. *Trauma e suas vicissitudes: Cadernos de Psicanálise*, 2015. No prelo.

COSTA, R. O.; XAVIER, R. C. M. Relações mútuas entre informação e conhecimento: o mesmo conceito?. *Ciência da Informação*, Brasília, v. 39, n. 2, p. 75-83, maio./ago. 2010. Disponível em: <http://www.scielo.br/scielo.php?script=sci_arttext&pid=S0100-19652010000200006>.

FREUD, S. Algumas reflexões sobre a psicologia do escolar. In: FREUD, S. *Edição standard brasileira das obras psicológicas completas de Sigmund Freud*. Tradução de J. Salomão. Rio de Janeiro: Imago, 1996. v. 13, p. 245-250. (Trabalho original publicado em 1914).

FREUD, S. Contribuições para uma discussão acerca do suicídio. In: FREUD, S. *Edição standard brasileira das obras psicológicas completas de Sigmund Freud*. Tradução de J. Salomão. Rio de Janeiro: Imago, 1980. v. 11, p. 217-218. (Trabalho original publicado em 1910).

FREUD, S. O romance familiar dos neuróticos. In: FREUD, S. *O delírio e os sonhos na Gradiva, análise da fobia de um garoto de cinco anos e outros textos*. Tradução de P. C. de Souza. São Paulo: Companhia das Letras, 2015. v. 8, p. 419-424. (Trabalho original publicado em 1909).

FREUD, S. Três ensaios sobre sexualidade. In: FREUD, S. *Edição standard brasileira das obras psicológicas completas de Sigmund Freud*. Tradução de J. Salomão. Rio de Janeiro: Imago, 1996. v. 7, p. 123-252. (Trabalho original publicado em 1905).

HUGO, V. *Os trabalhadores do mar*. Tradução de M. Assis. Rio de Janeiro: Typ. Perseverança, 1866.

LACADÉE, P. Da norma da conversação ao detalhe da conversação. In: LACADÉE, P.; MONIER, F. (Org.). *Le pari de la conversation*. Institut du Champs Freudien: CIEN Centre Interdisciplinaire sur l´Enfant. Paris, 2000.

LACADÉE, P. *La vrai vie à l'école*: la psychanalyse à la rencontre des professeurs et de l'école. Paris: Éditions Michèle, 2013.

LACADÉE, P. *O despertar e o exílio*: ensinamentos psicanalíticos da mais delicada das transições, a adolescência. Rio de Janeiro: Contra Capa Livraria, 2011.

LACAN, J. *O Seminário, livro 16*: de um Outro ao outro. Tradução de V. Ribeiro. Rio de Janeiro: Zahar, 2008. (Trabalho original publicado em 1968-1969).

LACAN, J. *O Seminário, livro 17*: o avesso da psicanálise. Tradução de A. Roitman. Rio de Janeiro: Zahar, 1992. (Trabalho original publicado em 1969-1970).

LACAN, J. *O Seminário, livro 20*: Mais, ainda. Tradução de M. D. Magno. Rio de Janeiro: Zahar, 1985. (Trabalho original publicado em 1972-1973).

LACAN, J. Radiofonia. In: *Outros escritos*. Tradução de V. Ribeiro. Rio de Janeiro: Zahar, 2003. p. 400-447. (Trabalho original publicado em 1970).

LACAN, J. Televisão. In: *Outros escritos*. Tradução de V. Ribeiro. Rio de Janeiro: Zahar, 2003. p. 508-543. (Trabalho original publicado em 1973).

LIMA, N. L. *A escrita virtual na adolescência*: os *blogs* como um tratamento do real da puberdade, analisados a partir da função do romance. Tese de Doutorado. Programa de Pós-Graduação em Educação, Universidade Federal de Minas Gerais, Belo Horizonte, 2009.

LIMA, N. L. de. Projeto de Pesquisa e Extensão. *Conversação na escola*: adolescentes e redes sociais. Departamento de Psicologia da Universidade Federal de Minas Gerais, 2013.

LIPOVETSKY, G. Os tempos hipermodernos. In: LIPOVETSKY, G; CHARLES, S. *Os tempos hipermodernos*. Tradução de M. Vilela. São Paulo: Barcarolla, 2004.

MENA, L. O adolescente, o objeto e o Outro. *@gente Digital*, n. 10, ano 4, p. 1-2, dez. 2015. Disponível em: http://www.institutopsicanalisebahia.com.br/agente/010/005_luiz_mena.html. Acesso em: 17 jan. 2017.

MILLER, J. A. *Em direção à adolescência*. Intervenção de encerramento da 3ª jornada do Instituto da Criança, jun. 2015. Disponível em: <http://minascomlacan.com.br/*blog*/em-direcao-a-adolescencia/>. Acesso em: 17 jan. 2017.

MILLER, J.A. A criança e o saber. *CIEN Digital*, n. 11, p. 5-9, jan. 2012. Disponível em: <http://www.institutopsicanalise-mg.com.br/ciendigital/pdf/CIEN-Digital11.pdf>. Acesso em: 17 jan. 2017.

VIOLA, D. T. D. *O momento-limite conceitual*: um estudo sobre as implicações sociais e subjetivas do saber na passagem adolescente. Tese (Doutorado em Psicologia) – Faculdade de Filosofia e Ciências Humanas, Universidade Federal de Minas Gerais, Belo Horizonte, 2016.

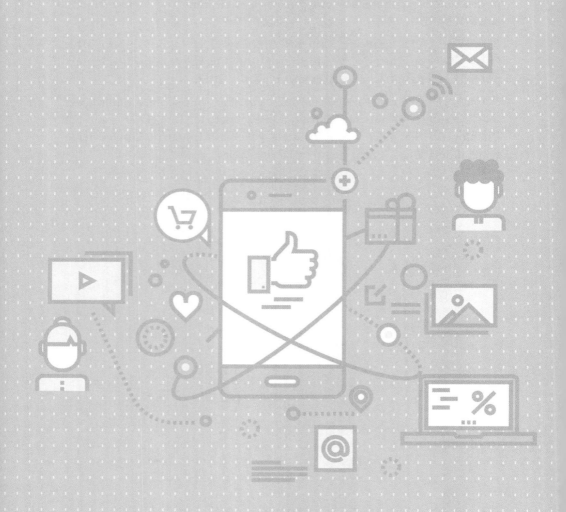

10 A CIBERCULTURA E AS TRANSFORMAÇÕES EM NOSSAS MANEIRAS DE SER, PENSAR E AGIR

Marco Antônio Sousa Alves

> *Nietzsche a découvert que l'activité particulière de la philosophie consiste dans le travail du diagnostic: que sommes-nous aujourd'hui? Quel est cet "aujourd'hui" dans lequel nous vivons?*
> M. Foucault, Dits et Écrits, « Qui êtes-vous, professeur Foucault ? », 1967.

Muitas foram as transformações provocadas pelas novas tecnologias da informação em nossas vidas, e muitas ainda parecem estar por vir. Essas transformações, extremamente complexas e recentes, atraem a atenção de diferentes áreas do conhecimento e, embora muito já tenha sido escrito sobre o tema, pouco sabemos sobre suas infindáveis repercussões. Diante desse desafio, creio ser preciso realizar um diagnóstico desse acontecimento, o que pode ser feito focalizando as transformações na ordem do discurso, nas tecnologias de poder e nas práticas em si, seguindo os passos dados por Foucault em suas análises genealógicas. Entendo que essa via de investigação pode ser extremamente frutífera, razão pela qual venho me dedicando a isso faz três anos em minha pesquisa de pós-doutorado, como bolsista PNPD/Capes, realizada no Programa de Pós-Graduação em Filosofia da Universidade Federal de Minas Gerais. Neste texto, gostaria de expor as linhas gerais dessa pesquisa e alguns de seus resultados provisórios, haja vista que se trata de um projeto ainda em andamento.

Nas investigações genealógicas conduzidas por Foucault a partir dos anos 1970, especialmente no domínio da punição e da sexualidade, cujos resultados estão em *Vigiar e punir* (1975) e no primeiro volume da *História da Sexualidade*: a vontade de saber (1976), encontramos uma boa demonstração de como relacionar sujeito e poder no sentido de realizar um diagnóstico crítico das maneiras de ser, de pensar e de agir que são ainda, em grande medida, as nossas. Nessas obras, Foucault ateve-se a domínios históricos mais delimitados, desenvolvendo aquilo que chamou de "história do presente", ou seja, uma investigação do passado nos termos do presente, que parte de uma "urgência" de nosso tempo. Mas, em outros momentos, como em diversas entrevistas e palestras publicadas nos *Ditos e escritos*, assim como em algumas aulas proferidas no Collège de France, vemos Foucault focalizar o presente diretamente e traçar algumas *linhas de atualização* a partir das investigações genealógicas. Tomando o presente como o problema filosófico por excelência, Foucault chegou a definir a filosofia como um *diagnóstico da atualidade*, de modo que o filósofo poderia ser visto como um jornalista, cujo interesse seria dirigido àquilo que está ao seu redor e que se passa no mundo. É esse tipo de esforço que pretendo realizar nesta pesquisa.

Essas linhas de atualização, contudo, não devem assumir um caráter prescritivo e nem se tornar um exercício de futurologia, seja ele nostálgico, catastrófico ou libertário. A dimensão crítica não residirá em assumir a posição de um legislador ou de um profeta, que ditará regras ou preverá o futuro. A ingenuidade de uma libertação plena e definitiva será substituída por uma postura mais sóbria e modesta, digna daquilo que Foucault chamou de *intelectual específico*, que reconhece o caráter regional de sua crítica e o fato de estarmos sempre inseridos em uma contínua experiência de lutas e transformações parciais, nas quais, entretanto, a liberdade sempre terá seu lugar, uma vez que está aberta permanentemente a possibilidade de deixarmos de ser aquilo que somos.

Seguindo a trilha aberta por Foucault, algumas questões colocam-se para nós hoje. De que maneira o advento da internet e do meio digital transformam o nosso mundo e a nós mesmos? Uma nova cultura parece emergir, chamada de *cibercultura*, entendida como uma formação histórica, um conjunto de práticas e representações que se baseiam nas redes telemáticas e que se desenvolvem com a crescente mediação da vida cotidiana pelas tecnologias da informação. Para além do espaço virtual dos computadores e das redes globais, estamos diante de uma cultura marcada pela ubiquidade. A internet e as informações digitais estão presentes no *tablet*, no celular, no carro, no relógio de pulso, nos óculos, em praticamente todo lugar e o tempo inteiro, misturando-se e constituindo uma nova experiência com o mundo que nos cerca. Diversas questões surgem nesse contexto. Quais são as repercussões cognitivas, políticas e éticas desse processo? Ou seja: como nossa maneira de pensar e nossas habilidades cognitivas são alteradas pelas novas práticas do mundo digital? Qual é o regime de poder instaurado por essa nova ordem e como ele funciona? E quais as posições-sujeito emergentes?

As questões acima apontam para três domínios distintos, centrais na tradição filosófica, para os quais a pesquisa vem sendo direcionada: o cognitivo, o político e o ético. Em suma, o interesse recai sobre a maneira como pensamos, o modo como o poder funciona e as novas formas de constituição do sujeito contemporâneo. Sobre cada um desses pontos, gostaria de tecer breves comentários na sequência deste texto, com o fim de apresentar as principais questões envolvidas, indicar alguns estudos relevantes e apontar para algumas teses provisórias.

1 As habilidades cognitivas: transformações na maneira de pensar

Em suas investigações, desde a fase arqueológica dos anos 1960, Foucault sempre demonstrou grande interesse pelos limites do pensamento humano, pela questão da transgressão e da emergência de novas maneiras de pensar. Seu interesse pela loucura, pelas experiências radicais com a linguagem ou ainda pelos discursos anônimos pode ser inserido nessa busca incessante pelo "outro", por novas experiências transformadoras, que alternam nosso jeito de ser, de pensar e de agir. Em suas pesquisas ditas genealógicas, Foucault ressaltou insistentemente a contingência de nosso modo de pensar, em associação com as práticas e com a materialidade dos discursos. Em suma, o pensamento está longe de ser uma faculdade inata do homem. Pensar é, antes, uma atividade dinâmica, moldada culturalmente e sempre limitada por procedimentos os mais variados, que, ao mesmo tempo que abrem possibilidades, também excluem e impedem que muitas coisas sejam pensáveis.

É um tema muito discutido atualmente o impacto que as transformações na cultura escrita (especialmente as novas práticas de leitura), nos suportes físicos e na organização e circulação textual poderiam ter nas capacidades intelectuais das novas gerações. Ao longo da história, mudanças dessa natureza são frequentemente acompanhadas por um sentimento de temor, pelo medo da perda, do esquecimento e do caos. Foi assim com a introdução da escrita, com a impressão industrial e, hoje em dia, com a internet e o meio digital. Nesses contextos de transformação, é comum opiniões dividirem-se entre os nostálgicos, que ressaltam as perdas envolvidas, e os entusiastas do futuro, que apontam para os ganhos e as novas possibilidades abertas.

Sobre as mudanças em curso nos dias atuais no campo das habilidades cognitivas, temos de um lado os tecnófilos, como Pierre Lévy, e de outro os tecnófobos, como Nicholas Carr. O primeiro, um filósofo francês que ficou conhecido por sua análise entusiasmada da nova *cibercultura*, apontou ainda nos anos 1990 para as novas práticas do mundo virtual e suas possibilidades libertadoras, especialmente no campo do saber, no qual aposta no saber-fluxo, nas árvores de conhecimento e na inteligência coletiva (LÉVY, 1990; LÉVY, 1992; LÉVY, 1994; LÉVY, 1997). Já o segundo, um escritor norte-americano que ficou famoso com seu livro *A geração superficial*, finalista do prêmio Pulitzer de 2011, traça um cenário desolador no qual o intelecto humano é amplamente alterado, em razão da neuroplasticidade, pelos novos artefatos e práticas, fazendo com que as novas gerações sejam mais superficiais, na medida em que seus cérebros, estimulados a multitarefas e submetidos a uma sobrecarga cognitiva que suscita a distração e o consumo insano de informação, perdem valiosas habilidades de concentração, de memória de longo prazo e de pensamento mais aprofundado (CARR, 2011).

Independentemente da valoração que podemos fazer das transformações em curso, como positivas ou negativas para o intelecto humano, parece-me que o primeiro desafio consiste em descrever o que se passa e qual seu impacto em nossa maneira de pensar. Nesse sentido, é cada vez mais consensual que as chamadas "tecnologias intelectuais", entendidas como ferramentas que usamos para estender ou dar suporte aos nossos poderes mentais, como foram os relógios, os mapas e os livros no passado, e são hoje o celular e a internet, possuem um impacto decisivo em nossas habilidades cognitivas, ou seja, em nossa capacidade de encontrar, classificar e interpretar informações, formular e articular ideias, fazer medidas e realizar cálculos, expandir a capacidade de memória, ocupar nossos sentidos e direcionar a nossa atenção, etc. Na medida em que nossas maneiras de pensar modificam-se em função das ferramentas que usamos, podemos falar em uma espécie de *história cultural e intelectual*.

Cada vez mais as novas gerações dão sinais de uma clara alteração cognitiva em relação aos hábitos mentais caraterísticos da cultura escrita reinante até recentemente. Novas habilidades e perspectivas são adquiridas, enquanto outras se enfraquecem e correm o risco de serem praticamente perdidas. De fato, as novas gerações estão sendo expostas a uma sobrecarga de informações nunca antes vista, estimuladas a realizar leituras extensivas cada vez mais fragmentadas e próximas da navegação errante e da varredura, em uma velocidade cada vez maior, capazes de realizar múltiplas tarefas simultaneamente e de manterem diversos focos de atenção ao mesmo tempo. Não é difícil perceber essas mudanças nos mais jovens, especialmente por aqueles que trabalham na área da educação.

Prefiro não julgar esse processo como muitos fazem precipitadamente, tomando-o por libertador ou catastrófico. Muitas são as possibilidades que se abrem, de interações entre antigas e novas habilidades cognitivas, assim como de ganhos e perdas os mais variados. Se não é fácil traçar um quadro exato dos processos em curso, mais difícil ainda é preferir uma sentença condenatória. Por exemplo, como podemos avaliar a passagem da oralidade primária para a cultura escrita? Houve perda ou ganho para o intelecto humano? Não é possível oferecer uma resposta simples e direta para essa questão, o mesmo podendo ser dito para os dias atuais. Ainda que haja perdas envolvidas no processo, talvez irrecuperáveis, é preciso considerar que sempre foi assim ao longo da história e que é uma postura parcial e ingênua condenar o presente à luz de um passado em geral mitificado, visto como mais originário, rico e profundo. Devemos sim analisar criticamente as transformações em curso, mas sem idealizar o passado ou o futuro. Nossas habilidades cognitivas estão em constante alteração, novas competências são adquiridas e outras são reduzidas ou desaparecem, mas não devemos perder de vista que continuamos a ser limitados cognitivamente e é ingênuo crer na plenitude do pensar humano, o que nos leva a tomar distância tanto dos otimismos futuristas, quanto dos pessimismos passadistas. É provável que as transformações em curso nos faça pensar diferentemente, e o desafio inicial consiste em discernir melhor esse "outro".

2 O ciberpoder: transformações no modo de funcionamento do poder

Michel Foucault é talvez o filósofo do século XX que mais contribuiu para a compreensão de como o poder funciona nas sociedades modernas. Investigando os mecanismos, os efeitos e as relações dos dispositivos de poder na dinâmica social, Foucault descreveu duas tecnologias de poder que teriam emergido nos séculos XVIII e XIX: a disciplina e a biopolítica. Quanto aos dispositivos disciplinares, Foucault dizia que tinham por objeto os indivíduos, no sentido de adestrá-los ou docilizá-los, realizando uma apropriação exaustiva dos corpos, dos gestos, do tempo e do comportamento. Já os dispositivos de segurança ou biopolíticos estariam relacionados, de acordo com Foucault, à maneira de se governar populações a partir de fenômenos demográfico-biológicos, uma espécie de *gestão global da vida* com o fim de regular e controlar as massas. Juntas, a *norma da disciplina* (a anatomopolítica do corpo humano) e a *norma da regulação* (a biopolítica da população) conformariam os mecanismos básicos de funcionamento do poder nas sociedades modernas de normalização (FOUCAULT, 1975; FOUCAULT, 1976; FOUCAULT, 1997; FOUCAULT, 2004).

Partindo dessas análises desenvolvidas por Foucault, a presente pesquisa pretende investigar como o poder funciona contemporaneamente, especialmente por meio da internet e do meio digital. Entendo que as novas tecnologias da informação retomam e modificam os dispositivos disciplinares e biopolíticos, dando forma a uma *nova tecnologia de poder* que chamarei de *ciberpoder*, entendido como uma nova estratégia geral de funcionamento do poder que se vale dos novos meios tecnológicos para ser exercido. O prefixo "ciber-", derivado de cibernética (que vem do grego κυβερνητικός e significa a habilidade de navegar ou governar), tem sido comumente empregado para descrever novas entidades ou eventos que ocorrem no *ciberespaço*, entendido como o ambiente que emerge da interação entre máquinas por meio da internet e do meio digital. Juntamente com o fenômeno do ciberespaço, entendo que é preciso analisar os novos mecanismos de poder emergentes, isso porque o aumento das conexões, da infraestrutura e da vida *on-line* produzem transformações nas estratégias de vigilância e controle, dando origem a formas inéditas de dominação e também a novos conflitos e lutas de resistência.

Aproximando-o ao poder disciplinar, podemos dizer que o ciberpoder é marcado por uma espécie de *agenciamento total panóptico*, o que pode ser percebido por, pelo menos, três aspectos salientes. Em primeiro lugar, o ciberpoder intensifica o efeito panóptico da transparência, o que passa a ser feito não mais pelo isolamento dos indivíduos submetidos ao seu poder, mas sim por meio da *hipercomunicação*. Quanto mais conectados estamos, mais visíveis e conhecidos nos tornamos, o que permite que empresas como a Google ou o Facebook tenham um conhecimento detalhado de cada um de seus bilhões de usuários e produzam assim relevância e publicidade direcionada (DEIBERT, 2013, p. 103-111; PARISER, 2012, p. 25-46). Em segundo lugar, verificamos no ciberpoder o nascimento de uma forma inédita de exame ininterrupto e de confissão, especialmente nas redes sociais, nas quais os indivíduos se exibem e se oferecem como um objeto transparente para a observação. Em troca de certos serviços, fornecemos uma enorme quantidade de dados sobre nós mesmos e, quanto mais nos mostramos, menos sabemos sobre como essas informações são armazenadas, monitoradas e utilizadas (DEIBERT, 2013, p. 29-49; LEMOS, 2010; PARISER, 2012). Em terceiro lugar, o ciberpoder é também marcado pela aceleração da estatização dos mecanismos disciplinares, por meio de novos procedimentos de *cibercontrole* e de espionagem internacional, como ficou evidenciado nas recentes revelações feitas por Edward Snowden, ex-agente da CIA e da NSA (Agência Nacional de Segurança) (HARDING, 2014).

Como também ocorria nos dispositivos de segurança ou biopolíticos, também no ciberpoder verificamos o esforço de inserir o comportamento dos usuários no interior de séries de probabilidades, realizando cálculos e fixando médias a partir de algo dado, que é o fluxo das informações na internet. Agindo assim, espera-se gerir o futuro, direcionando as ações humanas no sentido desejado. Sob a aparente liberdade dos usuários na internet entra em funcionamento um sofisticado aparato de governo. Todas as nossas "pegadas" ou "rastros" digitais são hoje coletados, integrados e sistematizados no seio de um imenso registro que vem sendo chamado de *big data* ou "megadados", permitindo que nossos fluxos de informação sejam monitorados e utilizados sistematicamente. No ciberpoder vemos funcionar diferentes processos de forma coordenada, como a vigilância de dados (*dataveillance*), que pode se valer de diferentes táticas (centralizadas ou difusas, estatais ou participativas), a mineração de dados (*data mining*), uma técnica estatística usada de forma sistemática, automatizada e em grande escala, e a produção de perfis computacionais (*profiling*), que consiste na elaboração de perfis de usuários no nível do rastro digital, baseando-se em padrões de comportamento e regras de correlação, dispensando qualquer identificação individualizada. O perfil atua, assim, como uma espécie de individualização algorítmica ou combinatória, categorizando uma conduta e simulando comportamentos futuros, sendo capaz de agir sobre as ações futuras dos indivíduos, limitando ou incitando (BRUNO, 2013, p. 123-180).

Essa nova tecnologia de poder é marcada pelo desenvolvimento dos códigos, entendidos como regras técnicas ou algoritmos que estabelecem o que pode ou não ser feito no ambiente digital, em substituição às leis e às normas, fazendo emergir novas formas de dominação e resistência (LESSIG, 2006; LEMOS, 2005). O movimento *hacker*, ao explorar os limites e as possibilidades dos sistemas técnicos de modo a permitir novos usos e experimentações, é aquele que melhor exemplifica esse novo tipo de resistência (DEIBERT, 2013, p. 217-231; HIMANEN, 2001).

Nesse domínio das resistências e da nova dinâmica política nas sociedades interconectadas, muitos estudos vêm sendo realizados acerca dos novos movimentos sociais que se articulam pelas redes e têm nos novos dispositivos móveis um instrumento essencial para seu funcionamento. Esses novos movimentos exemplificam bem a hibridização entre o real e o virtual, posto que não vivemos ora em um mundo, ora no outro, na rua, ou na rede. Nossa experiência (inclusive política) é cada vez mais atravessada por essas duas dimensões. Ao agirmos politicamente, oprimindo ou resistindo, discriminando ou incluindo, informando ou desinformando, estamos cada vez mais atravessados pelo mundo digital. Uma verdadeira batalha vem sendo travada nas redes sociais e fora delas, dando forma ao que vem sendo chamado de "guerra em rede" (*netwar*), na qual milhares de narrativas produzidas pelos próprios usuários entram em disputa (MALINI; ANTOUN, 2013).

Os novos movimentos sociais de resistência assumem a forma de uma insurgência conectada da multidão, marcada, segundo Antonio Negri e Michael Hardt, pela *inteligência do enxame*. Vistos de fora, os novos movimentos parecem informes, sem qualquer organização, completamente espontâneos e anárquicos, mas, ao serem vistos do interior da rede, percebemos que esses movimentos são organizados, racionais e criativos, possuindo outra inteligência, a do enxame, baseada fundamentalmente na comunicação (HARDT; NEGRI, 2005). Estudando a Primavera Árabe, os indignados na Espanha e o *Occupy Wall Street*, Manuel Castells também tentou entender esses novos movimentos, ressaltando o fato de se valerem de vários suportes, de passarem pelas redes sociais ao mesmo tempo que ocupam espaços urbanos, de serem simultaneamente locais e globais, de terem por origem uma pequena centelha de indignação (como foi o aumento da tarifa de ônibus em São Paulo em 2013), de serem virais, de não possuírem lideranças claras, e de serem movidos por demandas múltiplas que não se ordenam em uma pauta bem definida (CASTELLS, 2013; SILVA, 2014).

3 O sujeito digital: transformações na constituição dos sujeitos

As investigações genealógicas conduzidas por Foucault relacionam sempre o poder com a constituição dos sujeitos, mostrando como o sujeito é fabricado historicamente no seio de relações específicas. As transformações no domínio do saber e do poder produzem novos "modos de ser" e afetam os processos nos quais alguém se torna o que é. Longe de ser algo fixo, a subjetividade é compreendida como um modo de ser e estar no mundo, uma experiência de si contingente, estando o campo da experiência subjetiva em constante mutação. Sendo assim, em tempos de ciberpoder, como foi delineado acima, um novo "sujeito digital" também emerge.

Em um instigante estudo sobre a subjetividade contemporânea, intitulado *O show do eu*, Paula Sibilia defende que vivemos hoje a transição da subjetividade moderna, vista como interiorizada, introdirigida, introspectiva e intimista, em direção a uma nova forma de autoconstrução de si, que é exteriorizada e alterdirigida. A internet é tomada como um terreno propício para a experimentação e a criação de novas subjetividades. Cada um passa a construir uma personagem estilizada de si mesmo e a exibir-se nas redes. Diferentemente da prática moderna do diário íntimo, típica de um sujeito que se supunha dotado de vida interior e que se voltava para dentro de sua interioridade psicológica, essas novas narrativas de si são caracterizadas pelo exibicionismo triunfante, típico de uma construção de si orientada para e pelos outros, movida por novas habilidades de autopromoção de si que constroem um *espetáculo do próprio eu*. Em suma, o sujeito digital é resultado de uma estilização da própria vida, ele assume identidades descartáveis e age como se estivesse sempre atuando, visando a produzir o efeito desejado. À medida que essas práticas tornam-se mais abrangentes, a tendência é que as fronteiras entre o público e o privado sejam borradas, e a distinção entre o eu interior/autêntico e o eu exterior/aparente torne-se cada vez mais indistinguível, a ponto de se confundirem completamente. Em suma, estamos diante de uma mudança de regime: o *território da intimidade*, onde imperava o segredo e o pudor, torna-se um palco no qual cada um encena o *show de sua própria personalidade* (SIBILIA, 2008).

Por fim, para concluir essas observações sobre a subjetividade contemporânea emergente, convém mencionar o trabalho desenvolvido pela professora do MIT Sherry Turkle, já há mais de vinte anos, sobre os efeitos identitários das experiências *on-line*. Seu interesse está direcionado para o *aspecto subjetivo da tecnologia*, ou seja, não aquilo que ela faz por nós, mas sim o que faz conosco. Em sua leitura, as novas gerações estariam cada vez mais vivendo em uma espécie de *cultura da simulação*, na qual a realidade, com sua complexidade e imprevisibilidade (especialmente as relações humanas), é vivenciada de maneira artificial, sem a mesma profundidade, no interior de ambientes controlados. Esse novo conforto e bem-estar, contudo, cobraria um preço talvez alto demais: ele nos faz ficar cada vez mais acostumados com experiências mais pobres do que aquelas providas pela vida real, vivendo relações meramente "simuladas" e criando um novo eu que é também uma *simulação de si mesmo*. As novas tecnologias, embora nos ofereçam muito daquilo que desejamos, podem estar nos diminuindo como seres humanos, fazendo com que invistamos cada vez menos em nossas relações uns com os outros. Segundo Sherry Turkle, merecemos mais do que aquilo que a tecnologia nos oferece, e ainda está em tempo de alterarmos o rumo da nascente sociedade interconectada, para que ela venha a servir aos nossos propósitos em vez de simplesmente nos agradar, deixando-nos "bem", mas com consequências devastadoras para a riqueza de nossas experiências subjetivas (TURKLE, 2005; TURKLE, 2011).

Referências

BRUNO, Fernanda. *Máquinas de ver, modos de ser*: vigilância, tecnologia e subjetividade. Porto Alegre: Sulina, 2013.

CARR, Nicholas. *A geração superficial*: o que a internet está fazendo com os nossos cérebros Tradução de Mônica Gagliotti Fortunato Friaça. Rio de Janeiro: Agir, 2011.

CASTELLS, Manuel. *Redes de indignação e esperança*: movimentos sociais na era da internet. Tradução de Carlos Alberto Medeiros. Rio de Janeiro: Zahar, 2013.

DEIBERT, Ronald J. *Black code*: surveillance, privacy, and the dark side of the internet. Toronto: McClelland & Stewart, 2013.

FOUCAULT, Michel. *Il faut défendre la société*: cours au Collège de France, 1976. Paris: Seuil/Gallimard, 1997.

FOUCAULT, Michel. *Dits et Écrits*. 2 v. Paris: Gallimard, 2001. Collection «Quarto».

FOUCAULT, Michel. *Histoire de la sexualité I*: la volonté de savoir. Paris: Gallimard, 1976.

FOUCAULT, Michel. *Sécurité, territoire, population*: cours au Cillège de France, 1977-1978. Paris: EHESS/Seuil/Gallimard, 2004.

FOUCAULT, Michel. *Surveiller et Punir*: naissance de la prison. Paris: Gallimard, 1975.

HARDING, Luke. *The Snowden files*: the inside story of the world's most wanted man. Vintage, 2014.

HARDT, Michael; NEGRI, Antonio. *Multidão*: guerra e democracia na era do Império. Tradução de Clóvis Marques. Rio de Janeiro, São Paulo: Record, 2005.

HIMANEN, Pekka. *The hacker ethic and the spirit of the information age*. New York: Random House, 2001.

LEMOS, André. Mídias locativas e vigilância. Sujeito inseguro, bolhas digitais, paredes virtuais e territórios informacionais. In: BRUNO, F.; KANASHIRO, M.; FIRMINO, R. *Vigilância e visibilidade*: espaço, tecnologia e identificação. Porto Alegre: Sulina, 2010. p. 61-93.

LEMOS, Ronaldo. *Direito, tecnologia e cultura*. Ed. FGV, 2005.

LESSIG, Lawrence. *Code*: version 2.0. New York: Basic Books, 2006.

LÉVY, Pierre. *Cyberculture*. Paris: Éditions Odile Jacob, 1997.

LÉVY, Pierre. *L'intelligence collective*: pour une anthropologie du cyberespace. Paris: La Découverte, 1994.

LÉVY, Pierre. *Les arbres de connaissances*. Paris: La Découverte, 1992.

LÉVY, Pierre. *Les technologies de l'intelligence*. Paris: La Découverte, 1990.

MALINI, Fábio; ANTOUN, Henrique. *A internet e a rua*: ciberativismo e mobilização nas redes sociais. Porto Alegre: Sulina, 2013.

PARISER, Eli. *O filtro invisível*: o que a internet está escondendo de você. Tradução de Diego Alfaro. Rio de Janeiro: Zahar, 2012.

SIBILIA, Paula. *O show do eu*: a intimidade como espetáculo. Rio de Janeiro: Nova Fronteira, 2008.

SILVA, Regina Helena Alves da (Org.). *Ruas e redes*: dinâmica dos protestos BR. Belo Horizonte: Autêntica, 2014.

TURKLE, Sherry. *Alone together*. New York: Basic Books, 2011.

TURKLE, Sherry. *The second self*: computers and the human spirit. Twentieth Anniversary Edition. Cambridge, Massachusetts, London, England: The MIT Press, 2005.

11 *BLOGS*: APODERANDO-SE DA PALAVRA

Patrícia Shalana Albertuni
Márcia Stengel

Este artigo é fruto de um estudo realizado durante a pesquisa de mestrado que investigou os discursos sobre a maternidade para as mulheres que participam da blogosfera materna, isto é, do espaço virtual da internet utilizado como canal de relacionamento por meio das mídias sociais, mais especificamente dos *blogs* que tratam desse assunto. Durante a incursão por meio dos *blogs*, percebemos os diversos significados dados a esse espaço virtual pelas mulheres, e é sobre eles que discutimos neste trabalho, no intuito de colaborarmos com as pesquisas que se ocupam desse novo modo de efetuar encontros e de construir relações sociais.

Os *blogs* podem ter características diferentes, mas também se apresentar por uma mistura de vários elementos, o que levou Recuero (2005) e Schittine (2004) a ressaltarem a situação híbrida identificada na escrita e confecção do *blog*. Para a primeira autora, grosso modo, os *blogs* podem ser localizados dentro das seguintes categorias: diários eletrônicos (pensamentos, fatos e ocorrências da vida pessoal do seu autor), publicações eletrônicas (informação, notícias, dicas e comentários sobre determinado assunto) e publicações mistas. Nesta última categoria, Schittine (2004, p. 156) localiza a maioria dos *blogs*, uma vez que acredita que "ficam a meio caminho entre a ficção e a informação, entre o jornalismo e o escrito íntimo, isso quando não misturam bastante uma coisa com a outra". Para Nicolaci-da-Costa (2007), mais importante que categorizar ou classificar a escrita utilizada em um *blog* ou o assunto por ele abordado é notar que praticamente todos oferecem a possibilidade de um encontro entre autor e leitor, isto é, da interação entre quem escreve, portanto de alguma forma se expõe, e um público de estranhos, protegidos pelo anonimato e distanciamento físico. Tal característica ratifica seu pensamento acerca da internet enquanto espaço real, mesmo que em um ambiente virtual. Em suas palavras:

> Diferentemente do que muitos temiam nos momentos iniciais de sua difusão, a internet não criou um mundo paralelo sem conexão com o mundo "real", nem gerou uma realidade "virtual" que substituísse aquela característica do mundo físico. Criou, sim, um espaço alternativo que, embora tendo um relativo grau de independência em relação ao espaço físico, com ele interage permanentemente. (NICOLACI-DA-COSTA, 2006, p. 35)

Para Lévy (1999, p. 88), essa interação acontece porque "o virtual não substitui o real, ele multiplica as oportunidades para atualizá-lo". Dessa maneira, o virtual não pode ser considerado o oposto do real, mas uma esfera singular da realidade que, à medida que ultrapassa as barreiras espaço-temporais desta, transforma-a e complementa. Para Lévy (1999, p. 126), o uso desse espaço de encontro e de invenção coletiva, denominado de ciberespaço, deve ser feito tomando-o "como prática de comunicação interativa, recíproca, comunitária e intercomunitária, o ciberespaço como horizonte de um mundo virtual vivo, heterogêneo e intotalizável no qual cada ser humano pode participar e contribuir".

Mas, afinal, o que seria o ciberespaço? Para Guimarães Jr. (2000, p. 142-143), "um espaço simbólico que abriga um leque muito vasto de atividades de caráter societário, e que é palco das práticas e representações dos diferentes grupos que o habitam". Assim, foi nesse espaço vivo, portanto, dinâmico, mutável, impregnado de símbolos e significados que nós vimos ultrapassar o diálogo que se estabelecia entre as mulheres, o que era propriamente dito, e nos envolvemos com o uso que faziam daquele espaço, como viviam a virtualidade, e a repercussão dessa experiência em seus discursos.

Metodologia

O *blog* foi escolhido como o campo de estudo desta pesquisa e surgiu no Brasil por volta dos anos 2000, embora tenha aparecido anteriormente em outros países. De forma geral, além de *posts* publicados diariamente, o *blog* apresenta um *link* chamado comentários, que, para Di Luccio e Nicolaci-da-Costa (2007), foi um dos grandes responsáveis pelo seu êxito e popularidade. Assim, após realizarmos o levantamento do número total de *blogs* de maternidade no Brasil em 2012 (computando apenas aqueles criados por mulheres e que estavam abertos ao público, isto é, sem necessitarem de senha para acessar seu conteúdo), chegamos a 512 *blogs* em atividade. Uma vez realizada essa etapa inicial, passamos para a seleção dos dois *blogs* de mulheres mães que seriam nossos instrumentos de pesquisa. Para a escolha do primeiro, decidimos utilizar a referência do *site* TopMothers,[76] considerando duas características: o objetivo da página e o número de avaliações positivas que ela havia recebido, o que podia ser identificado pelas ferramentas de estatística disponíveis no *site*. Assim, escolhemos o "Macetes de Mãe". O segundo *blog* escolhido levou em conta o tipo de escrita, isto é, buscamos uma página que se caracterizasse como diário virtual, ou seja, que tivesse a característica de escrita íntima, com relatos voltados para o âmbito pessoal. Este *blog* foi o "Manual da Família Moderna".

Para realizarmos a seleção do material, efetuamos a leitura de todos os títulos dos *posts* e seus comentários publicados no período de maio a novembro de 2014 nos *blogs* Macetes de Mãe (MM) e Manual da Família Moderna (MFM), totalizando, aproximadamente, seiscentos. Dessa forma, chegamos ao número de 92 *posts* selecionados, sendo 35 do MM e 57 do MFM. Assim, enquanto com este abrangemos 442 comentários de leitoras, distribuídos nos *posts* selecionados, com o MM obtivemos 1.445 comentários, totalizando 1.887 comentários. Vale ressaltar que todos os excertos de textos utilizados neste artigo foram reproduzidos exatamente da mesma maneira como publicados por suas autoras. O material foi analisado de acordo com a proposta oferecida pelo método de Análise de Conteúdo, que, segundo Bardin (2011, p. 42), é "um conjunto de técnicas de análise das comunicações, visando obter indicadores

---

[76] TopMothers é a primeira *label* mundial de *blogs* do segmento Família. (...) A rede conta com oito *blogs* escolhidos a dedo pela jornalista Tamara Foresti, diretora de conteúdo e idealizadora da TopMothers (...) As *publishers* TopMothers produzem diariamente em suas páginas e redes sociais. Confiável e relevante, a opinião delas dita o comportamento dos leitores. In: TopMothers. Sobre TopMothers. Disponível em: <http://www.topmothers.com.br/sobre-topmothers/>. Acesso em: 10 abr. 2014.

que permitam a inferência de conhecimentos relativos às condições de produção/recepção [...] destas mensagens".

Virtualidade: impactos e significados

Ao tratar sobre a questão do real, Schittine (2004) sugere que a pessoa em frente à tela desdobre sua realidade em duas: aquela na qual está inserida e a que irá criar para além da tela do computador. Desse modo, a importância que se atribui aos acontecimentos virtuais deve ser semelhante à que atribuímos aos que ocorrem em nossas vidas concretas, conforme concluímos no relato da leitora do *blog* MM:

> Não tenho filhos e acho minha vida maravilhosa, mas confesso que tenho sido muito pressionada (...) *mas confesso que ler este* "post" *e todos os comentários que se seguiram* **foi determinante** *para a minha decisão de não ter filhos.* (...) e sei que um filho pode não ser o mar de rosas que todos falam. Comentários como: "tenho vontade de jogar o bebê contra a parede", "todos os dias me questiono porquê resolvi ser mãe" e "amo meu filho, mas odeio ser mãe" são contraditórios quando se lê: "ah, mas no final, tudo vale a pena" (...). (Destaque nosso)

É interessante o fato de a leitora qualificar como *"determinante"* para sua decisão de não ter filhos a leitura do *post* (intitulado "O lado B da maternidade: por que se fala tão pouco sobre ele?") e dos comentários, demonstrando a clara importância e interferência do que se vivencia e se produz no espaço virtual para a vida presencial. Foi diante dessa mesma constatação que Di Luccio e Nicolaci-da-Costa (2007) buscaram analisar a influência, na vida e personalidade dos autores de *blogs*, dos comentários e opiniões que recebiam de seus leitores. Essa mesma relação que se estabelece entre autor e leitor, no caso do *blog*, e que não pode ser relegada a outro nível senão o de uma interação, com todos os aspectos e influências de realidade que a caracterizam, também se verifica entre os autores de *blog*. Por exemplo, podemos citar a resposta da blogueira MM a um comentário de outra blogueira, efetuado em um dos seus *posts*:

> (...) Tenho visto pelos seus *posts* que somos parecidas e que vivemos coisas muito semelhantes. O legal da blogosfera é isso: nos aproxima de pessoas que temos uma real afinidade. Vamos tentar um

novo programinha em breve? Que tal? Vou adorar! Até o final do mês termino a minha pós (...) e aí a gente podia marcar algo. Que tal? Bjs! Adoro quando você passa para deixar comentários aqui.

Assim como ocorre com vizinhos de casa ou de porta, cada *blog* também amealha seu grupo de vizinhos, formando uma verdadeira comunidade virtual. Seja por afinidade de assuntos, por identificação com a forma de pensar ou mesmo com a escrita, cada *blog* costuma contemplar um *link* que disponibiliza o endereço de outros *blogs* que conhece e indica para seus leitores. Faz parte da prática da boa vizinhança os blogueiros visitarem-se frequentemente e muitos inserem dentro de seus próprios *posts links* capazes de direcionar os leitores para textos de seus colegas – configurando a intertextualidade –, para aquelas informações que venham a complementar, exemplificar ou, de alguma forma, estejam relacionadas ao que escreveu o blogueiro. Constitui-se, dessa maneira, o texto eletrônico, que é diferente do texto impresso e se caracteriza por ser um hipertexto. Para Lévy (2000, p. 56), o hipertexto é um "texto móvel, caleidoscópico, que apresenta suas facetas, gira, dobra-se e desdobra-se à vontade frente ao leitor". Lima (2009) também descreve o hipertexto a partir das características da oralidade que são evidenciadas no processo de escrita na internet, tornando a comunicação viva para, por meio dos códigos de escrita disponíveis no campo virtual, transpor a ausência da relação face a face.

Além da especificidade do tipo característico de comunicação que encontramos no mundo virtual, também fica evidente o surgimento de um novo sistema comunicativo. Sobre isso Carvalho e Vasconcelos (2012) acentuam a inversão que a internet acarretou ao interferir em um processo comunicativo que detinha uma hegemonia social e que consistia em um esquema um-todos – como a televisão e o rádio –, com uma dinamicidade orientada de cima para baixo e com apenas um polo emissor e o receptor passivo. Com o surgimento das novas mídias virtuais, o foco torna-se as relações sociais e a comunicação passa a ser difusa, horizontal e a funcionar a partir de um esquema todos-todos, isto é, oferecendo às pessoas a oportunidade de escolher seus temas de interesse e de participar ativamente das discussões sobre os mesmos. Por isso, o *blog*, enquanto ferramenta de comunicação, torna-se terreno fértil para a construção de um discurso social, isto é, de ideologias e formas de pensamento compartilhadas por um número incalculável de pessoas. Essa capacidade da rede em alastrar informações já foi evidenciada pela denominação "viral", por exemplo, no caso de vídeos que se espalham rapidamente pelas conexões entre os usuários, ultrapassando fronteiras de nacionalidade, classe social, circulando na internet e alcançando enorme popularidade. No campo das ideias, temos as famosas *hashtag*, que, como vírus sendo transmitido de pessoa a pessoa, podem possuir alto poder de disseminação de um assunto ou mensagem.

Se, por um lado, podemos facilmente acessar e conhecer a mensagem, o assunto, o discurso que, potencializado pela rede, circula sem limites ou barreiras, por outro, nos vemos diante da impossibilidade de conhecermos esse sujeito falante/escrevente, pois, como enfatiza Schittine (2004), sua identidade é "diáfana, cheia de humores oscilantes, sujeitos a retificações, e seus textos tendem a ser reelaborados, reescritos, mutáveis a todo momento", por isso a análise de um *post* jamais deixará entrever quem realmente é o escritor do *blog*.

Nesse sentido, Santaella (2004) enfatiza que a era digital contribuiu decisivamente para romper as elaborações filosóficas que sustentavam pensamentos sobre um sujeito universal ou centrado em uma identidade única e estável. Segundo ela, as novas mídias, como a internet, têm como efeito a potencialização das comunicações descentralizadas e a multiplicação dos tipos de realidades que encontramos na sociedade, o que, por sua vez, resulta na constituição de "um sujeito múltiplo, instável, mutável, difuso e fragmentado, enfim, uma constituição inacabada, sempre em projeto" (POSTER *apud* SANTAELLA, 2004, p. 52). Porém, ela reforça que não foi o ciberespaço que deu origem a esse sujeito, mas, antes mesmo de ele estar detrás da tela de um computador, sua constituição identitária e subjetiva já era permeada pela instabilidade e multiplicidade. Desse modo, o que os processos culturais e comunicacionais, propiciados pelos ambientes do ciberespaço, ofereceram foram somente as vias possíveis de encenação e representação dessa constituição multifacetada de um sujeito. Daí nossa afirmação de que jamais conheceremos a blogueira ou suas leitoras, já que o que podemos entrever são *personas*[77] assumidas por elas em um espaço virtual:

---

[77] Utilizo o conceito de persona de MacKinnon (1995), que o emprega para designar as identidades construídas pelas pessoas no interior do ciberespaço.

> No Ciberespaço deparamo-nos com uma capacidade metamórfica hiperbólica, extremamente rápida, eficaz e dissimulada, onde o indivíduo busca adequar-se ao contexto do grupo onde está inserido. Durante a vivência *on-line*, o mesmo indivíduo "real" pode estar dando vida a diferentes *personas*, cada uma delas em um ambiente diferente, exigindo máscaras distintas. (GUIMARÃES JÚNIOR, 2000, p. 150)

De modo objetivo, podemos informar que ambas as autoras das páginas, por nós pesquisadas, têm formação superior e suas carreiras estavam envolvidas com a comunicação: a escritora do *blog* Macetes de Mãe é formada em Relações Públicas e Publicidade e Propaganda, e a do *blog* Manual da Família Moderna formou-se em Jornalismo. Contudo, podemos encontrar muitos blogueiros que poderiam ser considerados profissionais – cujas páginas desenvolvidas são renumeradas por muitas empresas, e que têm no *blog* a sua única fonte de renda –, mas que provêm de outras áreas de conhecimento ou que, muitas vezes, sequer possuem alguma formação acadêmica. Para Schittine (2004), o fato de pessoas de perfis tão diferentes poderem encontrar o sucesso por meio da escrita na internet pode ser também explicado pela descoberta, de tais autores, da fórmula ideal da escrita virtual, ou seja, a utilização de uma linguagem semelhante a que usamos em nossos diálogos informais e uma capacidade de "falar de si mesmo falando ao mesmo tempo dos outros" (p. 85), como explicou essa leitora do *blog* MM: "Adorei o *post*, vc fala de uma forma super verdadeira expressando todos os nossos sentimentos de mãe. Parece q sai da nossa boca, como sempre amo ler o que vc escreve! Beijos" (leitora do *blog* MM).

Schittine (2004), ao mesmo tempo que se indagou sobre o que leva as pessoas a falarem de si para um público de estranhos, também quis saber, inversamente, por que tantas pessoas se interessavam pelo que um desconhecido dizia, acompanhando seu dia a dia e estabelecendo com ele certo tipo de relacionamento, enfim o que poderia justificar uma fala como esta: "amei o teu *blog* de uma tal maneira que vou ficar com vcs 3 até o fim (...)" (leitora do *blog* MFM). Sobre os leitores, a autora esclareceu:

> Existe a curiosidade [pela vida alheia] pura e simples, o hábito diário de "fazer a ronda" nas páginas prediletas, a necessidade de encontrar amigos ou pessoas que se pareçam emocionalmente

conosco, de estabelecer uma cumplicidade, de descobrir que outras tantas pessoas partilham de uma mesma questão ou problema. (SCHITTINE, 2004, p. 86)

Essa análise explica por que determinados discursos na blogosfera materna tornam-se importantes ferramentas para a modificação de vivências subjetivas no campo da maternidade. Podemos citar algumas falas, todas de leitoras do *blog* Macetes de Mãe, que evidenciam essa dinâmica:

> Eh tao bom ler um desabafo assim... me senti uma "ET" por quase dois anos, pq eu sentia tudo isso, cansaço, desespero, raiva, vontade de fugir, chorava muitooooooooooooooooooooo, queria ficar sozinha, me questionei varias vezes pq tive filho.....mas NINGUEM parecia sentir o mesmo, ninguém me falava estas coisas...dai, a culpa bateu muito forte (...) por isso me faz tao bem ler um comentário que nem o seu....ah, se tivessem me dito que poderia ser assim......

> Chorei muito ao ler este *post*... Me sinto a pior mae do mundo qdo estes sentimentos do lado B tomam conta de mim (...) Muito bom saber que estes sentimentos sao compartilhados por outras maes... Me sinto menos "bruxa" depois deste texto... Obrigada por compartilhar conosco! Um grande abraco e muito sucesso!

> Suas palavras são exatamente aquilo que tento expressar e não consigo. Amei esse *post*!! Me identifiquei 100%... Quando chegou na parte que vc fala sobre a frustração de não ter amamentado seu filho como gostaria, não consegui segurar as lágrimas... Parabéns pelo *blog* e obrigada pela ajuda enorme que vc traz a tantas mães como eu. Um abraço

Ver externalizadas pelo outro emoções que lhes são próprias, descobrir que se compartilham com tantas mulheres pensamentos e sentimentos que se acreditava serem inadequados ou "anormais" para uma mãe, enfim, ter a oportunidade de falar sobre si mesma, tudo isso desencadeia nas leitoras os mecanismos psicológicos envolvidos na identificação, na empatia, e gera cumplicidade. Verificamos, portanto, nas manifestações de agradecimento, na qualificação do *post* como "uma ajuda" e nas palavras que definem o *blog* como "uma terapia" (leitora do *blog* MFM), uma resposta a essa condição relacional possível de se estabelecer no espaço virtual e que nos parece ter um significado muito profundo para as mulheres mães. Talvez, pensamos nós, porque seja um lugar relativamente seguro para abordar as questões reais que envolvem a maternidade, para além dos mitos e das idealizações que a envolvem.

Já sobre os escritores, Schittine (2004) ressaltou que o desejo do blogueiro é encontrar o outro semelhante, desse modo é reconhecer a si mesmo naquele que o lê, o que o levaria a sentir que não está só em suas questões e reflexões, como revelou a escritora do *blog* MFM: "O que importa são as pessoas que eu acabo conhecendo aqui [no *blog*] e que me fazem não sentir tão diferente, tão sozinha". Para a autora, mais do que uma espécie de narcisismo ou exibicionismo, o que a escrita de um *blog* oferece é a oportunidade de realizar uma busca pelo encontro com esse outro, o que também podemos perceber no relato da blogueira MM, que, ao escrever um *post* sobre a importância da página para ela, declarou:

> (...) o Macetes de Mãe só me dá todo esse prazer, alegria e satisfação porque do outro lado da tela estão vocês, que deixam seus comentários nos *posts*, contam suas histórias, abrem seus corações, me pedem conselhos, falam sobre suas vidas e se mostram amigas queridas que ainda não tive a chance de conhecer pessoalmente (sabiam que várias já conheci pessoalmente e viraram amigas mesmo, da gente sair para tomar café juntas!?).

Uma das respostas que a blogueira obteve, após a publicação desse *post*, permite-nos perceber que o diálogo de identificação e espelhamento que o *blog* oferece tem mão dupla:

> Shirley! Já faz tempo que acompanho o *blog* "anonimamente". (...) queria dizer que você é minha "melhor amiga" pra "conversar" sobre ser mãe, as dificuldades que enfrentamos, enfim, você tem me dado muita força nessa caminhada (...). Você me ajuda muito nos momentos difíceis (e nos alegres também, como na decoração da festinha de 1 ano). Adoro seu jeito de escrever, sua sinceridade e seu *blog* é lindo! Parabéns!

Podemos, assim, dizer que esta também é uma maneira de considerar o *blog*, isto é, dando ênfase a esse espaço – um ambiente virtual de relação real – a partir da sua qualidade de sociabilidade, que foi acentuada pelos dois discursos acima. A interação, como explica Recuero (2005), constitui as relações de determinado grupo, portanto, sempre terá um caráter social perene e estará diretamente relacionada ao processo comunicativo entre o indivíduo e seus pares e, no caso do *blog*, será uma interação com características particulares, porque mediada pelo computador. É uma interação denominada de mútua por Primo (*apud* RECUERO, 2005, p. 22), que pode ser definida como "aquela caracterizada por relações interdependentes e processos de negociação, em que cada interagente participa da construção inventiva e cooperada da relação, afetando-se mutuamente".

É pela existência dessas relações sociais que a blogueira deixou claro, na sua elaboração sobre a importância do *blog*, que só obtém prazer e satisfação em escrevê-lo porque sabe que é vista, sabe sobre o olhar do outro e, indo além do conhecimento sobre essa presença invisível, sente alegria porque existe uma manifestação de tal presença, portanto, pela interação que ocorre com o outro, o seu leitor. Di Luccio e Nicolaci-da-Costa (2007) confirmam a importância dessa manifestação do leitor, nos comentários deixados por eles, para o escritor. Elas enfatizam que, quer sejam eles elogiosos ou críticos, os comentários funcionam realmente como incentivos para que os autores dos *blogs* continuem a escrever, porque são a comprovação de que o que dizem é considerado por alguém, como explicitou a blogueira MM: "eu fico imensamente feliz em saber que o que eu escrevo é lido, o que eu faço é útil (...)"; em outras palavras, são efetivamente lidos-vistos. Já a ausência de comentários, ao contrário, pode desestimulá-los, pois desperta uma sensação de estarem sendo ignorados ou mesmo de indiferença para com os seus pensamentos/sentimentos publicados. Sobre a capacidade do ciberespaço em ofertar encontros, as duas escritoras dos *blogs* analisados afirmam que a página lhes proporcionou a oportunidade de construir amizades virtuais, como também citam o fato de que algumas dessas amizades extrapolaram as fronteiras da tela do computador e tornaram-se relacionamentos face a face.

Aliás, é essa "face a face" que não se estabelece no espaço da internet que motiva aqueles que têm necessidade de espreitar a vida alheia, pois sabem que seu ato de voyeurismo não sofrerá qualquer forma de avaliação ou observação de outros (SCHITTINE, 2004). Assim, observa sem ser observado, olha a vida do outro sem precisar expor a sua própria. Todavia, esse jogo de "olhar sem ser visto" só é possível porque alguém desejou e permitiu que sua intimidade se tornasse pública, ainda que controle, relativamente, aquilo que vai ser dito e exposto. Schittine (2004) cita Whitaker (autor do livro *O fim da privacidade*) na tentativa de compreender esse comportamento contemporâneo de deixar-se ver, além dos limites do espaço privado, como reflexo de uma nova constituição social. Segundo este autor, nós vivemos em uma sociedade de vigilância, em que não é um governo centralizado que nos monitora, mas são "as empresas, os vizinhos, a própria família e, principalmente, os meios de comunicação, que utilizam sistemas de vigilância cada vez mais sofisticados" (WHITAKER *apud* SCHITTINE, 2004, p. 42).

Finalmente, e ainda que pareça contraditório, é necessário destacarmos outra forma de perceber o *blog*. Como vimos, ele pode ser compreendido como um espaço de sociabilidade, por isso de práticas sociais; e, mais além, como uma espécie de encenação do poder que governa os homens por meio da vigilância, ou, se desejarem, da opinião. Todavia, existe um aspecto que merece consideração: a concepção do *blog* como uma forma de resistência, em outras palavras, como uma possibilidade de empoderamento.

A partir dessa perspectiva, Lopez (2009) salienta que o fenômeno da blogagem materna reflete em sua dinâmica a dicotomia entre o público e o privado, em que podemos localizar a experiência da maternidade na esfera doméstica/privada, portanto, no espaço do feminino, enquanto os *blogs* pertencem à esfera pública, desse modo, ao campo do masculino. Por conseguinte, a blogosfera materna pode ser compreendida como uma forma, um meio de a mulher participar ativamente daqueles domínios que sempre privilegiaram os discursos dos homens, assim como uma possibilidade do rompimento da lógica "os homens falam e as mulheres escutam". Essa autora também sinaliza a possibilidade de associar a prática da produção de um *blog* de maternidade como um ato de radicalismo, porque está diretamente ligado com a história de luta das mulheres para definir sua identidade em relação ao título de mãe, e por apresentar um potencial para a transformação dos discursos dominantes elaborados por homens – disseminados pela mídia – que sustentam uma concepção de idealização, naturalização e universalização da maternidade.

Lopez (2009) acredita que a blogosfera materna tem crescido acentuadamente nos últimos anos, no que se refere à quantidade de *blogs* e à participação de mulheres como leitoras, porque as mães sentem-se compartilhando experiências e aprendendo sobre a maternidade e maternagem de uma forma mais democrática, isto é, umas com as outras, retomando uma tradição antiga de construção comunitária de conhecimento. Diferentemente da maneira com que, passivamente e de forma submissa, recebem dos pediatras, obstetras, educadores, psicólogos, pedagogos e demais especialistas informações ditas "imprescindíveis" para conduzirem suas experiências maternas, ao falarem umas com as outras, as mulheres aprendem sobre maternidade como antigamente, quando esse assunto era "coisa de mulher" e eram suas mães, avós, tias e amigas as responsáveis pela transmissão dos conhecimentos. Como exemplos dessa peculiaridade do *blog*, podemos citar estes quatro comentários que, caso não soubéssemos a procedência, poderiam muito bem ser confundidos com uma conversa informal entre amigas:

> Quando meu bico rachou usei casca de mamao e foi um SANTO remedio. Ajudou demais a cicatrizar. vc poe a casca de mamao do lado laranja no bico, por uns 20 minutos, 3 vezes ao dia. (...) boa sorte amiga!!!! (leitora de MFM)

> PS: Qual creme vc ta passando na barriga? Eu usava um muito bom, o Mater Skin (...) Ahhh, e lembra que vc me perguntou sobre dicas que eu recebi na gravidez, pois bem, anote uma que não é bem uma dica e sim uma manobra de sobrevivência. (exagerada eu!) hahahahahaha... Sempre que você puder tome sol nos seios. (leitora de MFM)

> É legal saber que outras mamães também passam por mudanças e é tão bom trocar experiências! (leitora de MM)

> Cada dia mais me identifico com seus *posts* e estou adorando compartilhar minhas experiências com vc! (leitora de MM)

É interessante como as duas últimas leitoras identificam e sublinham a importância da mesma característica do *blog*, isto é, de ser um espaço de compartilhamento. Contudo, cada uma delas fala de um lugar diferente. Vejamos: a terceira enfatiza o fato de a página permitir a troca de experiências com outras mães, sendo assim, não somente a blogueira tem seu espaço – por meio do *post* – para dizer o que pensa, contar suas experiências, expor suas emoções, mas há também o espaço de sociabilidade que é oferecido para as leitoras por meio dos comentários. Assim, além de ser a forma pela qual a blogueira avalia a receptividade que seu texto recebeu, a ferramenta comentários pode ser compreendida como uma porta que se abre para outras mulheres e que permite o encontro de umas com as outras, como um grupo que dialoga entre si e não apenas com o portador da mensagem inicial. Parece-nos que este movimento de apropriação da palavra que o *blog* oferece pode ser descrito como o empoderamento das leitoras, o que foi revelado no último comentário, quando a leitora enfatiza o seu prazer – "estou adorando" – em poder ocupar o espaço daquele que fala e que, ao se expor, também participa da construção do discurso.

Considerações finais

Ao falarmos de espaços e possibilidades de construções discursivas, estamos nos referindo, de um modo ou de outro, a desejo e poder, pois, como explicou Foucault (1996, p. 10), "o discurso não é simplesmente aquilo que traduz as lutas ou os sistemas de dominação, mas aquilo por que se luta, o poder do qual nos queremos apoderar", isto é, o próprio objeto de desejo. Ora, como o discurso é o poder pelo qual todos lutamos, do qual queremos nos apoderar, em sentido contrário ele também é aquilo que toda uma sociedade teme, porque a força que o constitui e que dele reverbera é percebida como coisa perigosa. Mais ainda quando manipulada por uma mulher. A mulher, assim como o louco, sofreu durante muitos séculos a interdição da palavra, que, quando não proibida, era excluída ou inexistente, porque nunca escutada. Os discursos que impactavam a existência feminina eram elaborações prepositivas do outro que, conforme o dicionário, referem-se a uma posição de superioridade relativamente a alguma coisa ou alguém. Assim, os homens – seres dotados de razão esclarecida – produziam suas formulações discursivas sobre: a mulher, sua vida, sua maternidade, seu corpo, suas emoções, seus comportamentos, seu destino. Poderíamos dizer que tais discursos compunham-se por princípios de exclusão: como a interdição da palavra e a separação – a mulher não tinha nada a dizer e o que era dito sobre ela justificava o lugar secundário que deveria ocupar na sociedade.

Assim, tomar a palavra para si, ser sujeito do discurso, seja na posição de escritora de um *blog* ou na de leitora, parece-nos um ato revolucionário, uma verdadeira subversão da ordem e, por isso, pode ser considerado uma espécie de luta. São possibilidades que se abrem ou se reinventam com esses novos dispositivos de comunicação. Porém, não basta falar, é preciso realizar o encontro, saber-se ouvido, dialogar, sentir-se alcançado e compreendido e, ao mesmo tempo, impactado pela presença do outro. A esse fenômeno damos o nome de socialização e essa é uma oportunidade ofertada por todos os meios de comunicação social, sendo a hipermídia (e especificamente o *blog*) um deles, ou seja, ao falarmos de *blogs*, estamos, inevitavelmente, falando sobre formas de socialização e cultura (SANTAELLA, 2003). A blogosfera materna, ao ser definida como ambiente social, pode, portanto, ser considerada um espaço para diálogo, para produção de discursos sobre a maternidade e para processos de subjetivação. Além disso, no atual período histórico em que um discurso de supervalorização da maternidade integral tem levado inúmeras mulheres a abandonar sua participação produtiva no meio público para ocupar-se diariamente com as questões e necessidades da vida reprodutiva, ter acesso a este espaço que aproxima pessoas, que permite experiências de empatia e solidariedade e que instiga o diálogo em sentidos diversos é, de alguma forma, oferecer resistência à solidão.

Referências

BARDIN, L. *Análise de conteúdo*. 6. ed. São Paulo: Edições 70, 2011.

DI LUCCIO, F.; NICOLACI-DA-COSTA, A. M. Escritores de *blogs*: interagindo com os leitores ou apenas ouvindo ecos?. *Revista Psicologia Ciência e Profissão*, Brasília, v. 27, p. 664-679, dez. 2007.

FOUCAULT, Michel. *A ordem do discurso*. Tradução de Laura Fraga de Almeida Sampaio. São Paulo: Loyola, 1996.

GUIMARÃES JÚNIOR, M. J. L. O ciberespaço como cenário para as Ciências Sociais. *Ilha*, Florianópolis, n. 1, p. 139-154, dez. 2000.

LÉVY, P. *Cibercultura*. São Paulo: Editora 34, 2000.

LÉVY, P. *O que é o virtual?*. 8. ed. São Paulo: Editora 34, 2007.

LIMA, N. L. *A escrita virtual na adolescência*: os *blogs* como um tratamento do real da puberdade, analisados a partir da função do romance. 2009. 394f. Tese (Doutorado) – Universidade Federal de Minas Gerais, Programa de Pós-Graduação em Educação, Belo Horizonte, 2009.

LOPEZ, L. K. The radical act of 'mommy blogging': redefining motherhood through blogosphere. *New media & society*. Los Angeles, v. 11, n. 4, p. 729-747, abr. 2009.

MACKINNON, R. C. Searching for the Leviathan in Usenet. In: JONES, Steven G. *Cyber Society*: Computer-Mediated Communication and Community. London: Sage, 1995. Cap. 9, p.112-137.

NICOLACI-DA-COSTA, A. M. *Cabeças digitais*: o cotidiano na era da informação. São Paulo: Loyola, 2006.

RECUERO, R. Comunidades virtuais em redes sociais na internet: uma proposta de estudo. *E-compos*, Porto Alegre, v. 4, p. 1-27, dez. 2005. Disponível em: <http://www.compos.org.br/seer/index.php/e-compos/article/view/57/57>. Acesso em: 18 jan. 2017.

SANTAELLA, L. *Culturas e artes do pós-humano*: da cultura das mídias à cibercultura. São Paulo: Paulus, 2003.

SANTAELLA, L. Sujeito, subjetividade e identidade no ciberespaço. In: LEÃO, Lúcia (Org.). *Derivas*: cartografias do ciberespaço. São Paulo: Annablume; Senac, 2004.

SCHITTINE, D. *Blog*: comunicação e escrita íntima na internet. Rio de Janeiro: Civilização Brasileira, 2004.

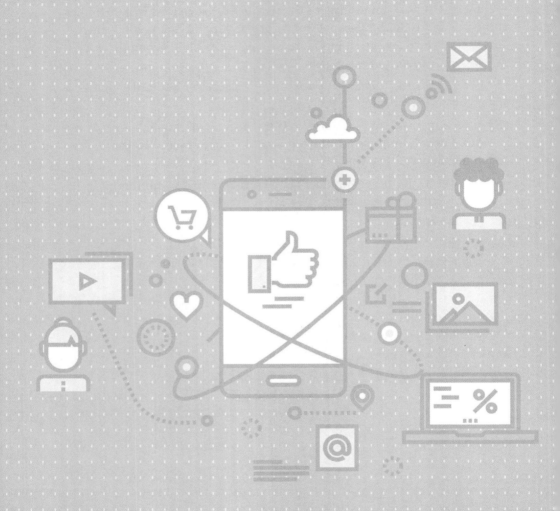

12 TIC KIDS ONLINE: RADIOGRAFANDO RISCOS E OPORTUNIDADES NO USO DA INTERNET POR JOVENS BRASILEIROS

Vanina Costa Dias

> *Como aventura, a linguagem do risco cumpre funções múltiplas, sendo tanto um anteparo aos processos de destradicionalização típicos da modernidade tardia, como uma figura de linguagem utilizada para falar de novas sensibilidades decorrentes do imperativo de enfrentar a imponderabilidade e volatilidade dos riscos modernos.*
> *(SPINK, 2001)*

Desde sua inclusão em nossos hábitos diários, principalmente nos hábitos de crianças e adolescentes, as diversas atividades e os modos de uso da internet em todas as suas ferramentas e equipamentos proporcionam oportunidades de aprendizagem e crescimento, mas também situações de riscos que podem resultar em experiências negativas, convertendo-se em experiências danosas para o usuário.

Conhecer de que forma e onde crianças e adolescentes acessam a internet, quais as implicações desses usos, as relações entre os vários equipamentos de acesso, a privacidade, as habilidades de segurança, as reações a situações danosas e as estratégias de mediação de pais e responsáveis foram os principais aspectos analisados pela pesquisa TIC Kids Online realizada pelo Centro de Estudos sobre as Tecnologias da Informação e da Comunicação (Cetic.br), do Núcleo de Informação e Coordenação do Ponto BR (NIC.br), do Comitê Gestor da internet no Brasil (CGI.br). Neste texto direcionei meu olhar principalmente para os dados dessa pesquisa relacionados aos riscos e danos que podem surgir a partir do uso da internet pelos sujeitos nela investigados.

Uma leitura longitudinal da realidade brasileira

A pesquisa TIC Kids Online busca analisar os riscos e as oportunidades que se relacionam com a proteção de crianças e adolescentes no ambiente *on-line*. A metodologia utilizada nessa pesquisa alinhou-se ao referencial desenvolvido pelo projeto EU Kids Online, adotando uma abordagem quantitativa com base numa pesquisa amostral que se realizou por meio de entrevistas presenciais nos domicílios e a partir de questionários estruturados. Esta pesquisa, à semelhança de outras do Cetic, é realizada periodicamente, o que permite uma análise longitudinal dos resultados das pesquisas realizadas em 2012, 2013, 2014 e 2015.

Sua primeira fase foi realizada em 2012 com o objetivo de compreender de que forma esses sujeitos lidam com questões relevantes, tais como a compreensão de como esses sujeitos acessam e utilizam a internet, os riscos *on-line*, a percepção dos jovens em relação à sua segurança *on-line* e ainda delinear as experiências, as práticas e as preocupações dos pais ou responsáveis relacionadas ao uso da internet por parte dos seus filhos.

Em 2013, os resultados permitiram analisar as mudanças ocorridas nas formas de uso da internet, apresentando dados que possibilitam mapear as formas de uso das TICs e as estratégias de mediação desempenhadas por pais e responsáveis.

Em 2014, dando continuidade à comparação de dados relacionados às formas de uso e mediação, essa etapa da pesquisa chamou a atenção para o aumento da mobilidade e do acesso por meio das mídias móveis e ainda para aspectos relacionados ao estímulo ao consumo por meio dos diversos *sites* acessados por essas crianças e adolescentes.

Finalmente em 2015, com a adequação dos diversos questionários para cada faixa etária, usando uma linguagem mais direta, que se aproxima do repertório desse público, foi possível investigar as diferenças das respostas das crianças e adolescentes com as respostas de seus respectivos pais/responsáveis e também aprofundando respostas que tornassem possível analisar de forma mais precisa dados sobre riscos, intolerância e discursos de ódio.

Os dados apresentados pelas quatro fases da pesquisa TIC Kids Online na tabela a seguir possibilitam várias formas de diálogo, buscando construir uma síntese e fazendo uma análise comparativa entre os dados de 2012, 2013, 2014 e 2015.

Tabela 1 – Aspectos gerais de uso da internet por crianças e adolescentes (%)

ASPECTOS GERAIS		2012	2013	2014	2015
Uso diário da internet		47	63	81	81
Perfil em rede social		70	79	79	85
Pais/responsáveis que usam internet		47	51	50	52
Local de acesso	Próprio quarto	26	57	71	61
	Sala de Casa	40	68	81	81
	Casa de outra pessoa	38	54	60	73
	Escola	42	37	38	31
	Lanhouse	35	22	22	19
	Telecentro	4	7	17	9
	Em deslocamento	18	35	49	30
	Outros lugares (shopping, igreja, lanchonete, etc.)	-	-	-	35
Atividades realizadas na internet:	Enviar mensagens	54	39	64	78
	Fez trabalhos escolares	82	87	68	78
	Usou redes sociais	68	81	73	78
	Baixou aplicativos gratuitos	-	35	41	74
	Pesquisou por curiosidade	-	80	67	69
	Ouviu música *on-line*	66	68	50	61
	Assistiu a vídeos, filmes *on-line*	66	68	48	60
	Postou foto ou vídeo próprio	10	9	43	56
	Baixou música	44	50	35	55
	Compartilhou texto, imagem ou vídeo.	-	42	43	52
	Jogou *on-line* não conectado com outros jogadores	-	57	42	47
	Leu ou assistiu notícias *on-line*	42	34	32	45
	Jogou *on-line* conectado com outros jogadores	54	32	26	37

Atividades realizadas na internet: (continuação)	Postou texto ou vídeo que fez	40	21	12	36
	Usou mapas *on-line*	-	-	19	32
	Compartilhou o lugar onde estava	-	28	25	30
	Conversou por vídeo	14	21	7	20
	Comprou coisas na internet	-	8	4	10

Fonte: TIC Kids Online – Relatórios 2012, 2013, 2014 e 2015.

Esses dados revelam um panorama do que está ocorrendo no contexto da realidade brasileira em relação ao uso da internet por parte das crianças e adolescentes, possibilitando diversas análises e novos questionamentos.

Como pode ser observado nos relatórios da pesquisa, houve um aumento na prática de uso diário da internet em relação à pesquisa feita nos anos anteriores, ou seja, no espaço de quatro anos, houve um crescimento de quase que 100%, passando de 47 para 81% de acesso diário à internet. Tal crescimento pode ser resultado de uma maior autonomia, da facilidade que se tem na utilização da internet e ainda da diversidade de equipamentos que possibilitam esse acesso, por exemplo, os equipamentos móveis (*smartphones* e *tablets*). Com o uso mais frequente, a presença dos adolescentes nas redes sociais cresce, facilitando um maior contato entre eles e permitindo aproximações por afinidades e interesses.

Vimos crescer também tanto a diversidade quanto a frequência em atividades realizadas na internet por esses sujeitos. Mesmo que se tenha percebido o crescimento do uso da internet também pelos pais e responsáveis desses jovens, ainda há um hiato de quase 30% nessa prática, o que faz com que cresça também a habilidade dos jovens em relação aos adultos no que se refere às experiências no uso das TICs.

Arriscar-se no mundo virtual: desafiando novas possibilidades de encontros

Tomando como enfoque principal a relação com as práticas dos adolescentes na internet, relacionados aos riscos e danos possibilitados pelo uso dessa tecnologia, observamos nos dados revelados nessa pesquisa que o uso da internet proporciona às crianças e aos adolescentes oportunidades de se desenvolver e sociabilizar, mas cria também situações de risco que podem fazê-los experienciar situações negativas. Mesmo que não tenha sido objetivo da pesquisa TIC Kids Online classificar as diferentes atividades *on-line* como necessariamente benéficas ou geradoras de risco, é importante chamar atenção para tais experiências, uma vez que crianças e adolescentes brasileiros engajam-se em uma grande diversidade de atividades na rede, como as relatadas nesta pesquisa, que podem expô-los também a riscos de diversas naturezas. Por outro lado, conforme Livingstone, Ólafsson, O'Neil e Donoso (2012) chamam a atenção, a experiência que as crianças e os adolescentes adquirem por meio do uso da internet é determinante para que estejam mais bem preparados para lidar com esse tipo de situação. Em um contexto de acesso a ferramentas digitais de perfil mais pessoal, privado e flexível, torna-se ainda mais fundamental um olhar cuidadoso dos pais, educadores e outros adultos responsáveis por hábitos e atividades de crianças e adolescentes na rede.

Segundo Ponte (2012a), para analisarmos os aspectos relacionados aos riscos e às oportunidades associados ao uso da internet, é preciso atentar para três posições de crianças e adolescentes na prática cotidiana de uso da internet:

> como *receptores de conteúdos* distribuídos em massa na rede, por parte de indústrias (notícias, filmes, jogos, programas educativos e outros conteúdos produzidos profissionalmente) e por parte de utilizadores-produtores singulares que colocam na rede as suas próprias produções (*sites*, vídeos); como *participantes em contatos* iniciados por pessoas que lhes são desconhecidas, nomeadamente adultos; e como *atores em relação aos pares*, atentando para o relacionamento com pessoas que conhecem (amigos, colegas da escola), quer favorecendo a entreajuda quer gerando situações de conflito entre crianças e adolescentes. (PONTE, 2012a, p. 2)

Quando atentam para os riscos que as crianças e adolescentes podem vivenciar na internet, a preocupação da pesquisa TIC Kids Online voltou-se, principalmente, para aqueles que se colocam na posição de receptores, tendo em vista que, para a análise dessa situação, o inquérito foi feito no sentido de saber quais conteúdos da internet eles acreditavam ser capazes de incomodar, chatear ou aborrecer crianças e adolescentes da mesma idade que eles, situações essas vivenciadas em seu cotidiano *on-line* e *off-line*.

Mesmo que haja um conjunto de atividades que revelam práticas de aprendizagem, criatividade, comunicação e entretenimento desses jovens no uso da internet e seus diversos recursos, há a preocupação com os riscos a que esses sujeitos se submetem nessas práticas. Aqui, o risco é tomado não como aquele percebido pelo senso comum associando-o ao perigo e a situações negativas, mas como risco-aventura, conforme proposto por Spink (2001), como uma figura de linguagem utilizada para falar de "novas sensibilidades decorrentes do imperativo de enfrentar a imponderabilidade e volatilidade dos riscos modernos" (SPINK, 2001, p. 278).

Essa mesma autora afirma que:

> no cenário contemporâneo, novas tecnologias performam outros modos de gerenciamento de riscos. Diríamos, como bons aprendizes de epistemologias não realistas, que novas modalidades de risco são concomitantemente construídas com essas novas tecnologias – riscos que situam pessoas no enquadre de portadores de suscetibilidades que, por sua vez, reconfiguram a clínica na interface entre regimes de esperança e regimes de verdade. (SPINK, 2011, p. 1)

Esses riscos abrangem também um conjunto heterogêneo de experiências intencionais e não intencionais que incluem encontros pornográficos, estímulo à automutilação, violência, racismo ou conteúdo de ódio *on-line*, contatos inapropriados ou potencialmente prejudiciais que podem levar ao aliciamento ou assédio, além de condutas problemáticas entre os pares, tais como *cyberbullying*, "*happy slapping*"[78] ou invasões de privacidade.

Boyd (2014), que também se preocupou com as práticas das crianças e adolescentes norte-americanos na internet e nas redes sociais, afirma que à medida que esses sujeitos percebem como alguns conteúdos podem ser fascinantes e atrair a atenção dos outros na rede, eles compartilham

---

[78] "Bofetada divertida", numa tradução livre, é uma nova forma de "cyber-violência" que consiste num ataque inesperado a uma vítima enquanto um colega do agressor filma a agressão com um celular para depois enviar as imagens via celular para os amigos.

conteúdos embaraçosos, humilhantes, sexuais, entre outros que se encaixam nessa característica como forma de conquistar a atenção. Para essa pesquisadora, as mídias sociais estão situadas em uma economia da atenção na qual as tecnologias criam, capturam e sustentam o interesse dos usuários, mesmo que eles possam se tornar arriscados para ambos os polos dessa atenção.

Segundo Livingstone (2012), as atividades consideradas arriscadas e ainda aquelas que podem ser interpretadas como oportunidades positivas e seguras para crianças e adolescentes na internet podem ser conceituadas como opostos mútuos, ou seja, à medida que aumentam as oportunidades, esses sujeitos se afastam da curiosidade de explorar atividades de risco. Segundo essa pesquisadora, é preciso criar objetivos que reduzam os riscos e aumentem as oportunidades.

Ainda para Livingstone (2011a), é preciso atentar também para o contexto no qual crianças e adolescentes usam a internet. Esse contexto é um importante fator de influência sobre as experiências *on-line* de crianças e adolescentes, e as condições segundo as quais eles aproveitam as oportunidades e são expostos a possíveis riscos associados ao uso da rede. Diante do fato de que os adolescentes têm hoje acessado a internet por meio dos seus celulares de maneira mais individualizada e isolada, é importante atentar para as novas formas de riscos que podem emergir desse novo contexto, sendo necessário o incentivo de práticas de mediação por pais, responsáveis e professores, o que ainda vem sendo feito de forma parcial em relação aos aparelhos móveis.

A preocupação dessa pesquisadora faz parte de diversos estudos e pesquisas em todo mundo, entre eles a pesquisa Eu Kids Online, que tem como seu principal objetivo mapear as oportunidades e os riscos associados ao uso da internet pelos jovens, entendendo como esses acessam e utilizam a internet, quais os riscos *on-line*, sua percepção em relação à segurança *on-line* a partir das experiências e práticas relacionadas ao uso da internet, no sentido de propor políticas públicas de proteção e mediação de crianças e adolescentes que utilizam a internet em seus diversos dispositivos.

Todas as pesquisas revelam-nos que, se por um lado um maior acesso à internet possibilita maior exposição às ameaças que podem surgir desse acesso, por outro lado é somente a partir da prática e do conhecimento do que se passa nas redes que é possível garantir o desenvolvimento de habilidades que asseguram um modo de uso seguro e responsável dessa ferramenta.

Nessas diversas pesquisas, nacionais e internacionais, que se desenvolvem com a preocupação de conhecer a incidência dos riscos vivenciados por esses jovens, os inquéritos concentram-se principalmente em fatores demográficos (idade, sexo, *status* socioeconômico), mas já há uma preocupação em investigar também aspectos relacionados à exclusão digital, à vulnerabilidade dos jovens em relação às condições e consequências das experiências potencialmente nocivas. Essas pesquisas voltam-se também para a compreensão das habilidades, competências e dos fatores psicossociais que podem influenciar a busca por oportunidades ou riscos *on-line*.

Na pesquisa brasileira – TIC Kids Online – encontramos uma variedade de respostas relacionadas às praticas nocivas e arriscadas na internet, contudo o *bullying* é o tema mais apontado pelos jovens em todas as fases da pesquisa. Quando questionados sobre a prática do *bullying*, esses sujeitos associam atitudes como ameaças ou mentiras sobre a própria pessoa. Também aparecem conteúdos relacionados à pornografia (vídeos ou imagens de sexo) e conteúdos de violência real (imagens de violência e maltrato a pessoas). Estes últimos foram apontados como sendo as situações que mais incomodam as crianças e os adolescentes. Apareceram também como incômodo os conteúdos impróprios para a idade e aqueles de terror fictício. Em relação às experiências negativas vivenciadas na internet, os jovens afirmaram que alguma pessoa agiu de forma ofensiva ou lhes chateou via redes sociais. Também é considerável o percentual de crianças e adolescentes que afirmam que já tiveram contato com estranhos na internet e se encontraram pessoalmente com alguém que conheceu pela internet, principalmente os mais velhos. Isso pode denotar um amadurecimento em relação a esse aspecto mais comum nessa faixa etária. Esses sujeitos relatam níveis, mesmo que ainda baixos, mas com um aumento de vivência dessas situações de incômodo. Aqui é necessário entender o que realmente incomoda esses adolescentes enquanto estão navegando na internet, o que exige outros tipos de perguntas e pesquisas de natureza qualitativa.

Aparecem também entre os mais velhos e os mais novos respostas que indicam a troca de mensagens sobre o uso de drogas e a visita em *sites* que falam sobre o corpo. Neste último tipo de experiência, a incidência maior de uso está entre as meninas que buscam compartilhar experiências com grupos que cultuam a beleza, a estrutura, entre outros aspectos relacionados ao corpo.

Quantitativamente, os dados relacionados a riscos e danos na internet aparecem com valores que não ultrapassam 29% de usuários, ficando em média entre os 12 e 21% que se sentem afetados por essas situações. Mesmo que pareçam valores pequenos, gera-se uma preocupação, pois a cada ano de investigação percebe-se um aumento significativo, principalmente em casos de adolescentes (de 15 a 17 anos) que entram em contato com estranhos e estabelecem encontros pessoais com aqueles que conheceram na internet, o que ultrapassa os 40% dos entrevistados. Tais atitudes têm trazido uma preocupação maior por parte de investigadores, tendo em vista os danos reais provocados por essas práticas.

Outro aspecto explorado nesses inquéritos e que é bastante relevante para as pesquisas nessa área trata-se dos efeitos do uso da internet no dia a dia de crianças e adolescentes, tais como: não conseguir ficar muito tempo sem acessar a internet, sentir-se mal quando não podem estar na internet, deixar de comer ou dormir por causa da internet, passar menos tempo com família e amigos, e ainda não fazer a lição de casa em detrimento do tempo em que ficam na internet. Apesar de a vivência dessas situações problemáticas mostrarem-se relativamente baixas, importa ter presente que 18% já tentaram passar menos tempo na internet e não conseguiram; 11% sentiram-se mal quando não puderam entrar na internet; e 7% já deixaram de comer ou dormir por causa da internet. Dados como esses não podem ser desprezados, já que são situações que vêm interferindo no modo de ser e conviver desses sujeitos, afetando também sua subjetividade.

Como já vem sendo apontado por estudiosos que se preocupam com o uso da internet, a massificação do seu uso motiva dois tipos de perspectivas: por um lado, uma celebração das suas potencialidades de forma otimista, mas, por outro, numa perspectiva pessimista, atenta-se para os perigos que ela pode trazer para os usuários mais indefesos e pouco hábeis na utilização de suas ferramentas de segurança.

Pesquisadores como boyd (2014) e Livingstone (2012), entre outros, afirmam que as habilidades de literacia midiática desenvolvidas por meio do uso das redes sociais geram possibilidades de aprendizado para proteger os adolescentes contra os riscos associados às situações transgressivas e contatos abusivos com os outros. Em depoimentos de adolescentes que participaram da pesquisa de doutorado por mim realizada, fica evidente a necessidade de conscientização e uso das configurações de segurança que estão disponíveis nos *sites* de redes sociais. Muitas vezes essa prática não é utilizada por inabilidade do usuário, mas há aqueles que se utilizam dos seus perfis para compartilhar com amigos (reais e virtuais) suas atividades sociais, o que faz com que se tornem vulneráveis a situações perigosas e danosas. Mas, estando atentos a esses perigos, os próprios adolescentes protegem-se desses danos, gerenciando o uso de seus perfis para publicar neles apenas aquilo que em suas avaliações pode se tornar visível na rede e compartilhar apenas com os amigos com os quais convivem e conhecem para além do espaço virtual.

De modo geral, os dados da pesquisa TIC Kids Online revelam que os fatores de risco fazem parte do cotidiano de jovens usuários de internet de alguma maneira, e são cada vez mais presentes à medida que aumentam também a frequência e a privacidade do uso. Nesse sentido, é importante também compreender o tipo de mediação do uso da internet ao qual esses jovens estão submetidos, para entender que papel a escola, a família e outros atores sociais devem interpor nessa prática.

Sabemos que os diversos usos da internet influenciam, de forma mais ou menos direta e explícita, as práticas sociais, culturais e individuais dos adolescentes em diferentes situações em seu cotidiano. Concomitante ao uso cada vez maior dessa ferramenta pelos adolescentes, temos visto a crescente preocupação de pessoas e instituições em conhecer, acompanhar e mediar o que eles fazem no espaço virtual. Segundo Simões,

> falamos de um efeito de mediação dos usos da internet sempre que alguém se interpõe (ou afeta de alguma forma) as decisões que outras pessoas tomam cada vez que usam este meio particular. Portanto, podemos conceber a mediação, em termos gerais, como qualquer prática que direta ou indiretamente procure exercer algum tipo de influência sobre o modo como os outros se relacionam com um meio de comunicação específico. No caso da internet, dadas as particularidades do meio e a multiplicidade de circunstâncias que envolvem o seu uso, a possibilidade de mediação assume uma complexidade variável de acordo com os cenários em causa. (SIMÕES, 2012, p. 121).

Como se percebe, no contexto do uso da internet e de suas diversas ferramentas por crianças e adolescentes, torna-se importante considerar o papel formador dos agentes mediadores na influência socializadora desses sujeitos. Nesse lugar, é preciso que esses agentes estejam atentos aos benefícios e prejuízos que poderão advir do uso da internet e qual papel terão nessa mediação, contrabalanceando as oportunidades surgidas no uso das TICs com os riscos que esse mesmo uso pode oferecer aos seus usuários.

Sem riscos não há aventura

Ao longo dos quatro anos da pesquisa TIC Kids Online, percebemos um uso maior das tecnologias de informação pelos pais e responsáveis, o que pode estar relacionado com os incentivos dados pela própria mídia, reforçando a presenças deles nos espaços virtuais, mediando as relações que seus filhos vêm estabelecendo por meio da internet. Por outro lado, o aumento dessa presença pode ser também relacionado a uma necessidade pessoal desses adultos em fazer uso da internet como um meio para sua própria necessidade, indiferente à mediação necessária aos seus filhos e que têm os próprios filhos como mediadores, uma vez que são os mais jovens que vêm ensinando aos pais os usos das ferramentas virtuais.

Percebe-se também que há um discurso compartilhado pelos pais no que diz respeito ao medo de que esse novo comportamento traga um reflexo negativo à sociabilidade de seus filhos. Parte desses pais ainda está presa à tradição de que a vida só se constitui num ambiente real, associando essa percepção às suas próprias adolescências, momento de suas vidas em que a socialização e as relações de amizade construíam-se em praças, bares e outros locais comuns à convivência social.

Além disso, esses mesmos pais ainda se deixam influenciar pela mídia que, até então, reforça apenas os aspectos negativos do uso e abuso da internet, contribuindo para consolidar essa forma negativa de olhar para as transformações que ocorrem cotidianamente no mundo atual. A dificuldade de integrar uma experiência que para os adolescentes pode ser vista como positiva a um discurso negativo que pretende interpretá-la dessa forma alimenta outra realidade que vem sendo apontada como possível fonte de problemas psicológicos, por autores como Turkle (1995), Nicolaci-da-Costa (1998) e Romão Dias (2001), qual seja: a dificuldade de integrar vida real àquilo que é vivido no mundo virtual.

Como indica Turkle (1995), os pais continuam vendo apenas uma relação fria com telas e equipamentos digitais, criando um isolamento causado pela sedução que esses aparelhos possibilitam. Mas, por outro lado, os adolescentes enxergam o contrário, mostrando que estão constantemente em contato com seus pares. Nos *sites* de redes sociais, nos jogos digitais, nos aplicativos dos telefones celulares, esses adolescentes continuam ou até mesmo aprofundam suas relações de amizade. Também boyd (2014) percebeu essa condição em sua pesquisa desenvolvida nos EUA. Segundo ela, os adolescentes hoje estão *on-line* para socializar com amigos que já conhecem e há cada vez mais uma continuidade entre o que chamamos mundo *on-line* e mundo *off-line*. Tais modos de uso das redes sociais ainda não têm sido percebidos de forma positiva pelas gerações anteriores, que associam essa prática ao vício, ao descontrole ou até mesmo a uma patologia.

Entretanto, não é apenas de riscos e situações danosas que é feita a internet. Ao contrário, na internet encontramos oportunidades ilimitadas, tais como: um vasto caminho para o trabalho e a educação, o acesso às informações para todas as classes sociais, a aproximação de pessoas, o intercâmbio de culturas. Além disso, a internet é ferramenta de inclusão, aumenta as possibilidades de lazer e entretenimento, entre diversas outras possibilidades.

É possível perceber ao longo dessas pesquisas que, de modo geral, os riscos que trazem maior preocupação são aqueles que impactam a vida social, psicológica e física de crianças e adolescentes. Segundo Ponte (2011), esses riscos podem constituir um perigo potencial que se divide em três categorias:

> o risco procedente da navegação pelas páginas *web* (o dano procede do material ou conteúdo da *web*); o risco procedente da participação em serviços interativos (o dano potencial reside nas pessoas e no comportamento) e os riscos derivados do excesso de tempo de exposição (os setores mais pessimistas normalmente argumentam que os conteúdos do ciberespaço provocam o vício e o isolamento social). (PONTE, 2006, p. 13)

Apesar da crescente possibilidade de riscos que vimos surgir no acesso à internet, Ponte (2006) destaca que o maior risco não deriva do uso da internet, mas sim do seu "não uso", pois ela se converteu na ferramenta básica de troca de informação deste século e aqueles que não fazem uso dessa tecnologia ficam em desvantagem na busca de informação, comunicação, socialização e entretenimento. Afinal, a internet permite cultivar diferentes pontos de vista e oferece um acesso à informação mais igualitário.

Quando atentamos para a característica rizomática da internet, estamos diante de um mapa aberto que permite o agenciamento de pontos que possibilita o surgimento de uma multiplicidade de entradas e saídas, fixações e nomadismos. Essa característica propicia que seus conteúdos sejam facilmente compartilhados para além do público com o qual se deseja interagir e, com isso, pode-se oportunizar consequências danosas para crianças e adolescentes, quando esses se aventuram em práticas arriscadas para além da internet.

Encontrar estranhos *off-line*, sofrer *bullying* ou *cyberbullying*, ou serem alvos de qualquer outro tipo de violência sexual por meio da internet, apontados como principais riscos que podem ser vivenciados por crianças e adolescentes por causa do uso excessivo, apesar de aparecerem nas pesquisas TIC Kids Online com um número considerável, são tomados pelos adolescentes de outras pesquisas, entre elas minha própria pesquisa de doutorado,[79] como algo que não lhes afeta diretamente, pois estão atentos a suas ações e acreditam saberem se defender delas. Torna-se necessário compreender os motivos que levam os adolescentes a se comportarem de forma arriscada na rede, avaliando como essas práticas podem se tornar danosas, tendo em vista as experiências dos adultos quando situações análogas lhes chamam atenção por meio de suas próprias experiências ou por meio das mídias.

Em se tratando hoje de sujeitos agenciados pela virtualidade, coexistindo nas relações que estabelecem por meio das redes sociais nas quais se associam, os adolescentes lidam com as multiplicidades propostas por esse espaço virtual, estabelecendo contatos com pessoas, culturas e histórias que atravessam a produção de sua subjetividade. Uma subjetividade que se coloca como móvel, desterritorializada, atravessada por modos de existência afirmativos, por cruzamentos, que não a deixam

---

[79] DIAS, Vanina C. *Morando na rede*: novos modos de constituição da subjetividade de adolescentes nas redes sociais. Curitiba: Editora CRV, 2016.

ser capturada pela forma, mas por singularidades e intensidades que se constituem nesse processo mediado pelos sentidos e significados que atribuem ao seu mundo, a partir da relação que estabelecem com o meio – real e virtual – e consigo mesmo.

Referências

BOYD, danah. *It's complicated* – the social lives of networkeds tens. USA: Yale University Press, 2014. Disponível em: <www.danahboyd.org/>. Acesso em: 05 set. 2014.

DIAS, Vanina C. *Morando na rede*: novos modos de constituição da subjetividade de adolescentes nas redes sociais. Curitiba: Editora CRV, 2016.

LIVINGSTONE, Sonia; ÓLAFSSON, Kjartan; O'NEILL, Brian; DONOSO, Veronica. *Towards a better internet for children*: findings and recommendations from EU Kids Online to inform the CEO coalition. EU Kids Online, The London School of Economics and Political Science, London, UK. 2012. Disponível em: <http://eprints.lse.ac.uk/44213/1/Towards%20 a%20better%20internet%20for%20children%28LSERO%29.pdf>. Acesso em: 27 jun. 2016.

LIVINGSTONE, Sonia. Tomando oportunidades arriscadas na criação de conteúdo jovem: o uso pelos adolescentes de *sites* de redes sociais para intimidade, privacidade e expressão própria. *Comunicação, mídia e consumo*. São Paulo, ano 9, v. 9, n. 25, p. 91-118, ago. 2012. Disponível em: <revistacmc.espm.br/index.php/revistacmc/article/download/313/pdf>. Acesso em: 29 jun. 2016.

LIVINGSTONE, Sonia; HADDON, Leslie; GÖRZIG, Anke; ÓLAFSSON, Kjartan. *Technical report and user guide: the 2010 EU kids on-line survey*. EU Kinds On-line, London School of Economics and Political Science, London, UK. 2011a Disponível em: <http://www.lse.ac.uk/media@lse/research/EUKidsOn-line/EU%20Kids%20II%20%282009-11%29/Survey/Technical%20report.pdf>. Acesso em: 25 jun. 2016.

NICOLACI-DA-COSTA, Ana. M. *Na malha da rede*: os impactos íntimos da internet. Rio de Janeiro: Campus, 1998.

PONTE, Cristina; VIEIRA, Nelson. *Crianças e internet, riscos e oportunidades*. Um desafio para a agenda de pesquisa nacional. Comunicação apresentada no Simpósio Comunicação e Educação, do V Congresso da SOPCOM. Braga, set. 2006. Disponível em: <http://www2.fcsh.unl.pt/eukidsonline/docs/EU_Kids_OnlineVersao170707.pdf>. Acesso em: 31 jun. 2016.

PONTE, Cristina. *Crianças & media*: pesquisa internacional e contexto português do século XIX à atualidade. Lisboa: ICS, 2012a.

PONTE, Cristina. Uma geração digital? A influência familiar na experiência mediática de adolescentes. In: *Sociologia, problemas e práticas*, n. 65, p. 31-50, 2011. Disponível em: <http://www.scielo.gpeari.mctes.pt/pdf/spp/n65/n65a02.pdf>. Acesso em: 02 ago. 2015.

PONTE, Cristina; JORGE, Ana M; SIMÕES, José A; CARDOSO, Daniel. *Crianças e internet em Portugal*. Coimbra: Minerva Coimbra, 2012b.

ROMÃO-DIAS, Daniele. *Nossa plural realidade*: um estudo sobre a subjetividade na era da internet. Dissertação (Mestrado) – Pontifica Universidade Católica do Rio de Janeiro, Rio de Janeiro, 2001. Disponível em: <http://www2.dbd.puc-rio.br/pergamum/teses/2001_ROMAO%DIAS_D. pdf>. Acesso em: 14 jun. 2016.

SIMÕES, José A. Mediações dos usos da internet. Resultados nacionais do inquérito EU Kids Online. In: PONTE, Cristina; JORGE, Ana M; SIMÕES, José A; CARDOSO, Daniel. *Crianças e internet em Portugal*. Coimbra: Minerva Coimbra, 2012. p. 121-143.

SPINK, Mary Jane. Trópicos do discurso sobre risco: risco-aventura como metáfora na modernidade tardia. *Cadernos de Saúde Pública*, Rio de Janeiro, n. 17(6), p. 1277-1311, nov./dez. 2001. Disponível em: <http://www.scielosp.org/pdf/csp/v17n6/6944.pdf>. Acesso em: 18 jun. 2016.

SPINK, Mary Jane. Riscos antecipados: regimes de esperança e regimes de verdade na administração de agravos à saúde. In: V Congresso Brasileiro de Ciências Sociais e Humanas em Saúde, ABRASCO. Texto apresentado na mesa redonda "Saúde Coletiva, Risco e Biopolítica", Universidade de São Paulo, 17 a 20 de abril de 2011.

TURKLE, Sherry. *Life on screen*: identity in the age of the internet. New York: Touchstone. 1995 [e-book].

TIC Kids Online Brasil 2012: pesquisa sobre o uso da internet por crianças e adolescentes [livro eletrônico]. Coordenação executiva e editorial de Alexandre F. Barbosa. São Paulo: Comitê Gestor da internet no Brasil, 2013.

TIC Kids Online Brasil 2013: pesquisa sobre o uso da internet por crianças e adolescentes no Brasil [livro eletrônico]. Coordenação executiva e editorial de Alexandre F. Barbosa. São Paulo: Comitê Gestor da internet no Brasil, 2014.

TIC Kids Online Brasil 2014: pesquisa sobre o uso da internet por crianças e adolescentes no Brasil [livro eletrônico]. Coordenação executiva e editorial Alexandre F. Barbosa. São Paulo: Comitê Gestor da internet no Brasil, 2015.

TIC Kids Online Brasil 2015: pesquisa sobre o uso da internet por crianças e adolescentes no Brasil [livro eletrônico]. Coordenação executiva e editorial Alexandre F. Barbosa. São Paulo: Comitê Gestor da internet no Brasil, 2016.

13 ADOLESCENTES E *BLOGS* DE MODA: SUBMISSÃO AO MERCADO DE CONSUMO OU ESPAÇO DE CRIAÇÃO?

Fabiana Cerqueira
Nádia Laguárdia de Lima

A adolescência, considerada como uma fase da vida localizada entre a infância e a vida adulta, é resultado de uma construção social. Em algumas culturas, a passagem da infância para a vida adulta dá-se sem intervalo de tempo, simbolizada pelos ritos culturais. Para Le Breton (2016), tanto a adolescência quanto o momento de sua entrada e de sua saída não apresentam critérios claros de delimitação. As definições são múltiplas de acordo com o período histórico e cultural, assim como os critérios de acesso à maturidade social.

Rousseau, em 1762, argumentava que a puberdade tinha efeitos mentais e emocionais tão elementares que representava um segundo nascimento (SAVAGE, 2009). Para o autor, os sintomas incluíam: "uma mudança de temperamento, frequentes explosões de raiva, uma perpétua agitação mental" (p. 29). Mas, durante o século XIX, a puberdade ainda não era considerada uma fase distinta da vida. O termo definitivo para esse intervalo entre a infância e a fase adulta foi cunhado por Stanley Hall em 1904, que definiu a adolescência como um período da vida entre os 14 e 24 anos. Para o autor, a adolescência era fundamentalmente uma condição volátil: "em que os jovens são emocionalmente instáveis e fáticos, com um impulso natural para experimentar estados psíquicos ardentes e fervorosos" (SAVAGE, 2009, p. 87).

Em 1944, os americanos começaram a usar o termo *teenager* para descrever o grupo de jovens com idade entre 14 e 18 anos. Desde o início, foi um termo de *marketing* usado por publicitários e fabricantes que identificavam o poder de consumo dos adolescentes (SAVAGE,

2009). A invenção do termo coincidiu com a vitória dos americanos na Segunda Guerra Mundial. A imagem do jovem consumidor era uma "excelente oportunidade para uma Europa devastada" (SAVAGE, 2009, p. 11). Essa imagem do adolescente pós-guerra dominou o modo como o Ocidente vê os jovens e tem sido exportada para o mundo todo. A promessa de juventude estava personificada na América, o poder em ascensão no novo século (2009, p. 13). Assim, a divulgação pós-guerra de valores americanos teria como álibi a imagem do *teenager*, que vivia no agora, "buscando o prazer, faminto por produtos, personificador da nova sociedade global onde a inclusão social seria concedida pelo poder de compra" (2009, p. 498).

A adolescência transforma-se gradativamente num ideal cultural, em uma fase da vida associada à beleza do corpo, à vivência do prazer sexual e à conquista da liberdade. Entretanto, a partir da psicanálise, sabemos que o corpo em transformação do jovem é muitas vezes fonte de estranhamento e angústia. O corpo apto para o ato sexual não é acompanhado, necessariamente, de condições psíquicas para a sua realização. O adolescente é perturbado por uma irrupção de gozo que transborda o corpo, por desejos e fantasias incontroláveis e ameaçadores. O encontro com o outro sexo é precedido por fantasias que adiam e preparam o jovem para essa nova experiência com o corpo do outro.

A transformação do corpo púbere abala a imagem corporal construída na infância, despertando a angústia e exigindo do sujeito a sua reconfiguração, pois o corpo confere ao sujeito o sentimento de identidade e favorece o laço social.

Mesmo que a "adolescência" seja um significante da cultura, que define essa fase da vida a partir de determinados padrões sociais, sabemos que o tempo da adolescência tem amplitude, valor, características e funções específicas para cada um. A partir da psicanálise, consideramos a adolescência como um tempo lógico, pois não corresponde a uma faixa etária delimitada, e enlaça os campos biológico, psíquico e social. A adolescência é acionada pela puberdade, que, por sua vez, é determinada biologicamente. A adolescência pode ser pensada como o tempo de elaboração simbólica sobre a puberdade, e também de enlaçamento social. Entretanto, para que essa elaboração se dê, é necessário o desligamento da autoridade dos pais.

Freud considera que uma das mais importantes funções da adolescência é o rompimento da ligação com a autoridade do pai, que, no lugar de Ideal, até então sustentara e orientara o sujeito. Os pais são substituídos por novas referências de identificação. O adolescente abandona os objetos de amor da infância, substituindo-os por novos: "A escolha de objeto da época da puberdade tem de renunciar aos objetos infantis e recomeçar com uma corrente sensual" (FREUD, 1905/1989, p. 187). Ao posicionar-se no campo sexual, o adolescente elabora a partilha dos sexos, ou seja, toma seu lugar enquanto homem ou mulher.

Assim, o adolescente irá buscar, no campo da cultura, novos significantes com os quais se identificará, outros parceiros, locais e grupos sociais. O laço social na adolescência ocorre por meio das identificações com os significantes mestres que os jovens recolhem da cultura, sejam eles ídolos, modos de vida ou manifestações culturais em geral. Freud (1921/2011) define a identificação como "a mais antiga manifestação de uma ligação afetiva a uma outra pessoa" (p. 60). Nesse mesmo texto, ele ressalta a importância do papel do líder. No caso dos adolescentes, durante o processo de desligar-se do objeto de amor e de se interessar por outros, a figura do líder aparece como um possível substituto, pois é alguém que se oferece como fonte de saber, abrindo a oportunidade de um novo rumo para o sujeito. É a figura que, de certo modo, corporifica um ideal: "Já suspeitamos que a ligação recíproca dos indivíduos da massa é da natureza dessa identificação por meio de algo afetivo importante em comum, e podemos conjecturar que esse algo em comum esteja no tipo de ligação com o líder" (FREUD, 1921/2011, p. 65). Ele aborda a estrutura da identificação como horizontal e vertical. No eixo horizontal, estariam os laços entre os membros do grupo. Já no eixo vertical, temos o laço com o líder. Assim, a identificação com o líder, vertical, sustenta a identificação horizontal, com os semelhantes.

Como se dá esse processo na época atual? As identificações na atualidade configuram-se como predominantemente horizontais, quando os ideais sociais estão claramente em declínio. Essa horizontalidade das referências de identificação é largamente ampliada pela internet. O ambiente virtual é o novo lócus de encontro dos jovens, que oferece uma grande variedade de opções de identificação.

Desde o seu surgimento, os *blogs* tornaram-se um espaço de expressão privilegiado para adolescentes. Lima (2014) observa: "A facilidade com que é possível criar e publicar um *blog* e a popularização de diversas modalidades de internet de banda larga no Brasil (e em todo o mundo ocidental) foram fatores que estimularam a utilização dos *blogs* por jovens" (p. 174). Os jovens parecem estar à frente nesse uso, como se portassem em si uma atualização mais rápida diante das novidades que aparecem.

O nome *blog* é uma corruptela da expressão em inglês *weblog*, em que *web* significa rede (computacional) e *log*, registro (em diário de bordo). Seria, então, uma espécie de diário mantido na internet, sustentado por um ou mais autores e que pode ser acessado por qualquer internauta. Ele é uma forma livre de expressão. Tornou-se também uma fonte de conhecimento e uma poderosa ferramenta de comunicação, capaz de influenciar as pessoas em suas vidas sociais:

> Há vários tipos de *blogs*, com diferentes propósitos e estilos, coletivos ou individuais, literários, jornalísticos, pessoais, profissionais ou temáticos. O *blog* pode ser uma forma de contato ou de comunicação entre pessoas. Ele serve também para promover pessoas, lançar artistas, divulgar notícias, informar, formar grupos por interesses temáticos, entre outros. (LIMA, 2014, p. 174)

Orihuela (2007), no texto "Blog e blogosfera: o meio e a comunidade", define os *blogs* como páginas pessoais que, assim como os diários *on-line*, permitem a todos publicar na rede. Seu foco está no conteúdo e no próprio usuário e, por isso, os *blogs* propiciam ao internauta a publicação de "conteúdos próprios sem intermediários, atualizados e de grande visibilidade para os pesquisadores" (p. 2).

A rápida expansão dos *blogs* de moda construídos por adolescentes do sexo feminino despertou o nosso interesse em conhecê-los. Como vimos, no início do século XX, a atenção dada à juventude era fortemente marcada pelos interesses do mercado. A relação dos sujeitos adolescentes com os bens de consumo cresceu, em grande medida, embalada pelos modos de consumir que caracterizam a contemporaneidade. Na era da visibilidade dos corpos, as jovens fazem uso desses dispositivos tecnológicos na tentativa de elaborar uma imagem corporal "desejável" para o outro sexo. Mas elas também criam esses *blogs* para atrair o público feminino e, consequentemente, a fama, o sucesso, o dinheiro "fácil".

Os *blogs* alcançaram extrema importância no mercado de consumo: "As grandes marcas tentam identificar blogueiros que fazem sucesso na rede para que eles possam divulgar suas marcas" (LIMA, 2014, p. 174). Assim, ficou instituída uma forma de negociação: as marcas "presenteiam" as blogueiras com produtos, ora impostos, ora escolhidos pelas próprias, que, em troca, divulgam os seus produtos e marcas em suas páginas. Tendo em vista o alto número de acessos e visualizações, as marcas passaram a identificar essas blogueiras como parte de suas estratégias de publicidade. Não obstante a pouca idade, meninas adolescentes passaram a ser reconhecidas como "formadoras de opinião", que exercem influência sobre as demais.

Mas existiriam outras razões para a criação desses *blogs* pelas jovens, além do interesse de "serem capturadas pelas grandes marcas"? Como hipótese, buscamos investigar se esses *blogs* poderiam ser espaços de construção de uma "identidade sexual", em um tempo em que o declínio do Ideal e a multiplicidade de referências de identificação tornam mais frágeis e plurais as representações sociais de feminilidade e de masculinidade. Além disso, destaca-se a própria impossibilidade de se definir o feminino, já proclamada por Freud. E, finalmente, questionamos se nesse espaço dominado pelo mercado de consumo existiria a possibilidade de criação.

As adolescentes utilizam os objetos de consumo como forma de intervir no próprio corpo, adorná-lo, adaptá-lo a um determinado padrão, e, por conseguinte, inseri-lo na cultura. Assim, uma primeira leitura permite pensar que se trata de uma tentativa de inserção social pela via do consumo. As adolescentes também buscam se constituir em referências de identificação para outras adolescentes. Esse esforço, paradoxalmente, passa pelo discurso: "seja você mesma!". Os leitores ou seguidores desses *blogs* veem por meio das imagens veiculadas na tela do computador as mensagens "você também pode", "inspire-se", "tenha"!

A oferta de identificação na rede gira em torno do esforço de criar uma imagem ideal, e com isso, velar a falta subjetiva que é desvelada no confronto com o real da puberdade. As adolescentes tentam constituir uma imagem corporal atrelada aos acessórios ligados ao corpo. Essa fabricação da própria imagem corporal passa pela idealização da imagem manipulada tecnicamente pela mídia. Como destaca Kehl (2008), o corpo oferece-se ao outro como pura imagem, sendo resultado de um movimento da modernidade que evidenciou a auto-observação dos corpos. A adolescente oferece a imagem de seu corpo ao olhar crítico do Outro. Antes, porém, procura modelar esse corpo, ou modular essa imagem, em resposta a uma dimensão superegoica de uma cultura marcada pelo narcisismo:

> Hoje, aquilo que chamamos de amor próprio depende da visibilidade. Não se trata apenas da beleza. Não basta ter um rosto harmonioso, um corpo bem proporcionado. É preciso aumentar a taxa de visibilidade, ocupar muito espaço no mundo. É preciso fazer a imagem crescer. Inflar os bíceps, as nádegas, os peitos, aumentar as bochechas, esticar o comprimento dos cabelos. A receita de beleza no terceiro milênio deve ser: muito tudo. Menos gordura, claro. (KEHL, 2008, p. 17)

Com o surgimento das redes sociais, a imagem tornou-se o cartão de visitas de seus usuários. Eles mostram-se e, além disso, colocam as formas imaginárias em um movimento que dificilmente cessa. Não existe uma única imagem e símbolo da beleza, mas uma proliferação delas que, sem mediação, impactam, fascinam, traumatizam, influenciam e, assim, afetam subjetividades e corpos.

A dimensão imaginária apresenta capacidade de comunicação. Segundo Kehl (2008), é o lugar psíquico das significações estáveis de onde o sujeito transmite suas elaborações como se verdades fossem. O imaginário colabora para que a idealização – ou seja, a ilusória perfeição recorrentemente ofertada pela lógica do consumo e reafirmada nas imagens manipuladas no espaço virtual – faça-se presente o tempo todo:

> O imaginário nos dispensa a falta. Da falta da coisa e da verdade. É o campo da certeza e das ilusões totalizantes. Não é preciso dar um passo muito grande para entendermos que o imaginário é o campo sobre o qual ergue-se a fortaleza protetora do narcisismo. É o campo das identidades, que sustentam a miragem do ser. O campo em que se constituem, por efeito de espelhamento, todas as identificações humanas. (KEHL, 2008, p. 127)

Os *blogs* de adolescentes apresentam o que elas chamam de "dicas" ou "inspirações" sobre o que fazer com o corpo. Por exemplo, como usar determinada peça de roupa e suas possíveis variações; possibilidades de *looks* para ir ao primeiro dia de aula ou a uma festa de 15 anos; como passar um batom vermelho; o que fazer nos dias de chuva; qual o celular que usam e quais "capinhas" têm à disposição; como fazer determinados penteados; quais as marcas de bolsas, e por aí se acham "dicas" para tudo. As adolescentes tentam se posicionar no lugar de mestria para as outras adolescentes que as seguem nas redes sociais.

Consideramos que esses *blogs* podem se constituir, para algumas adolescentes, como espaços de reconstrução da imagem corporal. Num tempo em que a imagem corporal sofre profunda alteração, a tecnologia da imagem parece vir ao socorro desta "reconstrução imaginária" do corpo.

Essas jovens desejam fórmulas para "parecerem mulheres", e não mais crianças. O uso dos objetos de consumo e suas combinações, como as maquiagens, as marcas, as diversas dicas de beleza, entre outras, fornecem as matérias-primas dessa construção imaginária acerca de um "vir a ser" mulher. Um saber ofertado por uma garota pode inspirar a elaboração de tantas outras sobre a construção de uma "identidade feminina", tendo em vista a impossibilidade de um saber universal sobre o que é ser mulher.

O campo psíquico é constituído pelo enlaçamento dos registros simbólico, imaginário e real. O feminino é o real, fora de toda representação simbólica. Assim, tentar construir uma representação para o feminino é exatamente afastar-se do que é propriamente feminino. Para Lacan, diante da impossibilidade de representar o feminino, resta a cada mulher inventar a sua solução, sempre singular, de abordar o real, fora de toda significação.

Mas, inseridos na cultura, ninguém escapa às identificações. Cada sujeito adolescente precisa passar pelo campo das identificações como forma de se localizar no campo social. Os grupos formam-se a partir de um elemento significante comum que os agrupa, constituindo "identidades". Na internet existem, por exemplo, os "nerds", "músicos", "viciados em jogos", "anoréxicas", entre outros. Mas, por vezes, é uma imagem que se oferece como isca para a identificação. Nesse espaço marcado predominantemente por imagens, as identificações são fundamentalmente imaginárias, especulares.

Se o grupo forma-se a partir de um nome ou de uma imagem comum, não se pode esquecer, entretanto, que cada sujeito dentro do grupo tem algo de singular, que o difere dos demais. A psicanálise valoriza essa dimensão singular, que não se encaixa no grupo, que aponta para o real de cada um.

Nos *blogs* pesquisados, as adolescentes publicam *posts* sob o signo de "dicas" ou "inspirações" com muitas orientações sobre "o que usar", como combinar, as marcas de sucesso, enfim, elementos que podem inspirar as leitoras. Nesse universo virtual, as adolescentes visam, muitas vezes, a construir e divulgar um saber sobre como se vestir, "ser feminina", "atual" e "adolescente". Assim, elas tecem um saber que é reconhecido pelas adolescentes que as seguem como um saber referente à "identidade". Numa cultura capitalista, "ser mulher" equivale a ter acesso a determinados objetos de consumo. Mas, como vimos, não basta o acesso a tais objetos. É preciso certo "saber fazer" ou "saber usar" esses objetos.

Algumas adolescentes blogueiras não defendem a cópia, mas incentivam suas "seguidoras" a se inspirarem em seus figurinos e imprimirem suas próprias identidades. Não podemos esquecer que essa é a nova arma das grandes marcas, que defendem uma moda individual, feita *sob medida* para cada um, numa cultura cada vez mais individualista.

Em meio à massiva orientação virtual sobre "o que usar", "como usar" e "como fazer" com os objetos de consumo, a mera reprodução é algo comum às adolescentes, mesmo perseguindo a originalidade. Entretanto, existem diferentes ofertas de identificação, pois a moda é cada vez mais plural, multifacetada e abrangente.

É possível a invenção nesse espaço virtual? Se o singular é algo que escapa às determinações simbólicas, ele pode se fazer presente nos pequenos detalhes. As criações autorais podem surgir das raras brechas deixadas pelo mercado. O detalhe permite a impressão do singular nas roupagens, adornos e *gadgets*[80] que envolvem o corpo. Como diz Barthes (1967/2009), "um 'grão' de 'nada' e tem-se todo um traje penetrado pelo sentido da moda: *um quase nada que muda tudo; esse nada que fará tudo; um detalhe vai mudar a aparência; detalhes que garantem sua personalidade* etc." (p. 360). Ao analisar essa perspectiva, Massara (2013) faz uma bela reflexão sobre o detalhe para as mulheres:

> O detalhe é o elemento barato, mas vital em uma toalete. É ele que pode desviar uma mulher do destino de se vestir como a outra mulher. No detalhe ela pode se diferenciar – ali há algo, um "não-sei-quê", um jeito que faz a diferença. O elemento

---

[80] Significa, em tradução livre do inglês, aparelho. Segundo Rosa (2010), *gadget* é uma gíria eletrônica que se refere a objetos de uso prático no cotidiano. Possuem função bem específica, prática e supostamente útil.

> destacado do todo – um bolso, uma gola de paetê, uma corrente caída na altura das costas, um rasgo na calça, uma bijuteria – são esses ínfimos objetos que detém o poder da significação. (MASSARA, 2013, p. 507)

A moda possibilita às adolescentes reproduzirem os ditames em voga, mas também permite que elas teçam os seus detalhes em suas "criações". Assim, o uso que cada adolescente faz da moda é que nos dá a medida do que ela é para cada um.

Adornar o corpo com objetos de consumo pode ser uma forma de endereçar uma mensagem ao outro, de expressar um estado de espírito, de assumir uma identidade sexual, de demonstrar uma posição econômica, social ou política. O corpo adornado permite diferenciar o sujeito de um determinado grupo, bem como incluí-lo.

A cultura capitalista alcança a moda, capturando o sujeito e sua individualidade com os grandes mercados de consumo. A aquisição de objetos de consumo favorece a inserção social, baliza as identificações e cria identidades na nossa cultura. A moda pode ser vista como algoz, associada ao capitalismo predatório, aos ditames das passarelas e a uma estética impositiva, impulsionada de forma intensa pela internet. Mas acreditamos que ela não impede a criação, orientada pelo que há de mais singular em cada um, mesmo que seja nos pequenos detalhes. A cultura da moda pode ser fonte de inspiração para um sujeito, que, nas suas entrelinhas, encontra pequenas brechas de liberdade.

Referências

BARTHES, R. (1967). *Sistema da moda*. São Paulo: WMF Martins Fontes, 2009.

COTTET, S. Puberdade catástrofe. *Revista Transcrição*, Salvador, n. 4, p. 101-106, 1998.

COUTINHO, L. G. *A adolescência na contemporaneidade*: ideal cultural ou sintoma social. 2005. Disponível em: <http://www.editoraescuta.com.br/pulsional/181_02.pdf>.

FREUD, S. (1905). Três ensaios sobre a teoria da sexualidade. In: *Edição standard brasileira das obras psicológicas completas de Sigmund Freud*. v. 7. Rio de Janeiro: Imago.

FREUD, S. (1914). Sobre a psicologia do colegial. In: *Obras completas*. v. 11. Tradução de P. C. Nunes. São Paulo: Companhia das Letras, 2012.

FREUD, S. (1921). Psicologia das massas e análise do eu. *Obras completas*. v. 15. Tradução de P. C. Nunes. São Paulo: Companhia das Letras, 2011.

KEHL, M. R. *A fratria órfã*: conversas sobre a juventude. São Paulo: Olho d'Água, 2008

LACADÈE, P. *O despertar e o exílio*: ensinamentos psicanalíticos da mais delicada das transições, a adolescência. Rio de Janeiro: Contra Capa, 2011

LE BRETON, D. *Adolescência*. No prelo.

LIMA, N. L. *A escrita virtual na adolescência*: uma leitura psicanalítica. Belo Horizonte: Ed. UFMG, 2014.

MASSARA, I. H. Feminilidade: um detalhe. *Fractal – Revista de Psicologia*, v. 25, n. 3, p. 497-514, set./dez. 2013. Disponível em: <http://www.scielo.br/pdf/fractal/v25n3/a06v25n3.pdf>. Acesso em: 01 dez. 2015.

MASSARA, I. H. *Uma mulher e sua roupa*: a função do véu no bordejamento da questão feminina na psicanálise. Dissertação (Mestrado em Psicologia) – Programa de Pós-Graduação em Psicologia, Universidade Federal de Minas Gerais, Belo Horizonte, 2010.

ORIHUELA, J. L. Blog e blogosfera: o meio e a comunidade. In: ORDUÑA, O. et al. *Blogs*: revolucionando os meios de comunicação. São Paulo: Thompson Learning, 2007.

ROSA, M. Jacques Lacan e a clínica do consumo. *Psicologia Clínica*, Rio de Janeiro, v. 22, n. 1, p. 157-171, 2010. Disponível em: < http://www.scielo.br/pdf/pc/v22n1/a10v22n1.pdf>. Acesso em: 19 jan. 2017.

SAVAGE, Jon. *A criação da juventude*. Rio de Janeiro: Rocco, 2009.

STEVENS, A. Adolescência, sintoma da puberdade. Curinga, Belo Horizonte, Escola Brasileira de Psicanálise, Seção Minas Gerais, v. 20, 2004.

14 NO MUNDO DO POKÉMON GO: OS JOGOS ENSINAM MELHOR QUE AS ESCOLAS?

Regina Helena Alves da Silva
Victor do Nascimento Silva

O impacto da expansão da técnica e da tecnologia na sociedade ocorre de forma intensiva no campo do saber e da ciência. Embora de grande valia na difusão do conhecimento, Marcovitch (2000) afirma que as novas tecnologias da informação não deveriam inibir o papel transformador do ensino. Esse papel consiste basicamente em fazer de cada aluno, depois de formado, um verdadeiro agente de mudanças. De acordo com Marcovitch, pensamos que um dos maiores desafios da educação é "arquitetar novas mentalidades".

O relatório de 1996 da Unesco, "Educação: um tesouro a descobrir", coordenado por Jacques Delors, afirma que "... os sistemas educativos devem dar resposta aos múltiplos desafios das sociedades da informação, na perspectiva de um enriquecimento contínuo dos saberes e do exercício de uma cidadania adaptada às exigências do nosso tempo". Nesse sentido, ao se articular educação e tecnologia, podemos pensar o jogo como uma arena privilegiada na qual o processo de ensino-aprendizagem pode ser dinamizado.

Durante muito tempo os jogos, e agora os digitais, foram vistos como antítese da aprendizagem, mas hoje já se entende as conexões entre esses dois lugares.

Johan Huizinga (2005) aponta o papel fundamental do jogo em uma sociedade. Para esse autor, o jogo "é mais que um fenômeno fisiológico ou um reflexo psicológico. Ultrapassa os limites da atividade puramente física ou biológica. É um significante, isto é, encerra um determinado sentido".

Existem limites para o que os jogos podem fazer, como em qualquer tipo de atividade educacional. Um jogo pode ser de algum tipo de atividade educacional específica, para um público específico, para contextos específicos; em todos eles teremos um conjunto de objetivos e restrições também específicos. Cada jogo pode ter um conjunto de necessidades de aprendizagem ou de habilidades e de limites. Ou seja, precisamos entender que os jogos podem não apenas ensinar, mas em que condições eles podem ajudar alguém a aprender.

Inúmeros pesquisadores, tais como Malone (1981), Moita (2004), entre outros, têm direcionado suas reflexões para os estudos dos jogos digitais como um importante elemento de nossa cultura. Espinoza vai nos lembrar que,

> A pesar de todas las innovaciones tecnológicas, sociales y económicas que nos han permitido crear, reproducir, replicar e investigar los juegos, no podemos pasar por alto las muchas formas que estos pueden adoptar. Los juegos, ya sean digitales, híbridos, analógicos virtuales, en línea, *off-line*, de consola, para la Web o móviles, son juegos. Los seres humanos han estado jugando y aprendiendo de los juegos desde el inicio de la humanidad y no podemos olvidar que en su esencia más básica, nos ayudan a compartir y comunicar lo que somos. El juego es más viejo que la propia cultura y la razón por la cual puede ser culturalmente valioso es porque tiene una función en sí mismo. Por estas razones, es el momento apropiado para considerar esa conexión que existe entre los juegos y el aprendizaje. (ESPINOSA, 2016, p. 29)

Fica uma questão sobre como articular, num jogo, os seguintes aspectos: o componente educativo, visando o ensino e a aprendizagem, e a diversão e a sensação de imersão.

Clua e Bittencourt (2008) afirmam que os jogos educativos em geral não são atrativos, pois não criam uma sensação de imersão, tratam o jogador como um estudante, e possuem uma forte abordagem educacional. Os autores a partir de uma pesquisa realizada com estudantes diagnosticaram que os jogos educativos têm sido vistos com bastante desprezo pelo público jovem. Segundo Roger Tavares (2008), "os jogos educativos mais comuns são chatos e tendem a se tornar uma obrigação para crianças e adolescentes".

O que se percebe é que a maioria dos jogos educativos dedica grande ênfase didática em detrimento de seu caráter lúdico. Na verdade, acreditamos que o que ocorre com esses está muito próximo do que

Huizinga (2005) ressalta, a propósito do esporte e de sua relação com os jogos. Segundo esse autor, a sistematização e regulamentação dos jogos poderiam levar a um processo de "dessacralização do lúdico" (2005, p. 239), o que implicaria uma perda das características lúdicas. O lúdico, a diversão, o espontâneo da atividade perder-se-iam em detrimento de outros interesses "em jogo". Contrariamente às atividades educativas, os jogos eletrônicos não são atividades impostas aos jogadores. Eles são jogados por diversão e o jogador adere a seus universos e regras por livre e espontânea vontade.

Em geral, os *videogames* são atividades voluntárias que requerem do jogador uma grande participação. Nicole Lazzaro (2008), ao diferenciar os *videogames* da TV, reitera o caráter participativo desses, que dependem da participação efetiva do jogador para existirem, o que difere da TV, marcada, segundo a autora, pela passividade do espectador.

Lazzaro (2008) ainda afirma que os componentes dramáticos e emocionais são elementos importantes que levam um jogador a continuar jogando e são, geralmente, o que um jogador cita quando perguntado sobre o que torna um jogo divertido. Segundo Clua e Bittencourt (2008), os jogos didáticos, ao não privilegiarem esses elementos, "perdem sua espontaneidade, seu caráter prazeroso e tornam-se semelhantes às tradicionais aulas com textos didáticos usando quadro e giz".

Gonzalo Frasca vai nos dizer que o jogo é a primeira estratégia cognitiva do ser humano, e se constitui em uma ferramenta incrível para explicar e entender o mundo.[81] Mais importante das análises de Frasca é que se recupera a discussão sobre o impacto dos erros nos processos de aprendizagem. Segundo esse autor, aprender com base em equívocos, em escolhas erradas, faz com que as crianças sejam tolerantes com as frustrações. Escolher caminhos mais longos, ou não conseguir ganhar, faz parte das possibilidades do jogo; perder o medo de falhar educa as crianças, torna-os menos valentes.[82] Aqui Frasca leva-nos a afastarmo-nos dos métodos tradicionais das escolas onde o aprendizado se dá pela punição dos erros, a recorrência de reforçar a falha como pouca capacidade de aprendizagem, a competição como forma de aquisição de conhecimento.

---

[81] Blog de Notas. Entrevista com Gonzalo Frasca.
[82] Milênio. Cultura. Entrevista com Gonzalo Frasca

Pensando como outra forma de aprendizado, os erros nos jogos digitais possibilitam a construção de um repertório de soluções, conformado pelos elementos do jogo e multiplicidade de caminhos testados pelos jogadores. Rodrigues e Silva (2014) chamam a atenção quanto às redes de jogadores para outro aspecto que rompe com a competição e cria formas de compartilhamento e colaboração em torno de determinados jogos.

> Com a internet, grupos de discussões, fóruns de jogadores, modificações no cenário e nas ações do jogo (Mods) por grupos de jogadores e, mais recentemente, gravações de gameplays que podem ser vistas no YouTube e livestreams de jogos (onde o jogador exibe ao vivo uma partida, com a possibilidade de um *chat* para interagir com o público) tornam-se cada vez mais comuns – e importantes para essas comunidades de jogadores. (RODRIGUES; SILVA, 2014)

Nesse sentido, abarcamos a proposta de Frasca de que o jogo é essencialmente um território de aprendizagem, uma possibilidade de exploração das coisas de maneiras distintas que a da experiência cotidiana de vida e de jogar. A vida rotineira dos indivíduos tem um caráter difuso e alguns jogos agregam o correr do dia a dia do jogador com elementos digitais inseridos nos espaços dos lugares que os jogadores habitam.

Para se pensar um jogo como educativo, é fundamental entendê-lo no campo da experiência dos nativos digitais, o que permitiria identificar os códigos básicos de comunicação, a fim de se trocar o registro para ações de investigação e de soluções de desafios.

Para entender essa possibilidade de um território de aprendizagem, buscamos os jogos de interpretações de papéis, também chamados de RPG (do inglês, *Role Playing Game*), que chamam a atenção pela capacidade de imersão que pode proporcionar ao jogador. Nesses jogos o jogador é convidado a interpretar um personagem determinado e a utilizar seus recursos para cumprir certos objetivos. Esses jogos também são bastante conhecidos por terem um roteiro que pode ser predefinido ou narrado por um mestre de RPG, gerando diversas histórias com apenas uma história base.

Não há aqui alguém com o papel do mestre expositor, mas sim um mestre ignorante no sentido proposto por Rancière, aquele que:

> É um mestre que não transmite seu saber e também não é o guia que leva o aluno ao bom caminho, que é puramente vontade, que diz à vontade que se encontra a sua frente para buscar seu caminho e, portanto, para exercer sozinha sua inteligência, na busca desse caminho. (VERMEREN *et al.*, 2003, p. 188)

Nos jogos de RPG, podemos criar nossos personagens e interpretá-los, criar narrativas. Isso nos leva para além de um jogo com regras predefinidas que também possibilita criação, mas não nos propõe invenção de lugares e não possibilita o que é fundamental nesses jogos: a criação de grupos que compartilham propostas, planejamento, decisões e ações.

Inicialmente esse gênero de jogo resumia-se ao meio analógico, em que jogadores utilizam o lançamento de dados, moedas e outros utensílios para lançar a sorte e definir o rumo da história. Com o advento do jogo digital, esses jogos passaram a ser implementados no ciberespaço, tendo como plataforma consoles e computadores, mudando a abordagem inicialmente proposta. As produtoras de RPG geraram jogos com histórias únicas e franquias de grande sucesso. O grande trunfo foi o mesmo do jogo de RPG analógico: a imersão. Franquias como Final Fantasy (1987, Square Enix) e Diablo (Blizzard) carregam legiões de fãs, não só dos jogos, mas também de seus personagens.

A imersão é definida por Ermi e Mayra (2005) de três formas:
- a sensorial, que é baseada na experiência audiovisual, na execução dos jogos;
- a fundamentada em desafios, em que a concentração se dá na busca da superação dos desafios colocados pelo jogo;
- e a imaginativa, que absorve a narrativa do jogo e cria uma identificação com um personagem. Essa é a imersão por excelência dos RPGs.

Com o tempo, o jogo de RPG deixou de habitar apenas os consoles e computadores e evoluiu para os MMORPGs (do inglês, *Multiplayer Massively On-line Rolling Playing Game*), que são jogos de RPG jogados por milhões de jogadores simultaneamente utilizando a internet. Esses jogos *on-line* inseriram características únicas no meio digital, como a interação entre os jogadores, a criação de avatares personalizados e a possibilidade de criação de uma economia dentro do jogo.[83] Esse novo conceito permite ao jogador encarnar novamente um personagem, mas desta vez guiando-o por uma aventura em que centenas de outros *players* participam.

Mais recentemente temos visto uma grande preocupação de integração de tecnologias mais avançadas, consideradas emergentes em jogos digitais; uma delas é a Realidade Aumentada – RA. Essa tecnologia consiste em adicionar elementos digitais ao ambiente real por meio da utilização de um dispositivo digital, geralmente um dispositivo móvel. No ponto de convergência desses dois mundos, há grandes franquias que podem explorar o jogo de RPG/MMO e a Realidade Aumentada, de forma a gerar experiências inovadoras, únicas ao jogador. Uma dessas é a franquia Pokémon, propriedade da The Pokémon Company. Entender um pouco da história dessa franquia leva-nos a identificar melhor a convergência de seus pontos de interesse.

A franquia Pokémon foi iniciada em meados da década de 90, mais precisamente em 1995, com um par de jogos para Game Boy, um console portátil recém-lançado pela Nintendo. Nesses jogos o jogador deve interpretar um treinador Pokémon, um personagem responsável por capturar criaturas fictícias. A palavra Pokémon significa "Monstros de Bolso" (poké – *pocket* – e mon – *monsters*). O jogador utiliza suas habilidades para capturar e treinar seus Pokémons, e os utiliza para tarefas diversas, inclusive para batalhas entre jogadores. Interessante observar que o mundo fictício gerado no jogo é "populado" não só por humanos, mas também pelos Pokémons, que podem ser selvagens ou domesticados. São chamados Pokémons selvagens aqueles que nunca foram capturados utilizando uma "Pokébola", dispositivo esférico utilizado para a captura das criaturas do jogo. Por outro lado são chamados domesticados aqueles que já foram capturados por um jogador.

Nos jogos da marca Pokémon, um jogador encontra-se em um universo no qual diferentes criaturas selvagens (os Pokémons) podem ser capturadas e domadas pelo *interator*. Depois, essas mesmas criaturas são utilizadas para entrar em combates com outros Pokémons, tanto para proteção do personagem, quanto para capturar novas criaturas.

---

[83] Dentre os MMORPGs, podemos encontrar jogos como Tibia e World of Warcraft.

O jogador também enfrenta oponentes variados, que controlam seus próprios Pokémons. Para alcançar tal façanha, o jogador tem como opções procurar conseguir criaturas cada vez mais fortes, ou treinar – por meio de mais batalhas – as que já foram capturadas. Alguns Pokémons, após ganharem a experiência de vários combates, "evoluem", ou seja, trocam para uma forma mais forte, mudando de nome, visual e habilidades.

O jogo é focado na diversidade de opções, e os primeiros jogos (Pocket Monsters: Red & Green) tinham ao todo 151 Pokémons diferentes para serem capturados, evoluídos, ou mesmo trocados com outros jogadores. Alguns Pokémons são mais eficientes em combate contra algumas criaturas, e mais fracos contra outras. Isso faz com que o jogador seja obrigado a criar diferentes equipes e estratégias para conseguir vencer a grande variedade de oponentes pelo percurso da narrativa do jogo.

O objetivo maior do jogo é formar um time poderoso a fim de derrotar os melhores treinadores de Pokémon do mundo. Assim, o jogador recebe o título de Mestre Pokémon.

Como já dissemos, Pokémon foi uma franquia que começou na forma de jogo em meados da década de 90, e, devido ao seu sucesso, foi sendo apropriada para outros formatos de mídia ao longo do tempo. O jogo gerou uma série animada que já dura cinco temporadas e conta a história de Ash, um jovem que sai em sua jornada em busca de se tornar um mestre Pokémon. Além da série animada, inspirou 18 longas-metragens para o cinema, jogos de cartas, jogos de celular e jogos de troca de figuras. Pokémon já inspirou parques temáticos, lojas, brinquedos e itens promocionais com a chamada "Febre Pokémon" na década de 90. No Brasil, por exemplo, marcas de refrigerante passaram a distribuir suas embalagens com partes de Pokébolas na tampa e contendo uma miniatura colecionável de um Pokémon em seu interior.

Esse jogo tem grande potencial para ser implementado utilizando tecnologias que vinham ganhando atenção nos últimos tempos, como a realidade aumentada. Isso permitiu que a Niantic, companhia responsável pelo Pokémon GO, criasse um jogo que unisse a característica do RPG ao mundo real, fazendo com que os jogadores imergissem em um mundo fantástico utilizando como plataforma um dispositivo amplamente presente nos diversos mercados do mundo, o celular. Pokémon GO é a expressão das possibilidades dadas pelas tecnologias dos dispositivos móveis atuais com o acesso a internet, redes sociais, interações entre aplicativos, e equipamentos como câmeras e GPS. Os *smartphones* são, para além de aparelhos de telefonia móveis, ferramentas portáteis de sociabilidade, compartilhamento, formação de grupos e comunidades.

Um jogo que a partir de todas essas possibilidades utilizasse realidade aumentada para a captura de Pokémons veio de uma forma inusitada. Em uma brincadeira de primeiro de abril de 2014, a empresa Google divulgou um vídeo de Pokémon GO, em que jogadores poderiam utilizar seus celulares para capturar as criaturas. No entanto, o jogo criado pela Google consistia em procurar Pokémons no Google Maps.

A ideia parece ter sido bem recebida tanto pelo público quanto pela indústria, e em julho de 2016 a Niantic iniciou o lançamento de Pokémon GO pelo mundo. Desta vez o jogo possuía muitas funcionalidades, como a realidade aumentada proposta pela Google, embora de maneira mais simplória, e o combate por ginásios. Mais do que isso, o jogo utiliza recursos de geolocalização para que o jogador possa efetivamente interagir com o jogo. Isso significa que o jogador precisa se movimentar para encontrar os monstrinhos, e não simplesmente pressionar botões. O jogador passar a ser um *interator* pela cidade onde mora à caça de Pokémons espalhados pelos mais diversos lugares.

É interessante observar que a Niantic utiliza pontos de interesse cultural para a criação de dois tipos de locais: os Pokéstops e os ginásios. O jogador pode se aproximar fisicamente desses pontos para realizar ações específicas. No caso dos Pokéstops, o jogador pode verificar informações sobre o local e pode ainda coletar itens gratuitos, como Pokébolas e itens de cura para os Pokémons. No caso dos ginásios, o jogador pode lutar contra Pokémons atribuídos para a defesa deste ponto a fim de destituí-lo. É interessante observar que, devido à utilização de tais pontos culturais, o jogo pode ser considerado um dos casos de maior sucesso de popularização de pontos culturais na cidade. Isso se deve ao fato de o jogo considerar diversos elementos de vários níveis de cultura como pontos de interesse para o jogador. Uma arte de grafite, por exemplo, muitas vezes ignorada pela população, passa a ser observada porque o jogo indica que aquela arte é um ponto de interesse, seja um ginásio ou Pokéstop.

O jogador possui ainda as características do RPG de forma muito clara. Além de o próprio jogador ter de subir de nível, os Pokémons devem ser capturados e evoluídos, não só para as formas mais fortes, mas em quesitos de força e habilidade. Jogadores com níveis maiores têm, por exemplo, chance de ter sob seu controle Pokémons mais poderosos. Para evoluir seu avatar, o jogador deve realizar tarefas específicas, como caminhar, capturar e evoluir Pokémons. Ao atingir o nível cinco, o jogador é convidado a selecionar uma das três facções do jogo: *Valor, Mystic e Instinct*. Para realizar essa escolha, apresenta-se ao jogador um diálogo a respeito dos valores esperados de um integrante daquela facção, e um convite a integrar a mais próxima de seu perfil.

Diferentemente de jogos de RPG, Pokémon GO caracteriza-se como um MMORPG, um jogo que tem como característica um espaço de jogo *on-line* persistente. Isso significa que o jogo não necessariamente acaba, e portanto permite ao jogador um tempo indefinido de jogo. Devido às suas características de interação com o mundo externo, o jogador pode então continuar a coletar itens e Pokémons. Finalmente, existe um objetivo maior que é o de capturar todos os Pokémons disponíveis, além de atingir o nível máximo do jogo. Todavia, completar ambas as tarefas atualmente é impossível, uma vez que nem todos os Pokémon foram disponibilizados pela produtora.

Pokémon GO traz inúmeros elementos importantes para a discussão de jogos. Um deles é o acionamento do passado dos interatores. É um jogo que faz parte da infância de muitos deles, tem base na experiência de coletar coisas das crianças e faz parte de uma longa tradição da Nintendo de jogos que atraíram um grande público durante muito tempo. E traz essa tradição para o mundo aberto, para as ruas, as praças, os parques, os muros, os espaços dos lugares que os jogadores habitam. Saem pela cidade capturando Pokémons, coletando itens, lutando contra outros treinadores nos ginásios, tentando se tornar o maior treinador de todos.

O jogo também nos mostra um caminho de culturas de modificação e reconstrução de conteúdos apropriados. A realidade aumentada tem comandos baseados em movimento, o que possibilita uma curva de aprendizagem menor para seu uso e isso torna mais fácil a apropriação de suas funcionalidades e a transformação em outros universos de jogo.

Pokémon GO convoca para a rua, para vermos lugares que não costumamos ver, para socializar, para conviver em espaços da cidade onde a diversidade não é muito aceita, para enfrentar os desafios de todos os problemas urbanos. O jogo nas ruas nos impõe ter em conta a cidade em que vivemos e as normas cívicas de convivência de cada lugar. O território de aprendizagem de Pokémon GO pode criar possibilidades de apropriação por grupos de habitantes de espaços da cidade, de formas de interagir com cada espaço.

O jogo deve envolver um sistema de relações e tomada de decisões tornados possíveis pelos diferentes graus de interatividade. A fascinação pelo jogo consiste na simultaneidade de elementos aparentemente contraditórios, como a existência de regras, a construção da narrativa que oferece desafios e a existência de interface, que reforçam a noção de imersão.

Pensamos o jogo como uma ação livre, vivida enquanto uma experiência em um dado tempo e espaço. Entretanto, o jogo não é visto como mero passatempo, mas ponto de encontro de interação, servindo de interface na construção de novos saberes e conhecimentos.

Nesse sentido, olhamos para Pokémon GO estabelecendo um *link* entre o lúdico e o território de aprendizagem no entendimento de um jogo que faça sentido para os jogadores, na conformação de redes que se formam na internet e em espaços da cidade. Pokémon GO é um jogo que não se encerra nem na proposta de jogabilidade desenvolvida por seus propositores nem nas consequências sociais que acarreta. A coleta de itens e a captura de Pokémons pela cidade formam um conjunto de objetos que nos contam histórias presentes na nossa cultura urbana.

O movimento, a ação, a dinâmica que o jogo proporciona levam-nos a pensar em como os habitantes apropriam-se dos espaços da cidade em um processo de redefinição dos usos, constituindo uma cena urbana em que se constroem representações que dialogam com outras representações e com outras práticas – que são processos de apropriação do espaço urbano.

A ideia de uma cena permite uma aproximação com Certeau (1995), e seus conceitos de "usos" ou "maneiras de fazer". Essas maneiras configuram "as práticas pelas quais usuários se reapropriam do espaço organizado pelas técnicas da produção sociocultural":

> (...) por combinação, cria para si um espaço de jogo para maneiras de utilizar a ordem imposta do lugar ou da língua. Sem sair do lugar onde tem que viver e que lhe impõe uma lei, ele aí instaura pluralidade e criatividade. Por uma arte de intermediação ele tira daí efeitos imprevistos. (CERTAU, 1995)

A cena designa conjuntos particulares da atividade social e cultural sem especificar a natureza dos limites que os circunscreve. Constitui-se em uma ferramenta analítica que permite o exame da inter-relação entre os atores sociais e os espaços urbanos. Assim, a cena constituída ao se jogar Pokémon GO é um convite para traçarmos territórios da cidade e de aprendizagens, de novas maneiras.

Referências

BARBOSA, Rodrigo Campanella; SILVA, Regina H. Alves da. Do procedimental à simulação: a partir de onde pensar os jogos digitais. *E-Compós*, Brasília, v. 17, n. 1, jan./abr. 2014.

CERTEAU, Michel de. *A invenção do cotidiano*. v. 1. Petrópolis: Vozes, 1995. p. 92.

CLUA, E.W.G.; BITTENCOURT, J. R. Uma nova concepção para jogos educativos [*on-line*]. Disponível em: <http://sbie2004.ufam.edu.br/anais_cd/anaisvol2/ Minicursos/Minicurso_03/minicurso_03.pdf>. Acesso em: jul. 2016.

DELORS, Jacques. *Educação – um tesouro a descobrir*: relatório para a Unesco da Comissão Internacional sobre Educação para o século XXI. Portugal: ASA, 1996.

ERMI, L.; Mayra, F.. *Fundamental Components of the Gameplay Experience: Analyzing Immersion*. DIGRA conference changing views: worlds in play, Vancouver, 2005.

ESPINOSA, Ruth S. Contreras. Juegos digitales y gamificación aplicados en el ámbito de la educación. RIED – *Revista Iberoamericana de Educación a Distancia*, Madrid, v. 19, n. 2, p. 27-33, 2016.

GARROCHO, Luis Felipe M. A. R. *Temos que pegar*: espirais de apropriação e regras autoimpostas de jogabilidade em trechos de vídeos de Let's Play do jogo Pokémon LeafGreen. Dissertação (Mestrado em Comunicação) – Programa de Pós-graduação em Comunicação, Universidade Federal de Minas Gerais, Belo Horizonte, 2016. p. 14.

HUIZINGA, Johan. *Homo Ludens* – O jogo como elemento da cultura. São Paulo: Perspectiva, 2005.

LAZZARO, Nicole. Why We Play Games: four Keys to More Emotion without Story. Disponível em: <http://www.xeodesign.com/emotionin-games.html>. Acesso em: jul. 2016.

MALONE, T. W.. What Makes Computer Games Fun?. *Byte*, n. 6, 1981.

MARCOVITCH, Jacques. O futuro da universidade. In: RATTNER, Henrique. *Brasil no limiar do século XX*. São Paulo: Edusp, 2000. p. 342

MILÊNIO. Cultura. Entrevista Gonzalo Frasca. Videojuegos como herramienta de aprendizaje. Disponível em: <http://www.milenio.com/cultura/videojuegos-herramienta-aprendizaje_0_437356485.html>. Acesso em: jul. 2016.

MOITA, Filomena Maria Gonçalves da Silva Cordeiro. Culturas juvenis e jogos eletrônicos: que currículo é esse?. Revista Interact, Lisboa, 2004.

TAVARES, Roger. Games na educação: a batalha está começando! Universo EAD. São Paulo: Senac, 2008. Disponível em: <http://www.ead.sp.senac.br/newsletter/setembro04/entrevista/entrevista.htm>. Acesso em: jul. 2016.

Universidad Nacional de Rosário. Blog de Notas. Entrevista de Gonzalo Frasca. El Juego es esencial como territorio de aprendizaje. Disponível em: <http://www.unr.edu.ar/noticia/4234/gonzalo-frasca-quotel-juego-es-esencial-como-territorio-de-aprendizajequot>. Acesso em: jul. 2016.

VERMEREN, Patrice; CORNU, Laurence; BENVENUTO, Andrea. Atualidade de *O Mestre Ignorante*. *Educ. Soc.*, Campinas, v. 24, n. 82, p. 185-202, abr. 2003. Disponível em: <http://www.scielo.br/pdf/es/v24n82/a09v24n82.pdf>. Acesso em: 03 fev. 2017.

Sobre os autores

Nádia Laguárdia de Lima – Professora adjunta do Departamento de Psicologia e do Programa de Pós-graduação em Psicologia da UFMG. Pós-doutora em Teoria Psicanalítica pela UFRJ. Doutora em Educação pela UFMG. Mestre em Educação pela UFMG. Graduada em Psicologia pela UFMG. Coautora de vários livros. Autora do livro: *A escrita virtual na adolescência: uma leitura psicanalítica* (Ed. UFMG, 2014. Coleção Humanitas). Membro do Lepsi Minas. Participante do OCA (Observatório da Criança e do Adolescente – UFMG). Coordenadora do grupo de investigação: "Além da Tela: Psicanálise e Cultura Digital" (UFMG). *E-mail*: <nadia.laguardia@gmail.com>.

Márcia Stengel – Doutora em Ciências Sociais pela Universidade do Estado do Rio de Janeiro (2004) e Pós-doutora em Educação pela Universidade Federal de Minas Gerais (2013). Graduada em Psicologia pela Universidade Federal de Minas Gerais (1992) e Mestre em Psicologia pela Universidade Federal de Minas Gerais (1996). Atualmente é Professora da Graduação e do Programa de Pós-graduação de Psicologia da Pontifícia Universidade Católica de Minas Gerais. É membro do Conselho de Ética em Pesquisa da PUC Minas. Atua principalmente nos seguintes temas: adolescência, juventude, família, relações afetivas, internet, redes sociais e gênero. *E-mail*: <marciastengel@gmail.com>.

Márcio Rimet Nobre – Doutorando em Psicologia pela Universidade Federal de Minas Gerais. Mestre em Psicologia pela Pontifícia Universidade Católica de Minas Gerais. Especialista em Teoria Psicanalítica pela

UFMG. Psicólogo pela Universidade Federal de São João del-Rei. Autor do livro *Realidade virtual, realidade psíquica na pós-modernidade: um encontro com Freud na infinitude fantasística do ciberespaço*. Atuou na docência nas universidades UFMG, PUC Minas, FUMEC e UNIUBE. Integrante do Grupo de Investigação "Além da Tela: Psicanálise e Cultura Digital", ligado ao Laboratório de Psicologia e Educação da UFMG. Consultor em planejamento estratégico de artistas e grupos culturais pela Ravel Produção e Gestão Cultural. Exerce atividade clínica, atendendo jovens e adultos com abordagem psicanalítica. *E-mail*: <marcionobre205@hotmail.com>.

Vanina Costa Dias – Doutora em Psicologia pela PUC Minas (área de concentração: Processos Psicossociais) com estágio doutoral na Faculdade de Ciências Sociais e Humanas da Universidade Nova de Lisboa/Portugal. Mestre em Educação pela PUC Minas. Graduada em Psicologia, com Especialização em Psicologia Educacional e Metodologia de Ensino. Atua como Psicóloga Clínica e Professora no Ensino Superior em cursos de Licenciatura, Pedagogia, Psicologia e Direito. Integrante do Grupo de Investigação "Além da Tela: Psicanálise e Cultura Digital", ligado ao Laboratório de Psicologia e Educação da UFMG. Experiência de atuação na interface das áreas clínica e educacional. Autora do livro: *Morando na Rede: novos modos de constituição de subjetividades de adolescentes nas redes sociais*. Professora e coordenadora da Unidade de Atendimento Psicopedagógico na Fundação Pedro Leopoldo e Professora na Faculdade de Educação da UEMG. *E-mail*: <vaninadias@gmail.com>.

Cristina Ponte – PhD em Ciências da Comunicação (2002). Professora associada com Habilitação em *Media* e Estudos de Jornalismo (2011) na FCSH da Universidade Nova de Lisboa, onde ela é atualmente assistente do vice-reitor para a Comunicação. Coordenadora da equipe portuguesa na rede EU Kids Online desde 2006. Vice-presidente do Grupo de Trabalho Temporário sobre Crianças, Jovens e Mídia (2012/...) – ECREA. Autora e editora de 13 livros. Possui mais de 40 artigos publicados em periódicos nacionais e internacionais. *E-mail*: <ponte.cristina1@gmail.com>.

Danah Boyd – Investigadora principal da Microsoft Research e fundadora da Data & Society. Professora visitante do Programa de Telecomunicações Interativas da Universidade de Nova York. Doutora em School of Information (iSchool), em University of California-Berkeley. Mestre em Sociable Media Group. Autora do livro: *It's Complicated: the Social Lives of Networked Teens* (2014). *E-mail*: <danah@datasociety.net>.

Daniela Teixeira Dutra Viola – Doutora e Mestra em Psicologia (área de concentração: Estudos Psicanalíticos). Especialista em Teoria Psicanalítica e psicóloga pela Universidade Federal de Minas Gerais. Realizou estágio doutoral (PDSE) na Université Paris 8. Tem experiência clínica em Psicologia (ênfase em Psicanálise) e experiência docente em cursos de graduação, pós-graduação e extensão universitária. Atualmente, é professora no departamento de Psicologia da UFSJ e na pós-graduação do Centro Universitário UNA. Integrante do Grupo de Investigação "Além da Tela: Psicanálise e Cultura Digital", ligado ao Laboratório de Psicologia e Educação, do Departamento de Psicologia da UFMG. Principais áreas de interesse acadêmico: psicanálise e cultura; teoria psicanalítica; psicopatologia e clínica da infância e adolescência; subjetividade e contemporaneidade; psicanálise e educação. *E-mail*: <daniela.dutraviola@gmail.com>.

David Le Breton – Professor de sociologia na Universidade de Estrasburgo. Membro do Institut Universitaire de France. Membro do Institut des Etudes Avancées da Universidade de Estrasburgo (USIAS). Autor em língua portuguesa de *Antropologia dos sentidos* (Petrópolis: Vozes); *Antropologia da dor* (São Paulo: FAP-Unisep); *Antropologia do corpo* (Petrópolis: Vozes); *Condutas de risco. Dos jogos de morte ao jogo de viver* (Campinas: Autores Reunidos); *As paixões ordinárias. Antropologia das emoções* (Petrópolis: Vozes); *Compreender a dor* (Lisboa: Estrela Polar); *A sociologia do corpo* (Petrópolis: Vozes); *Do silêncio* (Lisboa: Instituto Piaget); *Adeus ao corpo* (São Paulo: Papirus); *Sinais de identidade. Tatuagens, piercings e outras marcas corporais* (Lisboa: Miosotis). *E-mail*: <david.le.breton@unistra.fr>.

Evandro Ornelas Mineiro – Produtor multimídia especializado em produção de material didático digital e livros paradidáticos digitais interativos. Graduado em Produção Multimídia pelo UniBH e Bacharel em Teologia pela FATE-BH. Mestre em Psicologia pela PUC Minas. Realizou a pesquisa: "O sentido subjetivo das redes sociais virtuais para os adolescentes". Atua como instrutor em treinamentos na área de tecnologia com ênfase em produção multimídia em disciplinas de desenvolvimento de sistemas para dispositivos móveis, jogos digitais 2D com a engine Unity, WordPress, Banco de Dados MySQL, PHP e JavaScript. *E-mail*: <evandro_ornelas@yahoo.com.br>.

Fabiana Cerqueira – Psicanalista. Mestre em Psicologia pela Universidade Federal de Minas Gerais. Especialista em Teoria Psicanalítica pela UFMG, e em Adolescência: uma abordagem psicossocial pela Pontifícia Universidade Católica de Minas Gerais. Atualmente, interessa-se pelos temas adolescência, cultura, espaço virtual, moda e clínica psicanalítica. *E-mail*: <fabianaacer@gmail.com>.

Fabiana Cristina Teixeira – Psicóloga, Doutoranda em Psicologia pela Pontifícia Universidade Católica de Minas Gerais (Bolsista Capes). Mestre em Educação pela Universidade Federal de Viçosa. Especialista em Desenvolvimento Humano pela Universidade Federal de Juiz de Fora. Psicóloga aprimorada pela Pontifícia Universidade Católica de São Paulo. *E-mail*: <fabicteixeira@hotmail.com>.

Helena Greco Lisita – Doutoranda e Mestre em Psicologia pela Universidade Federal de Minas Gerais (2010). Graduada em Psicologia pela Pontifícia Universidade Católica de Minas Gerais (2007), e em Arquitetura e Urbanismo pela Pontifícia Universidade Católica de Minas Gerais (2000). Integrante do Grupo de Investigação "Além da Tela: Psicanálise e Cultura Digital", ligado ao Laboratório de Psicologia e Educação, do Departamento de Psicologia da UFMG. *E-mail*: <helenagreco@globo.com>.

Jacqueline de Oliveira Moreira – Doutora em Psicologia Clínica pela Pontifícia Universidade Católica de São Paulo. Mestre em Filosofia pela Universidade Federal de Minas Gerais. Professora do Programa de Pós-Graduação em Psicologia da PUC Minas. Psicóloga clínica. Membro do GT "Política, Psicanálise e Clínica" da ANPEPP. Autora e coautora de diversos livros e artigos científicos. Bolsista PQ2 CNPq. *E-mail*: <jackdrawin@yahoo.com.br>.

José Machado Pais – Licenciado em Economia e Doutor em Sociologia. Investigador Coordenador do Instituto de Ciências Sociais da Universidade de Lisboa (vice-presidente) e Professor convidado do ISCTE/Instituto Universitário de Lisboa. Tem dirigido projetos internacionais europeus em vários domínios das Ciências Sociais. Coordenou o *Observatório Permanente da Juventude Portuguesa* e o *Observatório das Atividades Culturais*. Tem sido consultor da União Europeia e do Conselho da Europa. Publicou mais de 20 livros. Em 2003, recebeu o Prémio Gulbenkian de Ciências Sociais pela sua obra *Ganchos, tachos e biscates. Jovens, trabalho e futuro* (Porto: 2001, 2003, 2005). No Brasil publicou *Tribos urbanas* (São Paulo: Annablume, 2004, 2006) e *Vida cotidiana: enigmas e revelações* (São Paulo: Cortez, 2005). Em 2010 realizou o documentário: *O fado é bom demais...* (fado de Quissamã, Brasil). *E-mail*: <machado.pais@ics.ul.pt>.

Juliana Tassara Berni – Graduada em Psicologia pela Universidade Federal de Minas Gerais (2002). Mestre em Psicologia pela Universidade Federal de Minas Gerais. Possui experiência clínica em atendimento de crianças, adolescentes e adultos com ênfase em psicanálise. Experiência também em psicanálise aplicada. Atua em pesquisas voltadas para a área de interlocução entre psicanálise e educação desde 2007. Integrante do Grupo de Investigação "Além da Tela: Psicanálise e Cultura Digital", ligado ao Laboratório de Psicologia e Educação, do Departamento de Psicologia da UFMG. *E-mail*: <jutassara@hotmail.com>.

Luiz Henrique de Carvalho Teixeira – Graduando em Psicologia na Universidade Federal de Minas Gerais. Integrante do Grupo de Investigação "Além da Tela: Psicanálise e Cultura Digital", ligado ao Laboratório de Psicologia e Educação, do Departamento de Psicologia da UFMG. *E-mail*: <lhct_luiz@live.com>.

Marco Antônio Sousa Alves – Bacharel em Direito pela UFMG, com ênfase em Ciência e Filosofia do Direito. Mestre em Filosofia também pela UFMG. Doutor em Filosofia ainda pela UFMG. Realizou, entre 2010 e 2011, um estágio de pesquisa doutoral na EHESS em Paris sob orientação do Prof. Roger Chartier. Atualmente, é pesquisador de pós-doutorado (bolsista PNPD/Capes) em Filosofia na UFMG, desenvolvendo uma pesquisa sobre a cibercultura e as transformações atuais na ordem do discurso, destacando as novas tecnologias de poder e as posições-sujeito emergentes. *E-mail*: <marcofilosofia@yahoo.com.br>.

Marina Bialer – Pesquisadora do Grupo Cibernética Pedagógica – Laboratório de Linguagens Digitais (LLD). Psicanalista e Psicóloga pela USP. Especialista em Psicologia pela Unifesp. Master em Lettres, Langues, Sciences Humaines et Sociales pela Université Paris 7 Denis Diderot. Doutora em Psicologia Clínica pela USP. Doutora em Recherches en Psychopathologie et Psychanalyse pela Université Paris 7 Denis Diderot, com Pós-doutoramento pelo Lepsi – Faculdade de Educação da USP. *E-mail*: <mbialer@hotmail.com>.

Mario Elkin Ramírez – Psicanalista, Filósofo e Sociólogo. Professor do Departamento de Psicanálise da Universidade de Antioquia, Colômbia. Membro da Associação Mundial de Psicanálise e da NEL-Medellín. Autor dos livros: *Psicoanálisis con niños y dificultades en el aprendizaje* (Grama Ediciones), *Actualidad de la Agresividad en Psicoanálisis* (Grama Ediciones), *Órdenes de hierro: ensayos de psicoanálisis aplicado a lo social* (Carreta Editores), *Psicoanalistas en el Frente de Batalla* (Universidad de Antioquia), *Clio y Psiqué, ensayos de historia y psicoanálisis* (La Carreta Ediciones, 2005), *Empédocles y Edipo* (Tres Haches, 2009), e de vários artigos. *E-mail*: <marioelkin@gmail.com>.

Natália Fernandes Kelles – Mestranda em Psicologia pela Universidade Federal de Minas Gerais. Especialista em Teoria Psicanalítica pela UFMG (2012). Graduada em Psicologia pela Pontifícia Universidade Católica de Minas Gerais (2008). Psicóloga na Universidade Federal de Minas Gerais desde 2009, onde atuou no Colégio Técnico durante sete anos. Integrante do grupo de investigação "Além da Tela: Psicanálise e Cultura Digital", ligado ao Laboratório de Psicologia e Educação da UFMG. Experiência de atuação na interface das áreas clínica e educacional. *E-mail*: <nataliakelles@gmail.com>.

Patrícia Shalana Albertuni – Mestre em Psicologia pela Pontifícia Universidade Católica de Minas Gerais, na linha de pesquisa em Processos Psicossociais (2015). Graduada em Licenciatura em Psicologia pela Pontifícia Universidade Católica do Paraná (2000) e em Psicologia pela

Pontifícia Universidade Católica do Paraná (2001). *E-mail*: <shalana.alber@gmail.com>.

Regina Helena Alves da Silva – Graduada em Ciências Sociais pela Universidade Federal de Minas Gerais (1980), e em História pela Universidade Federal de Minas Gerais (1982). Mestre em Ciência Política pela Universidade Federal de Minas Gerais (1991). Doutora em História Social pela Universidade de São Paulo (1997). Pós-doutora em Arquitetura e Urbanismo pela UFBA (2009) e em Cidades e Culturas Urbanas pelo Centro de Estudos Sociais – CES – da Universidade de Coimbra. Atualmente é Professora Associada IV da Universidade Federal de Minas Gerais e atua nos programas de pós-graduação em História e em Comunicação Social. Tem experiência na área de História, com ênfase em História Social da Cultura, atuando principalmente nas áreas de culturas urbanas, história da cidade e do urbanismo, práticas culturais, memória e patrimônio; em Comunicação Social, atuando principalmente nas áreas de práticas sociais, comunicação e culturas contemporâneas, tecnologias da informação e comunicação, conformações contemporâneas dos movimentos sociais e redes sociotécnicas. Coordenadora do Centro de Convergência de Novas Mídias – CCNM (UFMG). Foi colaboradora do Instituto Nacional de Ciência e Tecnologia para a Web – INWEB. *E-mail*: <regina.helena@gmail.com>.

Rinaldo Voltolini – Professor doutor da Faculdade de Educação da Universidade de São Paulo. Tem experiência na área de Psicologia, com ênfase na interseção entre os campos da Psicanálise e da Educação, atuando principalmente nos seguintes temas: psicanálise, educadores, discurso pedagógico, mal-estar da educação. É um dos coordenadores do Lepsi, laboratório que se dedica ao estudo das questões da Educação a partir da Psicanálise. Coeditor da revista *Estilos da Clínica*, revista implicada na discussão dos problemas da infância. Graduado em Psicologia pelo Instituto Metodista de Ensino Superior (1991). Mestre em Psicologia Escolar e do Desenvolvimento Humano pela Universidade de São Paulo (1994). Doutor em Psicologia Escolar e do Desenvolvimento Humano pela Universidade de São Paulo (1999). Pós-doutor em Psicopatologia e Psicogênese na Universidade Paris XIII (2006-2007). *E-mail*: <rvoltolini@usp.br>.

Sheila Augusta Ferreira Fernandes Salomé – Psicóloga do Tribunal de Justiça de Minas Gerais. Professora da Faculdade Dinâmica do Vale do Piranga. Especialista em atendimento integral à família pela Universidade Veiga de Almeida. *E-mail*: <sheilaffs@hotmail.com>.

Victor do Nascimento Silva – Mestrando em Ciência da Computação pela Universidade de Alberta, Canadá. Mestre em Computação pela UFMG (2016). Graduado em Jogos Digitais pela PUC Minas (2012). Ministrou as disciplinas de Desenvolvimento de Jogos do Núcleo INOVE e das disciplinas de informática na Escola Politécnica de Minas Gerais. Foi orientador de pesquisa júnior do Centro de Formação e Experimentação Digital *Plug Minas*, da Fundação de Amparo à Pesquisa do Estado de Minas Gerais FAPEMIG (2012). Seus interesses de pesquisa incluem inteligência artificial, coordenação de agentes inteligentes e jogos digitais. *E-mail*: <vsilva@ualberta.ca>.

Participaram do Conselho Editorial desta Obra

Cristina Moreira Marcos
Pontifícia Universidade Católica de Minas Gerais
cristinammarcos@gmail.com

Fabian Fajnwaks
Université Paris 8 – Vincennes-Saint-Denis, França
fabian.fajnwaks@orange.fr

Inês Sílvia Vitorino Sampaio
Universidade Federal do Ceará
inesvict@gmail.com

José Alberto de Vasconcelos Simões
Universidade Nova de Lisboa, Portugal
joseav.simoes@fcsh.unl.pt

Junia de Vilhena
Pontifícia Universidade Católica do Rio de Janeiro
vilhena@puc-rio.br

Rose Gurski
Universidade Federal do Rio Grande do Sul
rosegurski@ufrgs.br

Este livro foi composto com tipografia Bembo e impresso
em papel Offset 90g. na gráfica Del Rey.